## Das Buch

Joe Simpson unternimmt mit seinem Freund Simon Yates die gefährliche Erstbegehung der Westwand des 6356 m hohen Siula Grande in den Anden. Sie erreichen problemlos den Gipfel – doch kurz nach diesem euphorischen Glücksmoment stürzt Simpson und zerschmettert sich das Kniegelenk. Eine solche Verletzung bedeutet in den Anden den sicheren Tod. Dennoch versucht Yates das Unmögliche und seilt seinen Freund über Hunderte von Metern ab. Doch Simpson rutscht über einen Eisabsturz und zieht Yates Zentimeter für Zentimeter mit auf den tödlichen Abgrund zu. Yates hat keine andere Möglichkeit, als das Seil zu kappen, das sie beide verbindet.

Doch durch einen Zufall überlebt Simpson den Sturz. Verzweifelt versucht er, sich zurück zum Basislager zu schleppen. Dabei muß er nicht nur gegen unvorstellbare Schmerzen, sondern auch gegen zunehmende Halluzinationen ankämpfen. Yates hingegen ist nun den seelischen Qualen seines Gewissens ausgeliefert. Für beide werden die Tage zu einer Ewigkeit aus Eis und Einsamkeit ...

Daß der Autor diese Tragödie selbst erlebte, macht seinen Bericht so glaubhaft. Doch wechselt er auch die Erzählperspektive und schreibt ebenso einfühlsam aus der Sicht des anderen. So verbindet sich in diesem Bergsteigerroman authentische Schilderung mit literarischer Qualität. Simpsons ungeschönter Realismus schafft eine beklemmende Atmosphäre, die von den Farbfotos auf eindrucksvolle Weise illustriert wird.

»... ohne falsche Harmonisierung ... ein großes Buch.«
*Neue Zürcher Zeitung*

## Der Autor

Joe Simpson, geboren 1961 in England, studierte Englisch und Philosophie, bevor er sich hauptberuflich dem Alpinismus zuwandte. Er unternahm Erstbesteigungen in den peruanischen Anden und im Karakorum. In jüngster Zeit verlagerte er seine Aktivitäten aufs Fallschirmspringen. Simpson ist zudem leidenschaftlicher Greenpeace-Aktivist und hat in den vergangenen Jahren an mehreren Aktionen auch in Deutschland und Österreich teilgenommen. Die Tragödie in den Anden konnte Simpson nicht auf Dauer vom Bergsteigen abhalten. Er unternahm bereits wieder Touren im Himalaja.

JOE SIMPSON

# STURZ INS LEERE

Überlebenskampf in den Anden

Mit einem Vorwort
von Chris Bonington

Aus dem Englischen
von Jürg Wahlen

WILHELM HEYNE VERLAG
MÜNCHEN

# HEYNE ALLGEMEINE REIHE
## Nr. 01/13094

Die Originalausgabe
TOUCHING THE VOID
erschien 1988 bei
Jonathan Cape Random House, London

7. Auflage
Taschenbuchausgabe 11/99
Copyright © 1988 by Joe Simpson
Copyright © der deutschsprachigen Ausgabe 1989/1995 by
Oesch Verlag, Zürich (Programm Schweizer Verlagshaus)
Wilhelm Heyne Verlag, München,
in der Verlagsgruppe Random House GmbH
Printed in Germany 2004
Umschlagillustration: Bildagentur Mauritius/Mallaun, Mittenwald
Innenillustrationen: Die Aufnahmen Nr. 2, 5, 7, 8, 10, 11, 12, 15
und 20 stammen von Simon Yates; Nr. 16, 17, 19 und 21 von
Richard Hawking; die restlichen vom Verfasser
Umschlaggestaltung: Nele Schütz Design, München
Satz: Pinkuin Satz und Datentechnik, Berlin
Druck und Bindung: GGP Media, Pößneck

ISBN 3-453-16277-3

http://www.heyne.de

Für

SIMON YATES
für eine Schuld, die ich nie zurückzahlen kann.

Und für meine Freunde, die in die Berge gegangen
und nicht mehr zurückgekehrt sind.

1 Erste Schneehöhle
2 Zweite Schneehöhle
3 Dritte Schneehöhle
4 Vierte Schneehöhle
U Unfallstelle
X Durchschneiden des Seils
K Klippe und Spalte
a erste Schneehöhle beim Zurückkriechen
b Zweite Nacht allein
B Bombenweg
---- Aufstieg und Rutschfahrten am Seil

# Der Kriechweg aus der Wand

# Inhalt

## Vorwort von Chris Bonington

Ich begegnete Joe erstmals vergangenen Winter in Chamonix. Wie viele andere Bergsteiger war auch er der Meinung, es sei endlich an der Zeit, Ski fahren zu lernen, hatte jedoch keine Lust, Stunden zu nehmen, und so gab er sich selbst Unterricht. Ich hatte schon verschiedentlich von ihm gehört und auch gelesen, Berichte von gefährlichen Klettertouren, wo er nur um Haaresbreite mit dem Leben davongekommen war, insbesondere bei seiner jüngsten Eskapade in Peru, doch sie hatten mich nicht sonderlich berührt.

In jener Bar in Chamonix fiel es mir schwer, diese Geschichten und seinen Ruf als Bergsteiger mit dem Menschen, der da neben mir saß, in Einklang zu bringen. Seine dunklen Haare waren leicht punkig frisiert, und in seinem Gebaren lag etwas Schroffes. Es kostete mich Mühe, ihn im Geist aus den Straßen von Sheffield in die Berge zu versetzen, und so hatte ich ihn beinahe schon vergessen, bis ich das Manuskript von ›Sturz ins Leere‹ las. Es lag nicht allein an dem bemerkenswerten Gehalt der Geschichte – eines der unglaublichsten Zeugnisse eines Überlebenden, die ich je gelesen habe! –, es lag auch an seiner Schreibweise, die einfühlsam und zugleich dramatisch die Extreme von Angst, Leiden und Emotionen einfing, seine eigenen ebenso wie die seines Gefährten Simon Yates. Von dem Augenblick an, wo Joe beim Abstieg ausglitt, abstürzte und sich ein Bein brach, über seine einsamen Qualen in der Eisspalte, bis zu dem Zeitpunkt, wo er ins Basislager kroch, war ich gefesselt und konnte das Buch nicht mehr aus den Händen legen.

Will man Joes Kampf ums Überleben in die richtige Perspektive rücken, läßt er sich am besten mit einem meiner eigenen Erlebnisse vergleichen, als Doug Scott 1977 auf dem Ogre beim Abseilen vom Gipfel ausrutschte und sich beide Beine brach. In dieser Phase war die Situation ähnlich wie zu Anfang von Joes Martyrium: wir beide allein, in Gipfelnähe auf einem ausnehmend unwirtlichen Berg. Doch in unserem Fall warteten zwei weitere Teamgefährten in einer Schneehöhle auf dem Joch gleich unter dem Gipfelmassiv auf uns. Wir wurden von einem Sturm überrascht und brauchten sechs Tage für den Abstieg, fünf davon ohne Proviant, und auf dem Weg glitt ich aus und brach mir ein paar Rippen. Es war das Schlimmste, was ich je in den Bergen erlebt habe, doch verglichen mit dem, was Joe, ganz auf sich gestellt, durchmachen mußte, beginnt es zu verblassen.

Etwas Ähnliches geschah 1957 auf dem Haramosch im Karakorum, wo sich eine Seilschaft der Universität von Oxford an der Erstbesteigung des 7398 Meter hohen Gipfels versuchte. Man hatte sich gerade zur Umkehr entschlossen; zwei der Teilnehmer, Bernard Jillot und John Emery, wollten noch schnell ein paar Schritte auf dem Grat weitergehen, um Fotoaufnahmen zu machen, und wurden von einer Schneebrettlawine weggefegt. Zwar überlebten sie den Absturz, und ihre Teamgefährten kletterten hinunter, um sie zu bergen, doch dies war erst der Anfang einer langwierigen Kette von Verhängnissen, aus welchen nur zwei von ihnen mit dem Leben davonkamen.

Auch ihre Geschichte war faszinierend, aber sie wurde von einem professionellen Schriftsteller nacherzählt und ermangelt daher der ganz besonderen Unmittelbarkeit und Intensität, die aus eigenem Erleben herrührt. Hier liegt Joe Simpsons Stärke – sein Bericht handelt nicht nur von einem schier unglaublichen Überlebenskampf, er ist auch hervorragend und prägnant erzählt und verdient es, ein Klassiker dieses Genres zu werden.

CHRIS BONINGTON, weltbekannter Bergsteiger, Führer der erfolgreichen Erstbesteigung der Südwand des Annapurna 1970 und der Südwestwand des Everest 1975.

*Februar 1988*

Alle Menschen träumen – doch nicht auf gleiche Weise. Wer des Nachts träumt, in den verstaubten Winkeln seines Hirns, erwacht am Tag, nur um zu finden, daß alles nichtig war; die Tagträumer jedoch sind gefährliche Menschen, denn sie können ihre Träume mit offenen Augen erleben, um sie möglich zu machen.

T. E. LAWRENCE, »Die sieben Säulen der Weisheit«

## I. KAPITEL

## *Unter den Bergseen*

Ich lag in meinem Schlafsack und starrte ins Licht, das durch den rotgrünen Stoff des Kuppelzeltes sickerte. Simon schnarchte laut; zuweilen zuckte er in seiner Traumwelt zusammen. Wir hätten irgendwo sein können. Im Zelt stellt sich immer eine eigentümliche Anonymität ein. Sobald der Reißverschluß zugezogen und der Blick auf die Außenwelt versperrt ist, verschwindet jeglicher Ortssinn. Ob Schottland, die französischen Alpen oder der Karakorum, es ist überall dasselbe. Rascheln, Geräusche von Zelttuch, das im Wind flattert, prasselnde Regenschauer, die fühlbar harten Klumpen unter dem Zeltboden, der Geruch nach ranzigen Socken und Schweiß – sie sind sich überall gleich und so tröstlich wie die Wärme des Daunenschlafsacks.

Draußen, unter einem sich aufhellenden Himmel, mußten die Gipfel bereits die erste Morgensonne einfangen. Vielleicht schraubte sich sogar ein Kondor die Thermalwinde über dem Zelt hoch – eine gar nicht so abwegige Vorstellung, denn vergangenen Nachmittag hatte ich einen über dem Lager kreisen sehen. Wir befanden uns mitten in der Cordillera Huayhuash in den peruanischen Anden, fünfundvierzig Kilometer strapaziösen Fußmarsches vom nächsten Dorf weg, umringt vom spektakulärsten Kranz von Eisgipfeln, die ich je gesehen hatte und deren einziges Anzeichen in unserem Zelt das regelmäßige Donnern der Lawinen war, die sich vom Cerro Sarapo lösten.

In der warmen Geborgenheit des Zeltes fühlte ich mich vertraut und wohlig und kroch nur widerwillig aus meinem Schlafsack, um meinem Vorhaben nachzukommen, den

Kocher in Betrieb zu setzen. In der Nacht hatte es etwas geschneit. Das Gras knirschte frostig unter meinen Füßen, als ich hinüber zum Küchenfelsen trottete, vorbei an Richards winzigem Einerzelt, das halb zusammengesunken und weiß vom Rauhreif war und aus welchem noch kein Lebenszeichen drang.

In den Windschatten des riesigen, überhängenden Felsblocks gekauert, der unsere Küche geworden war, genoß ich einen dieser seltenen Augenblicke, in denen ich ganz für mich allein sein konnte. Ich hantierte am Benzinkocher herum, der sich störrisch gegen die Kälte und das rostfarbene Benzin wehrte, mit welchem ich ihn gefüllt hatte. Als alles Zureden nichts nützte, griff ich zu roher Gewalt und stellte ihn auf einen voll aufgedrehten Propangaskocher. Er erwachte explosionsartig zum Leben und spuckte in mürrischer Rebellion gegen das verdreckte Benzin halbmeterhohe Flammen aus.

Während sich das Wasser im Topf langsam erhitzte, blickte ich mich in dem breiten, trockenen, von Felsbrokken übersäten Flußbett um, mit dem erratischen Findling, unter den ich mich duckte, als Markierung, der selbst bei miserablem Wetter von weitem zu sehen war. Keine drei Kilometer entfernt ragte eine riesige, fast senkrechte Wand aus Eis und Schnee direkt vor dem Lager zum Gipfel des Cerro Sarapo hoch. Aus dem Meer der Moränen links von mir erhoben sich zwei spektakuläre, extravagante Kastelle aus Zuckerguß herrisch über den Lagerplatz, der Yerupaja und der Rasac. Der majestätische, fast 6400 Meter hohe Siula Grande lag hinter dem Sarapo versteckt und war nicht zu sehen. Er war erstmals 1936 von zwei wagemutigen Deutschen über den Nordgrat erklettert worden; seither hatte es nur wenige Besteigungen gegeben; und das Prunkstück, die einschüchternde, fast 1400 Meter hohe Westwand, hatte bis jetzt allen Versuchen getrotzt.

Ich drehte den Kocher aus und goß das Wasser behutsam in drei große Becher. Die Sonne war noch nicht über den Gebirgskamm gegenüber gestiegen, und im Schatten war es frostig kalt.

»Es gibt was Heißes zu trinken, falls du noch am Leben bist da drin«, verkündete ich munter.

Ich gab Richards Zelt einen kräftigen Fußtritt, um den Rauhreif herunterzuschlagen. Er kroch heraus. Er sah verkrampft und verfroren aus. Wortlos zog er mit einer Rolle Toilettenpapier zum Flußbett hinunter.

»Geht's dir immer noch so mies?« fragte ich, als er zurückkam.

»Na, ganz in Form bin ich zwar noch nicht, aber ich glaube, das Schlimmste ist überstanden. Es war wirklich scheißkalt diese Nacht.«

Ich hätte gern gewußt, ob es die Höhe oder der Eintopf aus weißen Bohnen war, was ihm so zusetzte. Wir hatten unsere Zelte auf 4570 Meter aufgeschlagen, und er war schließlich kein Bergsteiger.

Simon und ich hatten Richard in einem schäbigen Hotel in Lima aufgegabelt, wo er nach der Hälfte seiner sechsmonatigen Erkundungsfahrt durch Südamerika Pause machte. Hinter Nickelbrille, ordentlicher, praktischer Kleidung und einer vogelartigen Gespreiztheit versteckten sich ein trockener Humor und ein wildes Repertoire von Reminiszenzen eines Weltenbummlers. Er hatte bei Pygmäen von Maden und Beeren gelebt, als er im Einbaum durch die Regenwälder von Zaïre paddelte, hatte zusehen müssen, wie ein Ladendieb auf einem Markt in Nairobi zu Tode getreten wurde, und sein Reisegefährte war in Uganda von schießwütigen Soldaten bloß wegen eines dubiosen Tauschs von Tonbandkassetten erschossen worden.

Richard reiste in der Welt herum, zwischendurch schuftete er jeweils wieder eine Runde, um die nötigen

Mittel zusammenzukriegen. Für gewöhnlich reiste er allein und überließ es dem Zufall, wohin ihn Begegnungen in fremden Ländern führten. Simon und ich dachten, es sei sehr vorteilhaft, einen so unterhaltsamen Wächter im Lager zu haben, der unsere Ausrüstung im Auge behielt, während wir auf Klettertour waren. Vermutlich war das eine grobe Ungerechtigkeit gegenüber den armen Bergbauern in diesem abgelegenen Flecken, doch in den Seitengäßchen von Lima waren wir auf alles und jeden argwöhnisch geworden. Kurz und gut, wir hatten Richard eingeladen, uns zu begleiten und uns ein paar Tage Gesellschaft zu leisten, falls er die Anden aus nächster Nähe kennenlernen wollte.

Zwei Tage lang waren wir marschiert, von dem Ort hoch in den Bergtälern, wo uns der Knochenschüttlerbus nach hundertdreißig bangen Kilometern abgesetzt hatte. Sechsundvierzig Menschen waren in das klapprige Vehikel gepfercht, das eigentlich für zweiundzwanzig konstruiert war. Der Motor wurde von Nylonschnüren zusammengehalten, ein platter Reifen mit einer Spitzhacke gewechselt, und auch der Anblick der vielen Gedenkschreine für tote Busfahrer und ihre Passagiere am Weg war nicht gerade eine moralische Stärkung.

Am Ende des zweiten Tages begann Richard die Auswirkungen der Höhe zu spüren. Die Abenddämmerung senkte sich langsam nieder, als wir den oberen Talkessel erreichten, und er drängte Simon und mich, mit den Eseln vorauszugehen und vor der Dunkelheit das Lager aufzuschlagen. Er würde sich Zeit nehmen und uns nachfolgen, der Weg führe jetzt ja immer geradeaus, er könne uns also nicht verfehlen, meinte er.

Langsam wankte er die trügerischen Moränen zum See hoch, wo er unser Lager wähnte, dann erinnerte er sich an einen zweiten See, der auf der Karte eingezeichnet war. Es hatte zu regnen begonnen und wurde immer kälter. Sein dünnes Hemd und die leichte Baumwollhose boten nur kläglichen Schutz vor einer frostkalten Andennacht. Erschöpft war er wieder ins Tal hinuntergestiegen, auf der Suche nach einem Unterschlupf. Beim Anstieg hatte er ein paar baufällige Hütten aus Steinen und Wellblech wahrgenommen. Er nahm an, sie stünden leer und böten ausreichend Schutz für eine Nacht, doch zu seiner Überraschung fand er sie von zwei halbwüchsigen Mädchen und einer großen Kinderschar bewohnt.

Nach langwierigen Verhandlungen durfte er schließlich im Schweinestall schlafen. Man gab ihm Pellkartoffeln und etwas Käse zu essen und warf ihm ein Bündel mottenzerfressener Schaffelle hin. Es wurde eine lange, kalte Nacht, und die höhengewohnten Läuse labten sich an ihrer besten Mahlzeit seit langem.

Simon kam zum Küchenfelsen herüber und bedachte uns mit einem farbigen Traum. Er war felsenfest davon überzeugt, seine bizarren Halluzinationen seien die unmittelbare Folge von Schlaftabletten, die er eingenommen hatte. Ich nahm mir insgeheim vor, gleich nächste Nacht einige davon zu versuchen.

Ich schluckte den Rest meines Kaffees hinunter, und während Simon das Zepter ergriff und das Frühstück zubereitete, begann ich in mein Tagebuch zu schreiben:

19. Mai 1985. Basislager. Gestern nacht schwerer Frost, heute morgen klarer Himmel. Versuche noch immer, mich auf die hiesigen Verhältnisse einzustellen. Es fühlt sich bedrohlich abgeschieden und zugleich erfrischend an. So viel besser als die Alpen. Keine Horden von Bergsteigern, keine Hubschrauber, keine Rettungsmöglichkeiten – nur wir und die Berge. Das Leben erscheint hier

viel einfacher und wirklicher. Es fällt leicht, Geschehnisse und Gefühle vorbeifließen zu lassen, ohne innezuhalten und sie anzuschauen ...

Ich fragte mich, wieviel von diesen Worten ich wirklich glaubte und wie sie sich auf unser Vorhaben in den Anden bezogen. Am nächsten Tag wollten wir den Rosarlo Norte hoch, ein erstes Akklimatisierungsklettern. Falls wir nach zehn Tagen fit genug waren, würden wir uns an die bisher unbezwungene Westwand des Siula Grande wagen.

Simon reichte mir eine Schale Porridge und goß Kaffee nach. »Gehen wir also morgen los?«

»Warum nicht? Ich glaube, daß wir nicht lange brauchen, wenn wir wenig Gepäck mitnehmen. Könnten früh am Nachmittag wieder zurück sein.«

»Bloß das Wetter macht mir Sorgen. Ich bin mir nicht sicher, was es bedeutet.«

Seit unserer Ankunft war es jeden Tag dasselbe gewesen: hell und klar in der Morgendämmerung, gegen Mittag von Osten heraufziehende Kumuluswolkenbänke, darauf Regen. Auf den hohen Berghängen fiel er als schwerer Schnee, und das Risiko von Lawinen und abgeschnittenen Rückzugswegen wurde auf einmal hautnahe Wirklichkeit. Wann immer sich solche Wolken in den Alpen massierten, wurde sofort ein Rückzug erwogen. Dieses Wettermuster war jedoch irgendwie anders.

»Weißt du, ich glaube, es ist gar nicht so schlimm, wie es aussieht«, meinte Simon nachdenklich. »Nimm mal gestern. Der Himmel hat sich bewölkt, es hat geschneit, aber die Temperatur ist nicht drastisch gesunken. Es hat weder geblitzt noch gedonnert, und es scheint auf den Gipfeln oben keine starken Höhenwinde gegeben zu haben. Ich glaube, das sind gar keine richtigen Stürme.«

Simon mochte recht haben, doch irgend etwas nagte in

mir und ließ mich zweifeln. »Willst du damit sagen, wir sollen bei Schneefall einfach weiterklettern? Laufen wir dann nicht Gefahr, einen echten Sturm fälschlicherweise für das normale Muster zu halten?«

»Stimmt, das ist ein Risiko. Wir müssen einfach schauen, wie es sich verhält. Wir werden sicher auch nicht klüger, wenn wir die ganze Zeit hier unten rumsitzen.«

»Da hast du auch wieder recht. Ich mache mir bloß Sorgen wegen der Lawinen, das ist alles.«

Simon lachte. »Klar, da hast du ja auch allen Grund zu. Die letzte hast du aber gut überlebt. Ich glaube, es ist eher wie in den Alpen im Winter, überall Pulver- und Sprühschneeverwehungen, aber keine großen Naßschneelawinen. Wir werden es ja sehen.«

Ich beneidete Simon um seine sorglose ›Nimm's-wie's-kommt‹-Haltung. Er besaß die Kraft, alles, was ihm zufiel, anzunehmen, und dazu einen offenen Geist, es ohne mürrische Sorgen oder Zweifel zu genießen. Weit öfter, als er das Gesicht verzog, lachte er und grinste ebenso bereitwillig über sein eigenes Mißgeschick wie über das anderer Leute. Er war groß gewachsen und kräftig gebaut. Das Leben meinte es meist gut mit ihm und ließ ihn selten seine Schattenseiten spüren. Ein angenehmer Freund – verläßlich, aufrichtig, immer bereit, das Leben für einen Witz zu halten. Er hatte einen blonden Haarschopf, blaue, sehr blaue lachende Augen und das gewisse leicht verrückte Etwas, das ein paar wenige Menschen so speziell macht. Ich war froh, daß wir uns entschlossen hatten, als Zweierteam hierherzukommen – es gab nur wenige andere Menschen, mit denen ich es so lange ausgehalten hätte. Simon war alles, was ich selbst nicht war, alles, was ich gern gewesen wäre.

»Wann rechnet ihr damit, zurück zu sein?« fragte Richard dösig aus seinem Schlafsack, als Simon und ich uns am folgenden Morgen zum Gehen anschickten.

»Spätestens drei Uhr. Wir haben nicht vor, viel länger dort oben zu verweilen, und schon gar nicht, wenn das Wetter wieder umschlägt.«

»Schön. Viel Glück!«

Der frühe Morgenfrost hatte den lockeren Boden hart gemacht. Das Gehen fiel leichter, als wir angenommen hatten. Es dauerte nicht lange, und wir fielen in einen gleichmäßig ruhigen Rhythmus, immer im Zickzack das Geröll hoch. Jedesmal wenn ich zurückblickte, wurden die Zelte kleiner. Ich begann die Anstrengung zu genießen. Ich fühlte mich fit und viel kräftiger, als ich geglaubt hatte. Trotz der Höhe kamen wir schnell voran. Simon hielt ein gleichmäßiges Tempo ein, das dem meinen entsprach. Ich hatte mir unnötig Sorgen gemacht, ob es zwischen uns einen markanten Unterschied geben würde. Sobald jemand beim Klettern sein natürliches Tempo verlangsamen und einem Gefährten anpassen muß, der nicht in Form ist, wird dieser bald Mühe haben, mitzukommen; ich konnte mir den Frust und die Spannungen, die aus einer solchen Situation erwachsen mußten, lebhaft vorstellen.

»Wie läuft's?« fragte ich, als wir kurz halt machten.

»Ich fühle mich ziemlich gut. Bin bloß froh, daß wir auf diesem Trip nicht rauchen.«

Ich stimmte ihm insgeheim zu, trotz meiner vehementen Proteste gegen Simons Vorschlag, keine Zigaretten mit ins Basislager zu nehmen. Ich konnte spüren, wie schwer meine Lungen in der dünnen, kalten Luft arbeiteten. Starkes Rauchen hatte zwar in den Alpen meine Leistungen nie beeinträchtigt, doch ich mußte mir schließlich eingestehen, daß es klüger war, es während dieser Expedition bleibenzulassen. Der Gedanke an Höhenkrankheit und Lungenödeme, Gefahren, von denen wir so viel gehört hatten, reichte, um mir über ein paar harte Tage heftigen Verlangens nach Tabak hinwegzuhelfen.

Wir brauchten zwei Stunden, um die Geröllhalden hinter uns zu bringen, dann hielten wir nördlich auf ein hohes Joch über einem Gebiet mit zerklüfteten Felsvorsprüngen zu. Das Lager verschwand aus dem Blickfeld, und mit einemmal drang mir die Stille und Abgeschiedenheit unserer Lage ins Bewußtsein. Zum erstenmal in meinem Leben ahnte ich, was es hieß, von den Menschen und ihrer Gemeinschaft abgeschnitten zu sein. Es war so zauberhaft beruhigend, so still hier. Ich wurde mir eines Gefühls grenzenloser Freiheit bewußt – das zu tun, was mir beliebte, wann und wie es mir gefiel. Plötzlich hatte sich der ganze Tag verändert, war alle Lethargie von einem erfrischenden Unabhängigkeitsgefühl wie weggewischt. Wir waren nur noch uns selbst verantwortlich. Kein Eindringling würde sich zeigen, niemand uns zu Hilfe kommen …

Simon war etwas voraus. Er kletterte ruhig, gewann beständig an Boden. Obwohl er mir mit meiner weniger methodischen Gangart den Rang abzulaufen schien, machte ich mir keine Gedanken mehr wegen Tempo und Fitneß, denn ich wußte jetzt, daß wir uns ziemlich ebenbürtig waren. Ich hatte es keineswegs eilig, da ich mir sicher war, daß wir beide den Gipfel leicht erreichen konnten. Wenn sich ein schöner Aussichtspunkt bot, hielt ich voll Freude eine Zeitlang an, um den Anblick auf mich wirken zu lassen.

Die felsigen Rinnen waren lose und bröckelig. Als ich hinter einem gelben Ausbruch auftauchte, sah ich erfreut, wie Simon etwa sechzig Meter entfernt auf einem Joch Rast machte und etwas Warmes zu trinken zubereitete.

»Das lockere Zeugs war gar nicht so schlimm, wie ich zuerst geglaubt hatte«, sagte ich ein wenig außer Atem. »Aber das Gesöff kommt mir gerade recht.«

»Siula Grande schon gesehen? Dort drüben, gleich links vom Sarapo.«

»Du lieber Himmel – fantastisch!« Der Anblick vor mir

war fast ein wenig einschüchternd. »Der wirkt ja noch riesiger als auf den Fotos.«

Simon reichte mir einen dampfenden Becher, während ich mich auf meinen Rucksack setzte und auf die Bergkette starrte, die sich vor uns erstreckte. Links von mir konnte ich die Südwand des Rasac sehen, einen hoch aufragenden Eishang, durchzogen von Felsbändern, die eine Art Marmoreffekt erzeugten. Rechts vom schneebedeckten Gipfel des Rasac, verbunden durch einen Grat mit gefährlichen Schneewächten, erblickte ich die etwas niedrigere Spitze des Seria Norte. Von dort tauchte der schneeverwehte Grat zu einem Sattel hinunter, bevor er sich schließlich in einem weiten Bogen über zwei Felsschultern zur Gipfelpyramide des Yerupaja hochschwang. Er war bei weitem der höchste Berg im Rund, und wie er da im Glanz von Eis und Neuschnee hoch über dem Siulagletscher aufragte, beherrschte er unser Gesichtsfeld. Seine Südwand bildete die klassische dreieckige Bergform, der mit Schneewächten besetzte Westgrat wölbte sich felsig vom Joch unter dem Seria Norte hoch, während der Ostgrat sich rundete und gegen ein anderes Joch hinuntersenkte. Die Wand unter diesem Grat bestand aus einer sagenhaften Serie paralleler Pulverschneeriefen, die wie Spitzenbänder in die von der Sonne geworfenen Schatten eingeschnitten waren.

Am Fuß dieses Grates erkannte ich das Santa-Rosa-Joch, das wir auf unseren Fotoaufnahmen vom Siula Grande gesehen hatten. Es bildete die Verbindung zwischen dem Südostgrat des Yerupaja und dem Beginn des Nordgrates des Siula Grande. Dort, wo er anzusteigen begann, sah dieser Grat relativ harmlos aus, bevor er sich verengte und zu furchterregend schmalen Bändern schneeiger Wächten und Riefen krümmte, die halsbrecherisch über den Rand der riesigen Westwand hinaushingen. Er gipfelte in dem großen Schneepilz, der die Spitze des Siula Grande bildete.

Diese Westwand war unser Ziel. Anfänglich sah sie verwirrend aus, als hätte ich sie noch nie zuvor gesehen. Der Maßstab sowie der von den Fotos verschiedene Blickwinkel machte sie unkenntlich, bis nach und nach einzelne Unterscheidungsmerkmale Gestalt annahmen. Eine gewaltige Kumulusbank begann über den Nordgrat des Siula Grande zu quellen. Wie gewohnt zog sie von Osten auf, wo sich aus den riesigen, tagsüber von der Sonne aufgeheizten Regenwäldern des Amazonasbeckens regelmäßig solche niederschlagsschwangeren Wolkenbänke hinausschoben.

»Ich glaube, du hast recht gehabt mit dem Wetter, Simon«, sagte ich. »Das ist wirklich kein Sturmwetter. Wetten, das ist bloß ein Konvektionssystem, das vom Urwald abgeht.«

»Klar, und uns unsere gewohnte Nachmittagsdusche fabriziert.«

»Was glaubst du, wie hoch sind wir hier?«

»Muß so um die 5500 Meter sein, vielleicht etwas mehr. Wieso fragst du?«

»Nun, für uns beide ist das doch ein Höhenrekord. Anscheinend haben wir es nicht einmal bemerkt.«

»Wenn du auf gleicher Höhe wie der Mont Blanc schläfst, scheint es nichts Besonderes mehr, oder?« sagte Simon mit einem schelmischen Grinsen.

Als wir endlich ausgetrunken hatten, begannen die ersten nassen Schneeflocken zu fallen. Der Gipfel des Rosario war zwar noch klar, doch das würde nicht mehr lange so bleiben. Er war kaum mehr als hundertzwanzig Meter höher als unser Standort auf dem Joch und wäre bei klarem Wetter in weniger als einer Stunde zu erreichen gewesen. Keiner von uns erwähnte etwas davon, wieder abzusteigen. Zwischen uns herrschte ein wortloses Einverständnis, den Gipfel diesmal auszulassen.

Simon schulterte sein Gepäck und begann, zum oberen

Rand der Geröllhänge hinunterzuklettern. Er fing an zu rennen und die felsigen Rinnen hinabzuschlittern, die wir uns hochgemüht hatten. Darauf stürmten wir mit Gebrüll und Geschrei Hals über Kopf die vierhundertfünfzig Meter durch lockeres, glitschiges Geröll und versuchten uns in geschlossenen Skikurzschwüngen, bis wir endlich aufgekratzt und keuchend das Lager erreichten.

Richard hatte bereits begonnen, das Abendessen zuzubereiten. Er reichte uns Becher mit Tee, den er gebraut hatte, als er uns hoch oben im Geröll entdeckte, und wir setzten uns neben die fauchenden Benzinkocher, um ihm weitschweifig und in aufgeregten Salven zu erzählen, was wir alles getan und gesehen hatten, bis der Regen in jähen Wellen das Tal hochzog, über uns herfiel und uns in den Schutz des großen Kuppelzeltes trieb.

Nachdem es um etwa halb sieben dunkel geworden war, hätte jeder, der sich dem Zelt genähert hätte, nur noch warmes Kerzenlicht gesehen, das rot und grün durch den Zeltstoff schimmerte, und ein ruhiges Gemurmel gehört, von Zeit zu Zeit durchsetzt von Salven derben Gelächters, als Richard eine erheiternde Geschichte von acht Mitgliedern eines neuseeländischen Rugbyteams zum besten gab, die sich im Urwald von Zentralafrika verirrt hatten. Wir planten unsere künftigen Trainingskletterpartien und spielten dann bis spät in die Nacht Karten.

Unser nächstes Ziel sollte der noch unbestiegene Südgrat des Cerro Yantauri sein, von unseren Zelten bloß einen Katzensprung durchs Flußbett entfernt. Es sah in der Tat so aus, als hätten wir den ganzen Weg zum Gipfel hoch das Lager in Sicht. Der Grat verlief von rechts nach links und führte anfänglich über felsige Ausbisse hoch, bevor er einen langen, eleganten Schneekamm mit Wächten bildete, welcher zu einem höchst unstabilen Gebiet mit Eiszacken hinauflief, die steil zum Gipfel hochschossen. Wir beabsichtigten, entweder beim Aufstieg oder beim Abstieg hoch oben auf dem Grat zu biwakieren, um unsere Wettertheorie zu testen.

Der Morgen war kalt und sonnig, doch ein ungewöhnlich bedrohlich blickender Osthimmel überzeugte uns, den Südgrat des Yantauri besser für einen anderen Tag aufzusparen. Simon ging zu einem nahen Schmelzwassertümpel, um ein Bad zu nehmen und sich zu rasieren, während ich mich mit Richard auf den Weg machte, um herauszufinden, ob wir von den Mädchen in den Hütten Milch und Käse kaufen konnten.

Sie schienen sehr erfreut, uns zu sehen und uns von ihrem hausgemachten Käse zu verkaufen. Dank Richards holprigem Spanisch erfuhren wir, daß sie Gloria und Norma hießen und jeweils in den Hütten schliefen, wenn sie das Vieh ihres Vaters auf die Hochweiden trieben. Beide hatten etwas Wildes und Verwahrlostes an sich, sorgten jedoch gut für die kleineren Geschwister, die übrigens bestens auf sich selbst aufpassen konnten. Wir räkelten uns faul in der Sonne und sahen ihnen bei der Arbeit zu. Die dreijährige Alecia (der ich den Spitznamen Paddington gegeben hatte) bewachte den Eingang zum Viehpferch und verhinderte, daß die Kühe und Kälber Reißaus nahmen, während ihre Brüder und Schwestern melkten, die Kälber vom Saugen abhielten oder in Musselinsäcken die Molke zubereiteten. All dies erfolgte unter viel Gelächter, fröhlich und ohne jede Eile. Wir vereinbarten, daß uns Glorias Bruder Spinoza in ein paar Tagen Vorräte vom nächsten Dorf bringen sollte. Als wir zum Lager zurückkehrten, knabberten wir am Käse und hielten ein wachsames Auge auf die Wolken, die sich anschickten, ihre Ladung früher als üblich zu entleeren. Die Aussicht auf frisches Gemüse, Eier, Brot und Früchte war fast zuviel des Guten nach zwei Wochen Einheitskost aus Teigwaren und Bohnen.

Am nächsten Tag verließen wir das Lager früh in Richtung Yantauri. Der Aufbruch stand unter einem unglücklichen Stern: Das Geröll erwies sich als höchst gefährlich, und von hoch oben in der schuttübersäten Westwand über uns klatschte Steinschlag herunter. Wir waren nervös und kribbelig und wollten schnell vorwärtsmachen, doch unsere schweren Rucksäcke hinderten uns daran. Halbwegs in den tiefergelegenen Geröllhalden oben merkte Simon, daß er seinen Fotoapparat beim letzten Rastplatz vergessen hatte. Er ließ seinen Rucksack zu Boden plumpsen und rannte wieder hinab, während ich weiter nach rechts in den Schutz der unteren Felswände hochstieg.

Um sechs Uhr abends hatten wir uns hoch auf dem Grat eingenistet. Das Wetter hatte sich verschlechtert. Dunkle, drohende Wolken zogen sich eilig über unserem exponierten Standort zusammen. Als es dunkel wurde, schlugen wir unser kleines Biwakzelt gegen ein geschütztes Felswändchen auf und legten uns besorgt zum Schlafen nieder. Es schneite die ganze Nacht ohne Unterlaß, doch der befürchtete Sturm stellte sich nicht ein. Unsere Wettertheorie schien sich zu bestätigen.

Am nächsten Morgen nahmen wir voller Hoffnung den verschneiten Südgrat in Angriff, aber auf 5500 Meter mußten wir notgedrungen den Kampf aufgeben. Hüfttiefer Pulverschnee hatte uns zu einem kräfteraubenden Suhlen gezwungen. Der schwer verwehte Grat wäre viel zu gefährlich gewesen. Als ich durch eine Spalte plumpste, die eine doppelte Schneewächte unter den Gipfeleiszacken trennte, und die ganze Westwand hinunterblicken konnte, entschlossen wir uns, für heute Schluß zu machen.

Hundemüde kehrten wir nach einem aufreibenden Abstieg über die mit losem Felsschutt übersäten Wände der Westseite zu unseren Zelten zurück. Zumindest hatten wir ein paar wichtige Aufschlüsse über das Wetter erhalten.

Zwar gab es ohne Zweifel gelegentlich schwere Stürme, doch wenigstens brauchten wir uns nicht gleich bei den ersten Anzeichen von Wolkenballungen zurückzuziehen.

Zwei Tage später machten wir uns von neuem auf, diesmal zum Südgrat des Serla Norte. Vom Basislager sah er spektakulär aus, und soweit wir wußten, war er noch nie bestiegen worden. Als wir uns näherten, begannen wir zu sehen, weshalb. Daheim in Sheffield hatte uns Al Rouse erzählt, dies sei ein ›etwas heikler Grat‹. Bei genauerem Hinsehen merkten wir, daß Al seinem Ruf, gewaltig zu untertreiben, einmal mehr gerecht geworden war. Nach einem kalten, verkrampften Biwak wateten wir erneut durch kräftezehrenden Pulverschnee hoch, bis wir ein hohes Joch am Fuß des Grates erreichten. Eine beeindruckende Serie von Wächten, die fast senkrecht vom Grat wegstanden, schien sechshundert Meter über uns zum Gipfel hoch Bock zu springen. Bei der geringsten Berührung der untersten Wächte mit einem Eispickel wäre uns die ganze wackelige Eismasse auf den Kopf gefallen! Wir rangen uns ein Lachen ab über die verlorene Liebesmüh. Was wohl Richard von unserem dritten Fehlschlag halten würde, einen Gipfel zu erreichen? Doch Hauptsache, wir waren nun fit, akklimatisiert und endlich bereit für unser eigentliches Ziel – die Westwand des Siula Grande.

Zwei volle Tage ließen wir uns reichlich Essen und Sonnenschein schmecken und bereiteten uns auf die Westwand vor. Jetzt, da wir uns beim nächsten Schönwetterfenster dem Siula verschrieben hatten, begann Angst in mir hochzuzucken. Was, wenn etwas schiefging? Es brauchte so wenig, um uns zu erledigen. Wir hatten die Wahl getroffen, ganz auf uns gestellt zu sein, und ich fühlte mich plötzlich klein und nichtig. Simon lachte in sich hinein, als ich meinen Kummer erwähnte. Er kannte den Grund und verspürte vermutlich die gleiche Spannung in sich. Es war ganz gesund, ein wenig Angst zu haben, und zu spüren, wie mein Körper auf die Angst reagierte, tat gut. Wir schaffen es schon, wir schaffen es schon ... wiederholte ich immer wieder wie ein Mantra, wenn ich dieses hohle, hungrige Loch in meinem Magen fühlte. Es war keine gespielte Tapferkeit – mich seelisch aufzupäppeln, mich vorzubereiten, den letzten Schritt zu wagen, war schon immer ein schwieriges Unterfangen gewesen. ›Rationalisieren‹ nannten es die einen – ›Schiß‹ schien mir die zutreffendere (und ehrlichere) Bezeichnung dafür zu sein.

»Also«, sagte Simon schließlich, »wir machen eine Schneehöhle am Fuß der Wand und gehen am nächsten Tag in einem Zug hoch. Zwei Tage hinauf, zwei Tage hinunter, schätze ich.«

»Wenn das Wetter hält ...«

Die Aussicht am Morgen war trostlos. Wolken verbargen die Gipfel, nur ihre Flanken waren unter einer dunstigen Decke sichtbar. Ein eigenartiger Hauch von Gefahr lag in der Luft. Wir bemerkten es beide, als wir unsere Rucksäcke packten und uns bereitmachten, am folgenden Tag früh aufzubrechen, falls das Wetter umschlagen sollte. War dies der Vorbote eines ausgewachsenen Sturms oder bloß das verfrühte übliche Geschenk vom Amazonas? Ich stopfte eine zusätzliche Gasbombe in meinen Rucksack.

»Hätte nichts dagegen, wenn wir die nächste Runde gewinnen. Bis jetzt steht's drei zu null für die Berge gegen die Bergsteiger.«

Ich lächelte über Simons klägliches Gesicht.

»Auf dem Siula ist es anders. Als erstes ist er so verdammt steil, daß er nicht viel Pulver hält.«

»Ihr rechnet also mit vier Tagen?« wiederholte Richard beiläufig.

»Allerhöchstens fünf« – Simon warf mir einen Blick zu –

»und wenn wir nach einer Woche nicht zurück sind, bist du stolzer Besitzer unserer ganzen Ausrüstung!«

Ich konnte sehen, daß Richard nur lachte, weil auch wir lachten. Ich beneidete ihn nicht ums Warten. Was konnte dort oben nicht alles geschehen! Fünf Tage sind eine sehr lange Zeit, besonders wenn man allein ist und keiner da ist, mit dem man sprechen kann.

»Nach drei Tagen wirst du wahrscheinlich alle möglichen voreiligen Schlüsse ziehen. Aber versuch, dir keine Gedanken zu machen. Wir wissen, was wir tun, und wenn etwas schiefgehen sollte, kannst du eh nichts machen.«

Trotz all unserer Bemühungen, Gewicht einzusparen, waren die Rucksäcke eine schwere Last. Wir nahmen diesmal eine viel größere Garnitur Eisenwaren mit als vorher. Das Biwakzelt war zu unhandlich, und wir beschlossen, es dazulassen und darauf zu vertrauen, statt dessen gute Schneelöcher zu finden. Selbst ohne das Zelt summierten sich die Schneehaken, Eisschrauben, Steigeisen und Pickel, die Ausrüstung für den Fels, Kocher, Gas, Proviant und Schlafsäcke zu einer beängstigenden Ladung.

Richard hatte sich entschieden, uns bis zum Gletscher zu begleiten. Am nächsten Morgen ging es in gleichmäßigem Tempo unter einer heißen Sonne los. Nach einer Stunde erreichten wir den Rand der Gletscherzunge und begannen, eine steile Rinne zwischen den unteren Stirnmoränen und einem vom Eis abgeschliffenen Felsschild hochzusteigen, der die linke Wand des Gletschers bildete. Schlamm und Schutt machten einem Gewirr von Felsblöcken und Geröll Platz. Es fiel lästig, über und um diese Hindernisse zu krabbeln, von denen einige mehrfach mannshoch waren, und die großen Säcke auf unserem Rücken machten die Sache auch nicht leichter. Richard hielt nach seinen zwei Wochen Höhenklima gut mit, doch ein Kranz aus starrenden Eiszacken und dreckverschmiertem Gletschereis, der von unserem Rastplatz aus zu sehen war, schien für ihn in seinen leichten Wanderschuhen ein beträchtliches Hindernis zu bilden. Um daran vorbei und zum Gletscher hochzukommen, mußten wir eine kurze, steile, etwa fünfundzwanzig oder dreißig Meter hohe Eisklippe bewältigen. Große Felsbrocken standen in prekärem Gleichgewicht über der Aufstiegslinie.

»Ich glaube, du solltest nicht weiter mitkommen«, sagte Simon. »Wir könnten dich zwar dort hochbringen, aber nicht wieder zurück.«

Richard schaute sich trübselig in der Ödnis aus Dreck und thronenden Felsblöcken um. Er hatte gehofft, etwas Eindrucksvolleres zu Gesicht zu bekommen als das da. Die Westwand des Siula Grande war noch nicht zu sehen.

»Ich will euch noch schnell fotografieren, bevor ihr losgeht«, verkündete er. »Wer weiß, vielleicht mache ich ein Vermögen, wenn ich sie als Bilder für euren Nachruf verkaufe.«

»Da bin ich dir äußerst dankbar«, murmelte Simon.

Wir ließen ihn dort zwischen den Felsblöcken zurück. Von unserem Standort hoch oben auf den Eisklippen sah er elend und verlassen aus. Eine einsame Zeit erwartete ihn.

»Paßt auf!« schallte es aus gewölbten Händen von unten zu uns hoch.

»Keine Bange«, rief Simon zurück, »wir haben nicht im Sinn, den Kopf hinzuhalten. Wir sind rechtzeitig zurück. Auf Wiedersehen …«

Die einsame Gestalt verlor sich rasch zwischen den Felsen, während wir auf die ersten Gletscherspalten lossteuerten, wo wir unsere Steigeisen anschnallten und uns anseilten. Unter dem grellen Sonnenlicht, das von vereisten Bergwänden auf den Gletscher zurückgeworfen wurde, herrschte eine intensive Hitze. Nicht der geringste Lufthauch war zu spüren. Der Rand des Gletschers war schrundig und aufgeworfen. Wir blickten auf unsere Route zurück, um ihre Besonderheiten unserem Gedächtnis einzuprägen. Wir wollten uns beide beim Abstieg daran erinnern können, denn bis dahin waren unsere Fußspuren sicher längst unter frischem Schnee verschwunden, und es war wichtig, beim Rückweg noch zu wissen, ob wir unter- oder oberhalb der Spalten durchgehen mußten.

Als eine kalte, klare Nacht über die Berge zog, steckten wir behaglich in unserer Schneehöhle unter der Wand. Am nächsten Morgen würde es einen eiskalten Aufbruch absetzen.

## 2. KAPITEL

## Dem Schicksal zum Trotz

Es war kalt. Fünf-Uhr-morgens-Kälte auf einem hohen Andengletscher. Ich kämpfte mit Reißverschlüssen und Gamaschen, bis meine Finger nicht mehr mitmachten, ruckte vor und zurück, die Hände im Zwickel, und stöhnte unter den brennenden Schmerzen. So schlimm war es noch nie gewesen, dachte ich, als der Schmerz meine Finger hochschoß, doch eigentlich dachte ich das jedesmal, wenn sie auftauten. Es tat verdammt weh.

Simon grinste über meine Qualen. Ich wußte, daß ich diese Schmerzen nicht nochmals kriegen würde, sobald ich einmal aufgewärmt war. Immerhin ein kleiner Trost.

»Ich gehe schon mal vor«, sagte Simon, der genau wußte, daß ich mich nicht wehren konnte. Ich nickte elend. Er brach auf, den Lawinenkegel über unserem Schneeloch hoch gegen das Eisfeld hin, das in blauem Frühmorgeneis aufragte.

Das war es also! Ich sah zu Simon hin, der über der kleinen Gletscherspalte am Fuß der Wand lehnte und seinen Eispickel fest in die steile Felswand über ihm einschlug. Das Wetter sah perfekt aus. Keine verräterische Wolkenfront diesmal, die einen Sturm in sich barg. Wenn es hielt, waren wir vor dem nächsten Schlechtwettereinbruch oben und halbwegs schon wieder unten.

Ich stampfte mit den Füßen und versuchte meine Schuhe warm zu kriegen. Eisstückchen klirrten auf meine Schultern hinunter, während Simon seine Pickel ins Eis hineinhämmerte. Dann mit den Füßen Häschen hüpfen, dann wieder die Pickel. Ich duckte mich von der kalten Dusche weg, blickte hinüber nach Süden, zum Himmel über dem Gipfel des Sarapo, der sich von Minute zu Minute aufhellte.

Als ich wieder zu Simon schaute, war er beinahe am Ende des Seils, fünfundvierzig Meter über mir. Ich mußte einen langen Hals machen, um ihn zu sehen, so steil war es.

Ich folgte seinem anfeuernden Ruf, legte meine Pickel heraus, prüfte die Steigeisen und machte mich auf, hin zur Wand hoch. Erst als ich die Gletscherspalte erreichte, merkte ich, wie abgründig steil sie war. Ich fühlte mich im Ungleichgewicht, wurde vom Neigungswinkel hinausgedrückt, bis ich mich über den Spaltenrand zur Eiswand hochgehievt hatte. Anfänglich noch steif und unkoordiniert, plackte ich mich unnötig ab, bis mein Körper von der Anstrengung warm geworden war, in rhythmischen Bewegungen zu fließen begann und die pure Freude, hier zu sein, mich in einem Jubelschwall hochtrieb, hin zu der Gestalt in der Ferne.

Simon stand auf dem Außenrist eines Fußes und hing lässig und entspannt an den Eisschrauben, die ins Eis gehämmert waren.

»Steil, nicht?«

»Fast senkrecht, dieses Stück hier am Anfang«, entgegnete ich, »aber das Eis ist prima. Wetten, das ist noch steiler als die Droites?«

Simon reichte mir die restlichen Schrauben, und ich fuhr über ihm fort, schwitzend jetzt. Die Morgenkälte war abgeschüttelt. Kopf runter, immer auf deine Füße schauen, Pickel schwingen, schwingen, hüpfen, schau auf deine Füße, schwingen, schwingen …, den ganzen Weg hoch, glatte fünfundvierzig Meter, ohne Anstrengung, ohne Kopfweh, nur noch das Gefühl, zuoberst auf der Welt zu sein. Ich trieb die Schrauben ein, sah, wie das Eis riß, splitterte und protestierte – rein mit dir, hält, einklinken, zurücklehnen, entspannen. Das war's!

Ich spürte es strömen in mir, spürte Hitze, Blut und Kraft strömen. Alles gut so. »Jeeee haaaaaaaa!« – dieses Echo, rund um den Gletscher herum! Dünne, wandernde Fußspuren waren sichtbar, Schattenlinien, die sich aus den dunkleren Schatten des eingestürzten Schneelochs auf dem Gletscher lösten und sich verflochten, schon weit, weit unten.

Simon kam hoch, schlug hart zu, Eis splitterte unter ihm hinab, er schlug hart und kräftig zu, trat auf Stahlspitzen hoch, Kopf nach unten, zuschlagen, hochhüpfen, weiter, an mir vorbei und hoch, ohne ein Wort, einfach hart zuschlagen, gleichmäßig atmen, bis er immer kleiner wurde.

Wir kletterten höher, dreihundert Meter, sechshundert, bis wir uns fragten, wann dieses Eisfeld je enden würde. Mit der Monotonie wurde der Rhythmus zunehmend abgerissen. Der Blick schweifte ständig nach rechts oben, folgte der Route, die wir gewählt hatten – eine Linie, die jetzt, in der verkürzten Perspektive, anders aussah. Das Felsmassiv schwang sich neben uns in ein Gewirr von Rinnen hoch. Schneebänder auf den Felssimsen, überall Eistränen und Eiszapfen, doch wo war sie, die Rinne, in die wir wollten?

Die Sonne stand ganz hoch. Jacken und Oberteile steckten in den Rucksäcken. Ich folgte Simon, wurde langsamer unter der Hitze, der Mund war ausgetrocknet, verlangte etwas zu trinken. Der Steigungswinkel verringerte sich. Ich blickte nach rechts und lächelte, als ich Simon sah, wie er, die Beine um einen großen Felsblock gespreizt, den Rucksack am Boden, ein Foto von mir machte, während ich über dem oberen Rand des Eisfeldes auftauchte und auf einer leicht geneigten Rampe schräg auf ihn zuging.

»Mittagessen«, sagte er und reichte mir einen Schokoladenriegel und ein paar Dörrpflaumen. Der Gaskocher zischte im Schutz seines Rucksacks geschäftig vor sich hin. »Das Gebräu ist fast fertig.«

Ich lehnte mich zurück, froh, in der Sonne ausruhen und herumschauen zu können. Es war kurz nach Mittag und warm. Eis klirrte von der Hauptwand herunter, die sechshundert Meter über uns aufragte. Für den Augenblick waren wir sicher. Der Felsen, auf dem wir uns stärkten, saß oben auf einer kleinen Rippe, die das Gelände über dem Eisfeld teilte, so daß das Geröll harmlos zu beiden Seiten vorbeikollerte. Wir saßen wie die Vögel über dem Eisfeld, das sich steil absenkte und unter unserem Mittagsfelsen in eine senkrechte Wand abfiel. Ein schwindeliges, ziehendes Gefühl drängte mich, mich noch weiter über den Abgrund hinauszulehnen, zog mich hinunter zu dem Firn, der sich unter mir wegschwang. Vornübergeneigt, mit verkrampftem Magen und einem scharfen, starken Gespür für die Gefahr kostete ich diese Empfindung aus.

Unsere Fußspuren und das Schneeloch waren nicht mehr zu sehen, verloren sich in dem blendenden Schleier aus weißem Eis und weißem Gletscher. Der Abendwind würde jedes Zeichen davon, daß wir hier durchgegangen waren, auslöschen.

Die oberen Schichten des großen, gelben Felsmassivs, das die Wand teilte, versperrten uns die Sicht auf den weiteren Weg. Während wir parallel zu ihm hochkletterten, sahen wir erst richtig, wie hoch es eigentlich war – eine respektable, dreihundert Meter hohe Wand, die in den Dolomiten einen eigenen Berg abgegeben hätte. Den ganzen Tag waren Steine von den oberen Regionen heruntergeschwirrt, auf die rechte Seite des Eisfeldes geklatscht und dann zum Gletscher hinuntergehüpft und -gekollert. Gott sei Dank waren wir nicht näher beim Felsen geklettert! Aus einiger Entfernung erschienen diese Steine klein und harmlos, doch selbst der allerkleinste hätte uns nach Hunderten von Metern freiem Fall so sicher wie eine Gewehrkugel verletzt.

Wir mußten das steile Eiscouloir suchen, welches durch die Seite dieses Felsmassivs hochlief und uns schließlich in die breite Querrinne führen würde, die wir vom Seria Norte aus gesehen hatten. Hier lag die Schlüsselstelle unseres Aufstiegs. Wir hatten weniger als sechs Stunden Zeit, um das Couloir zu finden, hochzuklettern und in der Rinne darüber eine bequeme Schneehöhle zu graben. Eine große Eisklippe hing vom Rand der Abdachung heraus und verströmte fünf- bis zehnmetrige Eiszapfen, die frei über die sechzig Meter hohe Wand darunter hingen. Dort hinein wollten wir gelangen, doch es war unmöglich, die Wand direkt durch den Kranz von Eiszapfen hochzugehen.

»Wieviel höher liegt wohl das Couloir, was glaubst du?« fragte ich, als ich sah, wie Simon eingehend die Felsen absuchte.

»Wir müssen noch höhergehen«, sagte er. »Das dort kann es nicht sein.« Er wies auf eine extrem steile Eiszapfenkaskade gleich links von der Eisklippe.

»Es könnte hinhauen, aber es ist jedenfalls nicht das, was wir gesehen haben. Du hast recht, es muß über diesem Mischmasch da oben liegen.«

Wir verloren keine Zeit mehr. Ich verstaute den Kocher und legte Pickel und Eisschrauben heraus, bevor ich wieder führte: quer durch die Rampe und dann auf den Frontzakken immer steileres Wassereis hoch. Das Eis war hier härter und brüchiger. Wenn ich zwischen meinen Füßen durchschaute, konnte ich Simon sehen, der sich von den großen Eisbrocken wegduckte, welche mein Pickel wegbrach. Ich hörte seine Verwünschungen, als ein paar größere Stücke schmerzhafte Volltreffer verzeichneten.

Simon rückte bei der Sicherung zu mir auf und sagte mir, was er von dem Bombardement hielt.

»Nun, jetzt bin ich ja dran.«

Er machte weiter, folgte einer schrägen Linie nach

rechts, über Wülste und Stellen mit dünnem Eis, wo teilweise der nackte Felsen hervortrat. Ich duckte mich unter einem heftigen Eishagel weg, dann kam noch mehr, bevor ein warnender Zweifel in meinem Kopf klickte. Simon war über mir, aber weiter rechts! Ich blickte hoch, um festzustellen, wo das Eis herkam, und sah weit über mir den verwächteten Gipfelgrat. Einige der Schneewächten hingen bis zu zwölf Meter über die Westwand hinaus – wir waren unmittelbar unter ihrer Fallinie. Auf einmal sah der Tag gar nicht mehr so rosig aus. Ich beobachtete, wie Simon vorankam, qualvoll langsam jetzt und zusammengekrümmt, und meine Haare sträubten sich beim Gedanken, daß eine der Wächten losbrechen könnte. Auch er hatte die Gefahr bemerkt.

»Mein Gott! Nur schnell raus hier!« sagte er und reichte mir die Eisschrauben.

Ich machte hastig weiter. Ein Eisfall stürzte in einem Fünfzehnmeterschritt über steilen Felsgrund. Ich konnte sehen, wie steil er war, achtzig Grad vielleicht, und hämmerte eine Schraube ein, als ich seine Sohle erreichte. Ich wollte ihn in einem Zug durchklettern und dann nach rechts hinüberhalten.

Wasser rann unter dem Eis, und stellenweise schlug der Fels Funken, wenn ihn mein Pickel traf. Ich verlangsamte, kletterte sorgfältig, immer auf der Hut, um nicht in der Eile einen Fehler zu begehen. Schon fast oben am Eisfall, hielt ich mich an meinem linken Pickel fest und trippelte auf den Frontzacken weiter, als halbwegs beim Schwingen meines rechten Pickels plötzlich etwas Dunkles auf mich zuraste.

»Steine!« brüllte ich und duckte mich nach unten weg. Heftige Schläge prallten dumpf an meine Schulter, bumsten gegen meinen Rucksack, dann war es vorbei, und ich sah, wie Simon bei meiner Warnung hochblickte. Ein Felsbrocken von gut einem Meter Durchmesser fegte unter mir direkt auf ihn zu. Es schien eine Ewigkeit, bis er reagierte, und als er es endlich tat, geschah es mit einer zeitlupenhaftigen Beiläufigkeit, die kaum zu fassen war. Er lehnte sich nach links und zog den Kopf ein. Der schwere Stein schien ihn voll zu treffen. Ich schloß die Augen und krümmte mich noch stärker zusammen, während mich weitere Steine trafen. Als ich wieder hinschaute, war Simon fast ganz unter seinem Rucksack versteckt, den er über den Kopf geschwungen hatte.

»Lebst du noch?«

»Ja«, rief er hinter seinem Sack hervor.

»Ich dachte schon, es habe dich erwischt.«

»Nur kleines Zeug. Mach vorwärts, hier gefällt es mir nicht besonders.« Ich kletterte die letzten Meter des Eisfalls hoch und hielt schnell nach rechts in den Schutz des Felsens. Simon grinste, als er zu mir aufschloß.

»Wo kam diese Ladung bloß her?«

»Weiß nicht. Ich sah sie erst im letzten Augenblick. Verdammt nahe!«

»Komm, machen wir weiter. Ich kann die Rinne von hier sehen.«

Aufgeputscht vom Adrenalin, kletterte er rasch gegen das steile, vereiste Couloir hin, das in einer Ecke der Hauptwand sichtbar war. Es war halb fünf. Wir hatten noch eineinhalb Stunden Tageslicht.

Ich fuhr eine ganze Seillänge von seinem Stand weiter, doch es schien um nichts nähergerückt. Das matte, weiße Licht erschwerte ein genaues Abschätzen von Entfernungen. Simon machte sich an das letzte kurze Stück bis zum Fuß des Couloirs.

»Wir sollten hier biwakieren«, sagte ich. »Es wird bald dunkel.«

»Das schon, aber hier besteht keine Chance auf ein Schneeloch und auf einen Felssims auch nicht.«

Ich sah ein, daß er recht hatte. Hier eine Nacht zu verbringen mußte unbequem sein. Es wurde schon langsam schwierig, etwas zu sehen.

»Ich versuche da raufzukommen, bevor es dunkel wird.«

»Zu spät … es ist schon dunkel.«

»Verdammt, ich hoffe bloß, wir können es mit einer Seillänge schaffen.« Ich hielt nichts davon, im Dunkeln auf abschüssigem Eis herumzutappen und zu versuchen, mich zu sichern.

Ich machte eine kurze Traverse nach links zum Fuß des Couloirs. »Du lieber Gott! Das ist ja überhängend. Und das Eis ist gräßlich!«

Simon sagte nichts.

Sechs Meter mürbes, wabenartig durchlöchertes Eis ragte vor mir in die Höhe, doch ich konnte sehen, daß es darüber besser wurde und sich in ein vernünftigeres Gefälle zurückneigte. Ich trieb eine Eisschraube ins gute Wassereis am Fuß der Wand, hängte das Seil ein, knipste meine Stirnlampe an, holte tief Atem und begann zu klettern.

Zuerst war ich nervös, denn der Anstiegswinkel zwang mich nach rückwärts, und die Waben knirschten und prasselten unter meinen Füßen weg, doch die Pickel, die tiefer ins härtere Eis bissen, hielten gut. Bald war ich voll in Anspruch genommen. Ein kurzer, keuchender Kampf, und die Wand lag unter mir. Simon war nicht mehr zu sehen. Ich stand auf Zehenspitzen auf glasig hartem Wassereis, das sich im Licht meiner Lampe blau über mir in die Schatten hochwölbte.

Die Nachtstille wurde nur von meinen Pickelhieben und dem zitternden Lichtkegel meiner Lampe durchbrochen. Das Klettern nahm mich völlig gefangen. Simon hätte ebensogut nicht da sein können.

Hart zuschlagen. Nochmals zuschlagen – gut so, jetzt der Hammer. Schau auf deine Füße. Kann sie nicht sehen. Hart zutreten, und nochmals. Weiter hoch, immer in die Schatten spähen, versuchen, die Route zu erkennen. Das blaue Glas kurvt nach links wie eine Bobbahn, rechts wird das Gefälle unter einem mächtigen Eiszapfenfries steiler. Geht dort hinter den Eiszapfen ein anderer Weg hoch? Ich rücke nach oben, unter den Eiskranz. Ein paar Zapfen brechen los, fallen dumpf klirrend hinunter, Kristalleuchterklänge im Dunkeln, und ein gedämpfter Ruf hallt von unten zu mir hoch – keine Zeit jetzt zu antworten. Dieser Weg ist falsch. Verdammt. Verdammt! Wieder runter, umkehren. Nein! Schlag eine Schraube ein.

Ich taste an meinen Klettergurten nach einer Schraube, kann aber keine finden – vergiß es, bloß zurück unter die Eiszapfen!

Als ich das Couloir wieder erreicht hatte, schrie ich zu Simon hinunter, doch ich konnte seine Antwort nicht hören. Ein Gesprühe von Pulverschnee stürzte in einem Schwall von oben herunter. Unerwartet. Es ließ mein Herz bis zum Hals schlagen.

Ich hatte keine Eisschrauben, hatte vergessen, sie von Simon zu übernehmen; meine einzige Schraube steckte unten am Fuß der Wand. Ich wußte nicht, was tun, fast vierzig Meter hoch in steilem Eis. Wieder nach unten? Mir war himmelangst vor dem ungeschützten Abfall unter mir, und ebenso beim Gedanken, eine Eisschraube als Sicherung zu benötigen, wenn ich oben keinen Fels finden konnte. Ich brüllte nochmals hinunter. Keine Antwort. Nimm ein paar Atemzüge, und dann weiter!

Fünf Meter über mir konnte ich das obere Ende des Couloirs sehen. Die letzten drei Meter ragten steil und röhrenförmig hoch, das gute Eis machte breiigem Pulver Platz. Ich stemmte mich quer in die Röhre, die Beine gegen nachgiebigen Schnee gespreizt, wirbelte aus Angst vor dem Fünfundsiebzigmeterabsturz in eine einzige Eisschraube meine

Pickel, drosch wie wild um mich, keuchte vor Anstrengung in schnellen, furchtsamen Stößen, bis ich mich auf die leichten Schneehänge über das Couloir hinausziehen konnte.

Als ich wieder Atem geschöpft hatte, kletterte ich zu einer Felswand hoch und legte eine Sicherung in den lockeren Spalten und Blöcken an.

Simon kam schwer atmend nach. »Du hast dir ja Zeit gelassen«, fuhr er mich an.

Ich brauste zornig auf. »Hör mal, das war teuflisch schwierig, und ich hab's praktisch solo geschafft. Ich hatte keine Schrauben bei mir.«

»Vergiß es. Laß uns ein Biwak finden.«

Es war zehn Uhr. Der Wind hatte aufgefrischt und ließ die minus fünfzehn Grad viel kälter erscheinen. Müde und gereizt nach einem harten Fünfzehnstundentag, graute uns schon vor der weiteren Stunde, die es etwa brauchen würde, um ein Schneeloch zu graben.

»Nichts zu machen hier«, sagte ich, während ich kritisch den Hang beäugte. »Nicht tief genug zum Graben.«

»Ich versuch's mal mit diesem Klumpen dort oben.«

Simon wies auf einen riesigen Golfball aus Schnee, fünfzehn Meter im Durchmesser, der sich zehn Meter über uns trotzig an die senkrechte Felswand klammerte. Er ging zu ihm hoch und begann behutsam mit seinem Pickel daran zu stochern. Ich wußte seine Vorsicht zu schätzen, denn an meiner wackeligen Sicherung hätte es mich glatt weggewischt, wenn der Schneeball sich plötzlich von der Wand verabschiedet hätte.

»Joe!« schrie Simon. »Mann! Das glaubst du ja nicht.« Ich hörte, wie ein Kletterhaken in den Fels gehämmert wurde, dann weiteres Freudengekreisch, und dann der Ruf, zu ihm hochzukommen.

Ich war unschlüssig und steckte behutsam den Kopf durch das schmale Loch, das Simon ausgehöhlt hatte.

»Du lieber Gott!«

»Ich habe dir ja gesagt, das glaubst du nicht.« Simon lehnte bequem auf seinem Rucksack zurück, an einem guten, starken Haken gesichert, und winkte königlich über sein neues Reich. »Und es gibt ein Badezimmer«, sagte er übermütig. Müdigkeit und schlechte Laune waren verflogen.

Der Schneeball war hohl. Drinnen war eine große Kammer, fast hoch genug zum Stehen, und daneben eine weitere, etwas kleinere Höhle. Hier war ein fix und fertiger Palast!

Als wir uns jedoch eingerichtet und in unsere Schlafsäkke verkrochen hatten, ging mir unwillentlich meine Abneigung gegen Biwakplätze durch den Kopf, und ich versuchte, das Sicherheitsrisiko abzuwägen. Ich hatte gute Gründe, über den prekären Zustand von diesem Biwak besorgt zu sein, und Simon wußte darum, aber es war sinnlos, darauf herumzureiten. Es gab nun einmal nichts anderes.

Auch damals vor zwei Jahren, beim Klettern am Bonatti-Pfeiler an der Südwestseite von Les Petits Drus, hatte es keine Alternative gegeben, wie ich mich nur zu lebhaft erinnerte. Ich war in Hochstimmung, da ich mit Ian Whittaker an dem sechshundert Meter hohen, goldroten, spitzen Granitturm, der den Blick vom Tal von Chamonix aus beherrscht, so schnell vorwärtsgekommen war. Die großartige Architektur seiner Umrisse, die sich durch die Schattenwürfe der Sonne scharf vor dem weicheren Hintergrund der ganzen Kette der französischen Alpen abzeichneten, hatten diesen Aufstieg zu einer der ästhetisch reizvollsten Routen in den Alpen gemacht. Wir waren an jenem Tag zügig geklettert und befanden uns bei Einbruch der Nacht nur wenige hundert Fuß unter dem Gipfel, wenn auch noch immer auf sehr steilem und schwierigem Fels. Es bestand keine Möglichkeit, die Spitze in jener Nacht noch zu erreichen, andererseits mußten wir uns auch nicht beeilen, um einen Sims zu suchen, auf dem wir schlafen konnten, denn das Wetter war klar und beständig, und wir würden den Gipfel am folgenden Tag sicher erreichen. Es versprach eine weitere warme Nacht zu werden, hoch oben, auf 3650 Meter, mit einem Himmel voller funkelnder Sterne.

Ian war weitergeklettert, über meinen Stand hinaus, der auf den luftigen Absturz der steil abfallenden Wände hinunterblickte. Der Felsvorsprung, dem er folgte, war unbarmherzig steil, und im fehlenden Licht kam er nur quälend langsam voran. Ich wartete zitternd in der kühlen Abendluft, hüpfte von einem Fuß auf den anderen und versuchte trotz meiner verkrampften Stellung, die Blutzirkulation wieder in Gang zu bringen. Der lange Tag hatte mich ermüdet, und ich sehnte mich danach, mich auszustrecken und behaglich auszuruhen.

Endlich sagte mir ein gedämpfter Ruf, daß er etwas gefunden hatte, und bald kraxelte ich unter Verwünschungen in der zunehmenden Dämmerung den Vorsprung hoch, über den Ian soeben geführt hatte. Schon bevor es dunkel geworden war, hatte ich bemerkt, daß wir leicht von der Normalroute abgekommen waren. Statt nach rechts zu traversieren, waren wir eine steile Spalte hochgeklettert, die eine senkrechte Wand teilte, was uns unter einen riesigen Überhang etwa fünfzig Meter weiter oben geführt hatte. Am Morgen würden wir zweifellos zu kompliziertem Diagonalabseilen greifen müssen, um daran vorbeizukommen, doch für jetzt hatte es seine Vorteile – wenigstens waren wir während der Nacht vor Steinschlag geschützt.

Ich fand Ian auf einem gut meterbreiten Sims sitzen, lang genug für uns beide, so daß wir uns Kopf an Fuß hinlegen konnten. Für eine Nacht war es ganz passabel. Während ich zu ihm hochkletterte, bemerkte ich im Licht meiner Lampe, daß der Sims eigentlich den Abschluß eines großen

Sockels bildete, welcher an der vertikalen Wand über dem Felsvorsprung klebte, den wir soeben erklettert hatten. Er wirkte solide und sicher und bot keinen Anlaß zu Befürchtungen.

Eine Stunde später hatten wir ein Handlaufsicherungsseil zwischen einem alten Ringhaken und einer Felszacke gespannt, uns eingeklinkt und zum Schlafen niedergelegt.

Die nächsten paar Sekunden waren unvergeßlich.

Ich steckte geschützt und schon halb im Schlaf in einem wasserdichten Biwaksack, Ian nahm die letzte Regulierung an seiner Sicherungsleine vor. Plötzlich, ohne Vorwarnung, fühlte ich mich jäh hinunterstürzen, gleichzeitig gab es ein ohrenbetäubendes Krachen und Schleifen. Mein Kopf war im Sack drin, die Arme wild fuchtelnd draußen an der Öffnung in Brusthöhe. Auf einmal war nichts mehr da, nur noch eine gräßliche Angst, während ich wie ein Stein in den sechshundert Meter tiefen Abgrund hinunterplumpste. Mitten in dem lauten Getöse hörte ich einen schrillen Angstschrei, dann spürte ich einen federnden Rückstoß. Das Sicherungsseil hatte gehalten. Mein ganzes Gewicht wurde von meinen Achselhöhlen getragen, da ich mich zufällig beim Sturz mit den Armen eingehakt hatte. Ich schwang sanft an dem Seil, versuchte mich zu erinnern, ob ich mich auch wirklich eingeklinkt hatte, und hielt für alle Fälle meine Arme fest umklammert.

Das donnernde Geräusch von Tonnen von Granit, die den Pfeiler hinunterstürzten, widerhallte und erstarb. Stille.

Ich war völlig desorientiert. Die Ruhe schien unheilverkündend. Wo war Ian? Ich dachte an seinen flüchtigen Schrei und war entsetzt bei dem Gedanken, daß er sich vielleicht doch nicht angebunden hatte.

»Zum Deibel!« hörte ich nahebei eine Stimme in rauhem Lancaster-Dialekt.

Ich zappelte, um meinen Kopf aus dem eng zusammen-gequetschten Biwaksack herauszukriegen. Ian hing neben mir an dem V-förmigen Sicherungsseil. Sein Kopf hing schlaff auf die Brust herunter, die Stirnlampe warf einen gelben Schimmer auf die umliegenden Felsen. Ich konnte Blut an seinem Hals sehen.

Ich fingerte in meinem Sack nach meiner Stirnlampe herum, dann hob ich behutsam das elastische Lampenband von seinem blutverfilzten Haar und untersuchte seine Wunde. Anfänglich fiel ihm das Sprechen schwer, denn er hatte sich beim Fallen heftig den Kopf angeschlagen. Zum Glück war es nur ein unbedeutender Schnitt, doch der Schock von dem Sturz aus dem Halbschlaf in die Dunkel-heit hatte uns völlig verwirrt. Es dauerte seine Zeit, bis wir merkten, daß sich der ganze Sockel vom Pfeiler gelöst hatte und die Wand hinuntergestürzt war. Nach ausgiebigem, nervösem Fluchen und hysterischem Gekicher wurden wir uns allmählich bewußt, wie ernst unsere Lage war.

Schließlich verstummten wir. Eine schreckliche Angst und Ungewißheit hatte sich unser bemächtigt und die aus-gelassene Reaktion auf das unvorstellbare Geschehnis ver-drängt. Im Schein der Lampen sahen wir unter uns die Überreste unserer beiden Seile, die unter dem Sims gehan-gen hatten – zerstückelt, vom fallenden Felsen zerfetzt. Als wir uns umdrehten, um das Sicherungsseil zu inspizieren, fanden wir zu unserem Entsetzen, daß der alte Ringhaken, an dem wir hingen, sich leicht bewegte und auch die Fels-zacke arg lädiert war. Es sah so aus, als würde einer der bei-den Halterungspunkte jeden Augenblick nachgeben. Wir wußten, wenn auch nur eine der beiden Verankerungen ver-sagte, würden wir beide ins Leere geschleudert. Wir such-ten hastig nach unserer Ausrüstung, um zu sehen, wie sie sich verstärken ließe, bis wir merkten, daß alles, selbst unse-re Schuhe, mit dem Sims in die Tiefe gefallen war. Wir hatten uns auf dem Felsband in Sicherheit gewähnt und es nicht für nötig befunden, unsere Ausrüstung ans Seil anzuklinken. Wir konnten rein gar nichts unternehmen.

Jeder Versuch, hoch- oder hinunterzuklettern, hätte Selbstmord bedeutet. Über uns machte der Schatten des mächtigen Überhangs jegliche Hoffnung zunichte, in Sokken und ohne Seile weiterzuklettern, unter uns ragte eine senkrechte Wand hoch, ein in Dunkelheit gehülltes Hindernis, das sich nur am Seil hinabsteigen ließ. Die nächsten Simse lagen sechzig Meter weiter unten, und wir wären mit Sicherheit zu Tode gestürzt, bevor wir ihnen auch nur nahegekommen wären.

Zwölf endlose Stunden hingen wir an jenem prekären Seil. Schließlich hörte man unsere Rufe, und einem Rettungshubschrauber gelang es, uns aus der Wand zu pflücken. Was wir in jener langen, langen Nacht durchmachten – in ständiger Erwartung, im nächsten Augenblick abzustürzen, die eine Minute hysterisch lachend, dann wieder still, mit verkrampftem Magen, versteinert, auf etwas wartend, woran wir lieber nicht denken wollten –, wir werden es nie vergessen können.

Ian kehrte im folgenden Sommer in die Alpen zurück, doch sein Gipfeldrang war wie ausgelöscht. Er reiste heim und gelobte, nie wieder in die Alpen klettern zu gehen. Ich selbst hatte Glück oder war zu dämlich und überwand meine Furcht – außer wenn es ans Biwakieren ging.

»Also, was darf's sein?« Simon hielt zwei Alubeutel hoch. »Moussaka oder Truthahn de luxe?«

»Was soll's! Schmeckt beides abscheulich!«

»Gute Wahl. Wir nehmen den Truthahn.«

Nach zwei Bechern Passionsfruchtsaft und ein paar Dörrpflaumen legten wir uns zum Schlafen nieder.

## 3. KAPITEL

## Sturm auf dem Gipfel

Am Morgen hatten wir es relativ leicht, uns zu organisieren. Es erwies sich als vorteilhaft, Platz zum Stehen zu haben, als es darum ging, Isoliermatten zusammenzurollen, Schlafsäcke einzupacken und die Kletterausrüstung auszulegen, die bei unserer Ankunft vergangene Nacht in einem wirren Knäuel liegengelassen worden war.

Ich war an der Reihe mit Führen. Simon blieb an einem Felshaken gesichert im Innern der Schneehöhle zurück, während ich behutsam aus dem kleinen Eingang auf das abschüssige Eis der Rinne trat, die wir in der Nacht hochgestiegen waren. Das Gelände war mir unvertraut. Ich stand auf gutem Eis, das sich nach unten trichterförmig in einen gekrümmten Kegel verengte, bevor es ins obere Ende der Röhre verschwand, aus der herauszuklettern ich mich vorige Nacht derart abgemüht hatte. Das riesige Eisfeld, das wir gestern erklommen hatten, war nicht mehr zu sehen. Ich schaute nach rechts hinüber. Eine kurze Strecke über mir ragte der Abschluß der Rinne in einen senkrechten Eisfall hoch, doch drüben am anderen Ende konnte ich sehen, wie sich der Neigungswinkel abflachte und einen Weg an der Eiskaskade vorbei in eine weitere Rinne darüber freigab.

Ich trippelte nach rechts und hielt nur kurz an, um eine Schraube hineinzutreiben, bevor ich am Rand des Eisfalls hochstartete. Das wäßrige Eis war ausgezeichnet, und die handfeste, wärmende Arbeit sagte mir zu. Ich blickte zum Eingang der Schneehöhle zurück, wo Simon herausguckte und mir beim Klettern Seil gab. Die Struktur der natürlichen Höhle wirkte noch eindrucksvoller als in der Nacht. Wir konnten von Glück reden, daß wir sie gefunden hatten, denn eine Nacht im Freien oben an der Rinne zu verbringen wäre, gelinde gesagt, höchst ungemütlich gewesen.

Über dem Eisfall folgte ich einer schneeigen Rinne und lief den Rest des Seils aus. Simon schloß schnell zu mir auf.

»Genau, wie wir gedacht haben«, sagte ich. »Wir sollten die Querrampe mit der nächsten Seillänge erreichen.«

Er ging nach rechts weiter, bevor er aus der kleinen Rinne, wo ich stand und mich ausruhte, in die Schlüsselrampe verschwand, die wir vor so langer Zeit auf dem Seria Norte gesehen hatten. Ich rechnete fest damit, daß die Hauptschwierigkeiten jetzt hinter uns lagen. Es konnte nur noch darum gehen, oben an die Rampe zu gelangen und dann die Gipfelhänge hochzusteigen.

Als ich mich jedoch zu Simon gesellte, erkannte ich, daß unsere Probleme noch längst nicht bewältigt waren. Oben an der Rampe konnten wir eine formidable Barriere aus sägezahnförmigen Eiszacken sehen, durch welche kein Durchkommen möglich schien. Die lotrechten Felswände zu beiden Seiten der Abdachung zu ersteigen schien ein schier unmögliches Unterfangen, und die Eiszacken erstreckten sich lückenlos von Wand zu Wand.

»Verdammt!«

»Ja, sieht düster aus. Mit so was habe ich nicht gerechnet.«

»Vielleicht gibt es einen Ausgang«, sagte ich. »Wenn nicht, sitzen wir fest.«

»Hoffentlich nicht, zum Teufel noch mal! Es ist ein langer Weg zurück.«

Ich blickte zu den umliegenden Gipfeln und versuchte unsere eigene Höhe abzuschätzen.

»Gestern nacht haben wir auf fünftausendachthundert biwakiert. Wieviel macht das? Neunzehntausend Fuß … stimmt. Das heißt, wir haben noch etwa vierhundertfünfzig Meter vor uns«, sagte ich.

»Schon eher sechshundert.«

»Gut, sechshundert. Aber gestern haben wir mindestens siebenhundertfünfzig auf schwierigerem Gelände geschafft. Heute sollten wir also Richtfest feiern.«

»Da bin ich mir nicht so sicher. Kommt darauf an, wie schwierig dieser Ausgang da ist. Und vergiß nicht, das letzte Stück besteht nur aus Riefen.«

Ich machte mich die fünfundfünfzig Grad geneigte Rampe hoch und kam schnell voran. Wir wechselten uns im Führen ab, sprachen selten miteinander, konzentrierten uns ganz darauf, das Tempo zu forcieren. Gestern hatten wir Eisschrauben verwendet, um jede Seillänge zu sichern, und das steile Eis hatte uns langsam gemacht. Heute hingegen konnten wir spüren, wie die dünnere Luft ihren Tribut forderte, während das leichtere Gelände uns ermöglichte, fast ständig eine doppelte Länge zu klettern – fünfundvierzig Meter hoch zum Seilersten Stufen treten, an ihm vorbei und gleich nochmals dieselbe Länge weiter.

Ich atmete schwer, während ich durch die weiche Schneeoberfläche grub, um das feste Eis darunter zu finden. Dann trieb ich zwei Eisschrauben hinein und pflanzte beide Pikkel über meinem Stand ein, bevor ich mich festband und Simon zurief, mir nachzukommen. Wir standen nahe unter der Eiszackenbarriere, nachdem wir dreihundert Meter die Rampe hochgeklettert waren. Ich blickte auf meine Uhr. Ein Uhr. Wir hatten verschlafen und waren spät aufgebrochen, doch nach zehn Seillängen in viereinhalb Stunden hatten wir wieder aufgeholt. Ich fühlte mich zuversichtlich und wohl. Wir waren dieser Route gewachsen, und ich wußte jetzt, daß wir sie bewältigen würden. Ich fühlte eine prickelnde Erregung bei dem Gedanken, daß ich endlich kurz vor einer Erstbesteigung stand, und was für einer!

Während Simon hochkeuchte, kroch die Sonne über die Eiszacken oben an der Rampe und goß helles Licht auf die weite Schneefläche unter uns. Simon grinste. Ich brauchte keine Erklärung für seine gute Laune: Es war einer jener Augenblicke, wo alles stimmt, wo es weder Kampf noch Zweifel mehr gibt, wo nichts anderes mehr zählt, als den Moment voll zu genießen.

»Könnten ebensogut noch an diesen Zacken vorbei und uns dann ausruhen.«

»Klar«, stimmte Simon zu, während er das Hindernis über uns studierte. »Siehst du diese Eiszapfen? Genau dort führt der Weg durch.«

Ich schaute auf den Eisfall, doch erst mal hielt ich ihn für viel zu schwierig. Unten war er deutlich überhängend. Eine schiefe Wand aus glattem, blauem Eis mit einem mächtigen Kranz von Eiszapfen, die von ihrem Kopf tröpfelten, bot die einzige solide Oberfläche quer durch die sonst überall pudrigen Eiszacken. Dieser Eisfall war die einzige Schwachstelle, die ich in der Barriere ausmachen konnte. Wenn wir sie in Angriff nehmen wollten, mußten wir zuerst etwa acht Meter die Eiswand unten hochklettern, uns dann einen Weg durch die Eiszapfen hauen und darüber auf dem weniger steilen Eis der Kaskade weiterfahren.

»Sieht schwierig aus.«

»Ja. Ich möchte lieber zuerst den Felsen ausprobieren.«

»Der ist teuflisch locker.«

»Ich weiß, aber es könnte hinhauen. Ich will es jedenfalls mal versuchen.«

Er schob ein paar Kletterhaken, einige Drahtschlingen und zwei ›Friends‹ an seinen Klettergurten nach vorne, bevor er langsam nach links kantete, wo die Felswand begann. Ich war gleich rechts unterhalb des Eisfalls fest verankert. Der gelbe und krümelige Felsen säumte den lotrechten Pulverschnee zwischen dem Eisfall und der abschließenden Felsseite der Rampe.

Ich behielt Simon genau im Auge, denn ich wußte, daß

ein Sturz mit der plötzlichen Heftigkeit losbrechender Hand- oder Fußhaltegriffe erfolgen mußte und sich nicht durch allmähliches Nachgeben oder nachlassende Kraft ankündete. Er plazierte das Gerät mit den Nocken in eine Ritze so weit als möglich in der Wand oben. Der ›Friend‹ dehnte sich gleichmäßig in der Spalte aus, wobei sich jeder seiner vier Nocken hart gegen den Felsen preßte. Ich vermutete, daß eher der Fels als der ›Friend‹ losbrach, falls Simon abstürzte.

Er trat vorsichtig hoch, prüfte seinen Fußstand mit leichten Tritten und schlug auf die Haltegriffe über seinem Kopf, um zu prüfen, wie locker sie waren. Einen Augenblick zögerte er, gegen die Wand ausgestreckt, griff dann in den Fels über ihm, so weit seine Arme reichten, und begann sich langsam hochzuziehen. Ich spannte mich an und hielt die Seile in der Stichtplatte blockiert, so daß ich seinen Sturz sogleich abfangen konnte.

Plötzlich brachen seine Haltegriffe aus der Wand los. Eine Sekunde lang hielt er sich noch im Gleichgewicht, die Hände noch immer nach oben gestreckt, nur umfaßten sie jetzt zwei Klumpen loses Gestein. Dann war er weg und stürzte rückwärts in die Rinne hinunter. Ich versteifte mich in der Erwartung, daß der ›Friend‹ ebenfalls losriß, doch er hielt fest, und so fing ich seinen kurzen Plumpser mit Leichtigkeit auf.

»Vorzüglich!« sagte ich und lachte über sein verdutztes Gesicht.

»Scheiße! … Ich war sicher, daß die halten würden.«

Als er wieder bei mir oben war, sah er nochmals zum Eisfall hin.

»Ich habe keine Lust, direkt hochzusteigen, aber wenn ich rechts an ihm vorbei hochkomme, sollte ich ihn eigentlich knacken können.«

»Das Eis dort sieht breiig aus.«

»Mal sehen.«

Er machte sich schnell die rechte Seite der Eiskaskade hoch, vermied dabei die steile Wand und versuchte zuerst eine kleine Traverse nach rechts, bevor er nach links über die Eiszapfen zurückkletterte. Leider ging dort das Eis in Schneewaben und zuckrige Eiskristalle über. Es gelang ihm zwar noch, einen Punkt parallel zur Oberkante der Eiszapfen zu erreichen, doch dann wurden die Kletterbedingungen unmöglich, und es ging nicht mehr höher. Er war sechs Meter über mir. Eine Zeitlang sah es so aus, als säße er fest, denn denselben Weg zurückzusteigen, den er soeben hochgeklettert war, hätte fast unvermeidlich in einem tückischen Sturz geendet. Schließlich konnte er eine Schlinge rund um einen dicken Eiszapfen befestigen, der wieder in den Eisfall zurückgewachsen war und eine Öse bildete, und sich daran bis zu meinem Stand abseilen.

»Ich bin geschafft. Versuch du's doch mal.«

»Gut, aber ich würde etwas weiter zur Seite rücken, wenn ich du wäre. Ich muß das meiste von diesen Eiszapfen da weghauen.«

Viele waren so dick wie ein Männerarm und beinahe einseinhalb Meter lang, einzelne sogar noch größer. Die Eiswand drückte mich augenblicklich aus dem Gleichgewicht zurück, und sogleich spürte ich die Belastung an meinen Armen. Der Sack am Rücken zog mich vom Eis weg. Ich hoppelte mit meinen Steigeisen rasch die Wand hoch, schmetterte meine Pickel hart ins brüchige Eis über mir, zog mich hoch, hoppelte nochmals, in ständigem Bemühen, durch schnelles Klettern Kräfte zu sparen. Als ich mich den Eiszapfen näherte, merkte ich, daß mich meine Kräfte langsam verließen. Ich war bereits zu müde, die Eiszapfen wegzubrechen und mich gleichzeitig mit einem Pickel an der Wand festzuhalten. Ich holte aus, so stark ich konnte, bis sich mein Pickel tief einbiß und fest genug steckte, um mich zu tragen. Dann klinkte ich meine Klettergurte an die Handschlaufe am Pickel ein und ließ mich erschöpft zurückhängen. Ich hielt ein wachsames Auge auf die im Eis eingebettete Pickelspitze, und erst als ich überzeugt war, daß sie mein ganzes Gewicht sicher hielt, zog ich meinen Hammerpickel heraus und hämmerte über meinem Kopf eine Eisschraube in die Wand.

Ich klinkte das Seil durch die Schraube und stieß einen Seufzer der Erleichterung aus. Wenigstens war jetzt die Gefahr gebannt, mehr als eine Körperlänge abzustürzen. Die Eiszapfen lagen bequem in Reichweite. Ohne viel Überlegung schwang ich meinen Hammer durch den Eiskranz und – noch dämlicher – sah hoch, was sich da tat. Der größte Teil eines Zentners Eiszapfen schmetterte mir auf Kopf und Schultern hinab und polterte auf Simon hinunter. Wir begannen beide zu fluchen. Ich verwünschte mich selber, verwünschte den scharfen Schmerz einer geplatzten Lippe und eines angesplitterten Zahns, und Simon verwünschte mich.

»Tut mir leid … habe mir nichts dabei gedacht.«

»Ja, das habe ich gemerkt.«

Als ich wieder hochblickte, sah ich, daß der Hammer gute Arbeit geleistet hatte und jetzt ein Durchgang zum weniger abschüssigen Eis oben frei war. Trotz der Schmerzen benötigte ich nicht lange, um das letzte Stück der Wand hochzuklettern und den Rest des Seils in der breiten, flachen Rinne darüber an eine Sicherung zu legen.

Simon kam hoch, mit Eisstückchen übersät und weißglasiert vom Pulverschnee, der den Eisfall hinuntergerutscht war. Er stieg an mir vorbei zu einem kleinen Absatz am Ende der Rampe hoch, welcher den Anfang der Gipfelhänge bildete. Bis ich zu ihm aufschloß, hatte er den Gaskocher angezündet und einen bequemen Platz zum Sitzen freigemacht.

»Dein Mund blutet«, sagte er ausdruckslos.

»Macht nichts. War sowieso mein Fehler.«

Jetzt, da wir uns nicht mehr im Schutz der Eisrinnen befanden, sondern einer ständigen Brise ausgesetzt waren, war es spürbar kälter geworden. Zum erstenmal konnten wir den Gipfel sehen, der sich in Form einer riesigen, überhängenden Wächte zweihundertfünfzig Meter über uns über die Hänge ausbuchtete. Entlang dem Grat, der sich nach links abschwang, sollte unsere Abstiegsroute verlaufen; doch in den wirbelnden Wolken, die ständig von Osten herüberquollen, war er nur undeutlich zu sehen. Schlechtes Wetter schien im Anzug zu sein.

Simon reichte mir etwas Heißes zu trinken und kuschelte sich dann tiefer in seine Jacke, den Rücken dem bitterkalten Wind zugewandt. Er blickte zu den Gipfelhängen hinauf und suchte nach der besten Aufstiegslinie. Auf diesem letzten Teilstück war es weit eher der Schneezustand als die Steigung oder die technischen Schwierigkeiten, der uns zu schaffen machen würde. Der ganze Abhang war von Pulverschneeriefen gefurcht, die sich allmählich aus dem Frischschnee aufgebaut hatten, der schubweise die Wand heruntergeweht war. Wir hatten allerlei unliebsame Geschichten über diese peruanischen Riefen gehört – das beste war, sich erst gar nicht an sie heranzuwagen! Die Wetterverhältnisse in Europa produzierten nirgendwo solche Schrecknisse. Südamerikanische Berge waren berühmt für ihre spektakulären Schnee- und Eisgebilde, wo der Pulverschnee der Schwerkraft zu trotzen schien und siebzig oder sogar achtzig Grad steile Abhänge bildete und wo Grate sich zu geschundenen, unstabilen Wächten riesigen Ausmaßes entwickelten, die sich übereinander hochtürmten. In allen anderen Gebirgen wäre der Pulver ständig heruntergerutscht und hätte nur viel leichter geneigte Hänge geformt.

Über uns schnitt ein relativ flaches, aber mit einer trügerischen Schneedecke gepudertes Felsband quer durch den
Hang. Nach dreißig Meter verschmolz es wieder mit dem
Schneehang, der nach oben hin immer steiler wurde. Die
Riefen begannen kurz über dem Felsband und reichten
ohne Unterbruch bis zum Gipfel hinauf. Sobald wir uns
einmal für eine der Rinnen zwischen zwei Riefen entschieden hatten, mußten wir uns darin einen Weg zum Gipfel
erzwingen, denn es schien unmöglich, zu traversieren und
eine Riefe zu überqueren, um in die benachbarte Rinne zu
gelangen. Alles hing also davon ab, die richtige Rinne zu
wählen. Wir konnten sehen, daß manche von ihnen in einer Sackgasse endeten, wo zwei Riefen zusammenliefen.
Wenn ich sorgfältig hinguckte, konnte ich ein paar Rinnen
erkennen, die nicht einfach aufhörten, doch sobald ich versuchte, den ganzen Hang zu überblicken, verloren sie sich

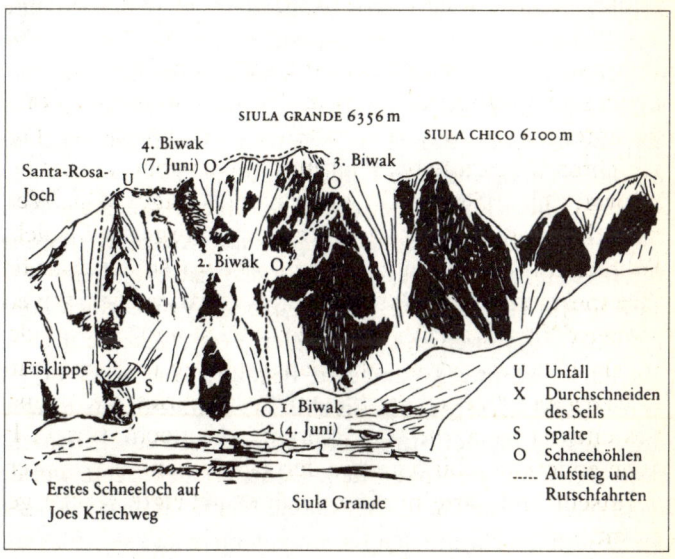

in dem Gewirr von Rinnen und Riefen, das die Wand hinunterströmte.

»Herrje! Das sieht hoffnungslos aus«, meinte Simon. »Wie sollen wir da bloß einen Weg ausfindig machen?«

»Ich sehe sowieso nicht, wie wir heute noch den Gipfel erreichen wollen.«

»Nicht, wenn sich diese Wolken da ausleeren, das ist schon mal sicher. Wie spät ist es?«

»Vier Uhr. Noch zwei Stunden hell. Wir machen besser weiter.«

Ich vergeudete wertvolle Zeit bei dem Versuch, das Felsband zu durchqueren. Es war so schräg wie ein steiles Dach, doch im Unterschied zum Fels in der Rampe war es schwarz und kompakt und bot nur wenige kleine, meist unter dem Schnee versteckte Haltegriffe. Ich wußte, daß es nicht schwierig war, doch ich stand an einer offenen Wand, die fast zwölfhundert Meter unter mir abfiel, und fühlte mich völlig exponiert und nervös. Außerdem gab es eine lange Spanne ungesichertes Seil zwischen mir und Simon, der mich von unserem Rastplatz aus sicherte. Seine einzige Verankerung bildeten seine tief in den Schnee getriebenen Pikkel, und ich wußte nur zu gut, wie wenig sie nützen würden, wenn ich den geringsten Fehler beging.

Mein linker Fuß glitt aus, und die Spitzen der Steigeisen rutschten auf dem Felsen. Wie ich diese Kletterei im delikaten Gleichgewicht haßte! Doch jetzt hatte ich keine andere Wahl. Es gab keinen Weg zurück. Während ich kurz vor dem Ausgleiten mit wippenden Frontzacken auf zwei kleinen Felskanten balancierte, begannen meine Beine zu zittern, und ich schrie Simon eine Warnung zu. Ich konnte die Angst in meiner Stimme hören und verwünschte mich, daß ich Simon sie wissen ließ. Dann versuchte ich, weiter nach oben zu kommen, aber meine Nerven ließen mich im Stich, und ich konnte den Klimmzug nicht zu Ende führen.

Alles in mir wußte, daß es nur noch ein paar Züge brauchte, bis ich leichteren Grund erreichte, und so versuchte ich mir einzureden, daß ich hier mit den Händen in den Hosentaschen hochmarschieren würde, wenn es nicht so schrecklich exponiert wäre, doch damit konnte ich die Angst auch nicht abschütteln. Ich hatte Bammel.

Allmählich beruhigte ich mich und plante sorgfältig die wenigen Bewegungen, die ich machen mußte. Ich war überrascht, wie leicht es jetzt ging. Bevor ich es richtig bemerkte, hatte ich das Hindernis hinter mir und kletterte zügig auf leichtem Gelände weiter. Meine Sicherung war nur wenig besser als die von Simon, und ich warnte ihn, bevor er mir nachkam. Ich mußte immer noch heftig atmen. Als ich sah, wie Simon leicht über die schwierige Stelle kletterte, ärgerte ich mich, daß ich die Beherrschung verloren und mich von der Angst hatte übermannen lassen.

»Mein Gott, da habe ich richtig Schiß gehabt«, sagte ich.

»Hab's gemerkt.«

»Welche Rinne müssen wir jetzt nehmen?« Ich hatte mich nach einer passenden umgesehen, doch hier aus der Nähe war unmöglich zu erkennen, ob sie ausliefen oder nicht.

»Ich weiß nicht. Die hier ist am breitesten. Ich sehe sie mir mal an.«

Simon trat in die Rinne und mußte sich sogleich im tiefen Pulverschnee abstrampeln. Die Wände der Riefen standen zu beiden Seiten fast fünf Meter hoch. Es gab keine Möglichkeit, die Route zu wechseln. Sprühschneefluten ergossen sich über die sich abkämpfende Gestalt, so daß sie zuweilen aus der Sicht verschwand. Das Tageslicht nahm rapide ab. Ich bemerkte, daß es zu schneien begonnen hatte und das Schneegesprühe dichter wurde. Nachdem ich zwei Stunden lang direkt unter Simon stillgesessen hatte, war mir kalt bis auf die Knochen. Simon grub Riesenmengen

Schnee aus und auf mich hinunter, und ich konnte ihm nicht ausweichen.

Ich knipste meine Stirnlampe an und sah zu meiner Überraschung, daß es acht Uhr war. Vier Stunden für hundert Meter Klettern! Es war höchst zweifelhaft, ob wir diese Riefen je hochkamen. Endlich gab mir ein gedämpfter Ruf fern aus den schneegefüllten Wolken das Zeichen, ihm nachzufolgen. Ich war gefährlich unterkühlt, obwohl ich meine Polarjacke und den Windschutz angezogen hatte. Irgendwo auf diesen horrenden Hängen würden wir biwakieren müssen, denn während des Sicherns so lange Zeit stillzusitzen kam nicht in Frage. Ich konnte kaum fassen, was Simon geleistet hatte, um diese Seillänge die Rinne hinaufzuklettern – er hatte den ganzen Weg hoch einen gut einen Meter breiten und tiefen Graben ausgehoben. Seine kräfteraubende Suche nach soliderem Schnee brachte bloß eine schwache Schicht verkrustetes Eis zum Vorschein, das kaum sein Gewicht hielt, und da das meiste davon unter ihm weggebrochen war, hatte ich die größte Mühe, in seinem Schlepptau nachzufolgen. Er hatte drei Stunden für den Aufstieg gebraucht, und als ich ihn erreichte, sah ich, daß er völlig ausgepumpt war. Auch ich fühlte mich todmüde und kalt. Es war wichtig, möglichst rasch zu biwakieren.

»Kaum zu glauben, dieser Schnee!«

»Zum Fürchten. Ich hab' den ganzen Weg hoch gemeint, ich stürzte ab.«

»Wir müssen bald biwakieren. Ich bin fast erfroren.«

»Ja, aber nicht hier. Die Riefe ist zu klein geworden.«

»Gut. Du kannst ruhig weiterführen.«

Ich wußte, daß es die Sache erleichterte und sich die Seile nicht verhedderten, bedauerte jedoch, nicht in Bewegung bleiben zu können. Zwei eiskalte und endlos lange Stunden später schloß ich dreißig Meter weiter oben zu Simon auf.

Er war in einem großen Loch gesichert, das er in den Grund der Rinne gegraben hatte.

»Ich habe etwas Eis gefunden.«

»Gut genug für eine Eisschraube?«

»Nun, besser als gar nichts. Wenn du hier hereinkriechst, können wir es seitlich erweitern.«

Ich quetschte mich in ständiger Erwartung, der Boden der Höhle könne jeden Moment einstürzen und die Rinne hinuntersausen, neben ihn hinein. Wir begannen in die Seiten der Riefen zu graben und die Höhle langsam zu einem langen, rechteckigen Schneeloch zu vergrößern, das quer zur Rinne lief und dessen Eingang zum Teil von unserem Aushub aufgefüllt war.

Um elf Uhr waren wir endlich in unsere Schlafsäcke gekrochen, hatten die letzte gefriergetrocknete Mahlzeit gegessen und ließen uns zum Abschluß des Tages etwas Heißes zu trinken munden.

»Noch hundert Meter. Ich hoffe bloß, es wird nicht noch schlimmer als das, was wir gerade hinter uns haben.«

»Wenigstens hat der Sturm aufgehört. Aber es ist teuflisch kalt. Ich glaube, mein kleiner Finger ist abgefroren. Er ist weiß bis zur Hand hinunter.«

Es war wohl annähernd minus zwanzig Grad gewesen, als wir dem Schneegesprühe in den Rinnen ausgesetzt gewesen waren, und der Wind hatte die Temperatur auf annähernd minus vierzig Grad hinuntergedrückt. Wir konnten von Glück reden, daß wir einen Platz für ein Schneeloch gefunden hatten. Ich hoffte, daß am nächsten Tag klares, sonniges Wetter sein würde.

Der Boden der Gasbombe war mit einer dicken Eisschicht überzogen. Ich schlug sie gegen meinen Helm, so daß das meiste davon wegbrach, dann stopfte ich sie tief in meinen Schlafsack, bis ich das eiskalte Metall an meinen Oberschenkeln fühlte. Fünf Minuten später hatte ich mich wieder warm eingekuschelt, nur meine Nase schaute noch aus dem Schlafsack, und ein Auge hielt schläfrig den Kocher unter Bewachung. Er röhrte geschäftig, war mir aber gefährlich nahe. Blaues Licht schien durch die Höhlenwände. Wir hatten eine lange, bitterkalte Nacht auf über 6000 Meter Höhe hinter uns.

Als das Wasser kochte, setzte ich mich auf und zog eilig meine Polarjacke, den Windschutz und die Handschuhe an. Ich tastete in der Schneewand der Höhle herum und suchte nach dem Beutel Fruchtsaft und der Schokolade.

»Das Gesöff ist fertig.«

»Heiliger Strohsack! Mir ist hundekalt.«

Simon streckte sich aus seiner verkrampften Fötallage, nahm den dampfenden Becher in Empfang und verschwand wieder in seinem Schlafsack. Ich trank langsam, drückte die heiße Tasse an meine Brust und sah zu, wie die zweite Ladung Schnee in der Pfanne schmolz. Die Gasflamme war nicht eben stark.

»Wieviel Gas haben wir noch?« fragte ich.

»Eine Bombe. Ist die dort leer?«

»Noch nicht ganz. Wir können trinken, was sie noch hergibt, und die andere für den Abstieg aufsparen.

»Einverstanden. Wir haben auch nicht mehr viel Fruchtsaft übrig. Bloß ein Päckchen.«

»Dann haben wir richtig gerechnet. Reicht für noch ein Biwi, mehr brauchen wir nicht.«

Uns anzuschirren war ein langes und kaltes Unterfangen, doch das war meine geringste Sorge. Vor uns lagen die Riefen, und ich war an der Reihe mit Führen. Doch zuallererst mußte ich aus der Höhle raus und irgendwie über ihr Dach klettern, das sich quer über die ganze Rinne erstreckte, was gar nicht so leicht war. Es gelang mir zwar, aber nicht ohne sie größtenteils zu zerstören und Simon, der mich von innen gesichert hielt, zu begraben. Kaum war ich wieder in der Rinne, als ich nach unten zurückblickte, wo wir vergangene Nacht hochgeklettert waren. Der Graben, den Simon ausgehoben hatte, war spurlos verschwunden: Er war saubergefegt und von den unaufhörlichen Wellen von Sprühschnee, die während des Schneesturms die Rinne hinuntergeströmt waren, aufgefüllt worden. Zu meiner Enttäuschung sah ich, daß die Rinne etwa dreißig Meter über mir endete. Die Riefen zu beiden Seiten vereinigten sich und bildeten ein einziges, rasiermesserscharfes Pulverschneeband. Ich würde also doch versuchen müssen, in eine andere Riefe hinüberzuqueren.

Der Himmel war klar, und es war windstill. Diesmal war es an Simon, stoisch unter der Sintflut von Schnee zu sitzen, die ich notgedrungen lostreten mußte. Das Tageslicht bot zweifelhafte Vorteile. Es machte zwar das Klettern leichter und ließ mich erkennen, wann ich kurz davor stand, auszugleiten, andererseits gewährte es nervenaufreibende Ausblicke zwischen meinen Beinen hindurch auf vierzehnhundert Meter Leere. Im Wissen, daß unsere Sicherungen alles andere als sicher waren und jeder Sturz katastrophale Folgen gehabt hätte, konzentrierte ich mich voll auf den Weg vor mir. Als ich mich dem blinden Ende der Rinne näherte, wurde die Steigung immer stärker. Offensichtlich mußte ich bald über die Riefe hinaus traversieren, bloß – über welche? Ich konnte nicht über die Riefenwände hinwegsehen und hatte keine Ahnung, was ich da antreffen würde. Ich schaute zurück und sah, wie Simon mich aufmerksam beobachtete. Nur Kopf und Brust ragten aus dem Dach der Höhle, und der riesige Abgrund, der sich hinter ihm auftat, unterstrich, wie prekär unsere Lage war. Ich sah, daß die Riefen nahe bei der Höhle nicht so hoch waren und Simon vielleicht besser als ich überblicken konnte, wo es weiterging.

»Welchen Weg soll ich nehmen? Kannst du etwas sehen?«

»Ja. Nicht nach links.«

»Warum?«

»Es scheint abschüssig und sieht verdammt gefährlich aus!«

»Was ist rechts?«

»Kann nichts sehen, aber die Riefe dort ist nicht so steil. Jedenfalls viel besser als links.«

Ich zögerte. Sobald ich einmal begonnen hatte, mich durch eine Riefe zu pflügen, konnte ich vielleicht nicht mehr zurück. Ich wollte nicht in eine noch unangenehmere Lage geraten. So hoch ich mich auch reckte, ich konnte nicht in die Rinne rechts sehen. Es war nicht einmal sicher, ob es dort eine Rinne gab, und nichts an dem Schnee über mir gab irgendeinen Anhaltspunkt, was mich erwartete.

»Alles klar. Paß auf die Seile auf!« rief ich, als ich mich in die rechte Seite der Rinne zu graben begann. Dann mußte ich lachen. Was hatte ich da soeben gesagt? Es würde nichts helfen, sich aufs Sichern zu konzentrieren, wenn sich die Sicherung sogleich losreißen mußte.

Zu meiner Überraschung war es nicht schwieriger, mich mit beiden Pickeln furios in die Riefe hineinzugraben, als die Rinne hochzuklettern, und ich tauchte keuchend auf der anderen Seite in einer identischen, steiler werdenden Rinne hervor, über welcher ich nur eine Seillänge entfernt die riesige Gipfelwächte sehen konnte. Simon watete zu mir hoch und stieß einen Freudenjauchzer aus, als er hinter mir den Gipfel erblickte.

»So, den hätten wir geknackt!« sagte er.

»Hoffentlich, aber dieses letzte Stück sieht verdammt steil aus.«

»Wird schon gehen.« Er nahm den Hang in Angriff,

wobei er Riesenmengen eiskalten Schnees auf mein unge-
schütztes Sicherungsloch hinunterbutterte. Ich zog meine
Kapuze über den Helm, drehte ihm den Rücken zu und
starrte hinunter zum Gletscher weit unter mir. Unvermittelt erschrak ich über unseren exponierten Stand. Der lok-
kere Schnee war so steil und meine Sicherung derart prekär, daß mir fast schwindlig wurde und ich kaum glauben
konnte, auf was wir uns da eigentlich eingelassen hatten. Ein
aufgeregter Ruf riß mich aus meinen Gedanken; ich wandte mich um und sah, wie das Seil über das obere Ende der
Rinne verschwand.

»Geschafft. Fertig mit Riefen. Komm hoch!«

Simon saß rittlings auf einer Riefe und grinste aufgekratzt, als ich mich erschöpft aus der Rinne zog. Hinter ihm,
weniger als fünfzehn Meter von uns entfernt, ragte die Gipfelwächte in einem bedrohlichen Wulst aus vereistem
Schnee hoch, der über die Westwand hinausging. Ich ging
schnell an Simon vorbei und auf den Steigeisen festen
Schnee hoch und nach links, wo die Gipfelwächte am klein-
sten war. Zehn Minuten später stand ich unter dem Schnee-
grat, der West- und Ostwand trennte.

»Komm, mach ein Foto!«

Ich wartete, bis Simon seinen Fotoapparat bereit hatte,
bevor ich meinen Pickel über den Grat in die Ostseite
schlug und mich auf das breitrückige Joch unter dem Gipfel hinüberzog. Erstmals seit vier Tagen konnte ich mich
an einer neuen Aussicht laben. Sonne überflutete den
Schnee, der auf den östlichen Gletscher abfiel. Nach den
langen, kalten, beschatteten Tagen in der Westwand fühlte
es sich genüßlich an, dort in der warmen Sonne zu sitzen.
Ich hatte ganz vergessen, daß wir ja in der südlichen Hemi-
sphäre kletterten und daher alles verkehrt herum war: Süd-
wände entsprachen hier den eisig kalten Nordwänden in
den Alpen. Kein Wunder, daß die Morgen so kalt und

schattig gewesen waren, und wir bis spät in den Tag auf die ersten Sonnenstrahlen warten mußten.

Simon kam zu mir hoch, und wir lachten glücklich, als wir unsere Rucksäcke auszogen, uns daraufsetzten und Pickel und Fausthandschuhe sorglos in den Schnee fallen ließen, zufrieden, eine Weile still zu sein und herumzuschauen.

»Komm, wir lassen die Säcke hier und gehen zum Gipfel hoch«, sagte Simon und unterbrach meine gedankenverlorenen Träumereien. Der Gipfel! Natürlich! Ich hatte ganz vergessen, daß wir ja erst den Grat erreicht hatten. Aus der Westwand herauszugelangen war zum Selbstzweck geworden. Ich blickte zu der Eiswaffeltüte hoch, die hinter Simon aufragte. Sie war nur etwa dreißig Meter entfernt.

»Geh du voran. Ich mache ein paar Fotos, sobald du oben bist.«

Er grapschte sich etwas Schokolade und Süßigkeiten, bevor er aufstand und langsam durch den weichen Schnee hochtrampelte. Die Höhe tat ihre Wirkung. Als er sich über seinen Pickel gebeugt zuoberst auf der spektakulären Gipfelwächte gegen den Himmel abzeichnete, begann ich fieberhaft Schnappschüsse zu machen. Ich ließ unsere Säcke auf dem Joch zurück und folgte ihm nach. Ich atmete schwer und spürte die Müdigkeit in meinen Beinen.

Wir machten die üblichen Gipfelfotos und aßen ein wenig Schokolade. Ich fühlte die gewohnte Antiklimax. Was jetzt? Es war ein Teufelskreis. Sobald du dir einen Traum erfüllt hast, bist du wieder da, wo du angefangen hast, und es dauert nicht lange, bevor du dir den nächsten heraufbeschwörst, noch etwas anstrengender diesmal, noch ein bißchen ehrgeiziger – noch ein bißchen gefährlicher. Ich wollte lieber nicht daran denken, wo mich das noch hinführte – ob die Natur dieses Spiels mich auf seltsame Weise im Griff hielt und mich zu einer logischen, aber erschreckenden

Schlußfolgerung zwang. Er brachte mich stets durcheinander, dieser Augenblick, wo ich den Gipfel erreicht hatte, diese plötzliche Ruhe und Stille nach dem Sturm, die mir Zeit ließ, mich zu fragen, was ich da eigentlich tat, und einen nagenden Zweifel hinterließ, ob mir nicht vielleicht unerbittlich die Kontrolle entglitt. War ich denn rein zum Vergnügen hier? Oder war es aus Geltungsbedürfnis? Drängte es mich wirklich nach noch mehr? Diese Augenblicke hatten jedoch auch ihr Gutes, und ich wußte, daß die Gefühle wieder abklingen würden. Dann konnte ich sie als krankhafte Ängste abtun, die jeglicher Grundlage entbehrten.

»Sieht aus, als hätten wir einen weiteren Sturm zu erwarten«, sagte Simon.

Er hatte ruhig den Nordgrat gemustert, unsere Abstiegsroute, die rasch von den Wolkenmassen verfinstert wurde, welche sich die Ostwand hochwälzten und sich auf die Westseite hinüberschlugen. Schon jetzt zeigte sich nur wenig vom Grat; der Gletscher, durch den unser Anmarschweg geführt hatte, mußte innerhalb einer Stunde völlig verdeckt sein. Der Grat begann dort, wo wir unsere Säcke zurückgelassen hatten, und stieg vorerst zu einem Nebengipfel an, bevor er sich auf sich selbst zurückkrümmte und in die Wolken hinunterwand. Durch Lücken im Gewölk erblickte ich fetzenhaft scheußlich steile, messerscharfe Ränder und ein paar gefährlich verwächtete Teilstücke, wo die Ostwand in einer kontinuierlichen Flanke geschundener Riefen nach rechts abfiel. Es war unmöglich, in sicherer Entfernung unter den Gratwächten zu queren. Die Riefen schienen unpassierbar.

»Mein Gott! Das sieht lausig aus.«

»Ja, leider. Am besten ziehen wir unsere Schlittschuhe an. Wenn wir uns beeilen, können wir noch unter dem Gipfel dort traversieren und dann weiter unten wieder auf den

Grat stoßen. Wenn du mich fragst: Wir haben nicht einmal eine Stunde Zeit.«

Simon streckte seine Hand aus. Die ersten Schneeflocken trieben träge auf seinen Handschuh herab.

Wir kehrten zu den Rucksäcken zurück und machten uns auf, um einen Bogen um den Nebengipfel zu schlagen. Simon übernahm die Führung. Wir gingen angeseilt, das aufgerollte Seil in den Händen, im Falle eines Falles. So ging es am schnellsten, und bei dem tiefen Pulverschnee, der unser Vorwärtskommen behinderte, war es unsere einzige Chance, noch unter einigermaßen vernünftigen Sichtverhältnissen am Nebengipfel vorbeizugelangen. Ich hoffte, daß mir genug Zeit blieb, meinen Pickel einzugraben, falls Simon stürzte, obwohl ich zweifelte, ob der Pickel in diesem lockeren Schnee einen guten Anker abgeben würde.

Nach einer halben Stunde hüllten uns die Wolken an der Ostflanke des zweiten Gipfels ein. Zehn Minuten später waren wir von der Milchsuppe verschluckt. Es war windstill, und der Schnee fiel ruhig in großen, schweren Flocken. Es war etwa halb drei, und wir wußten, daß es bis spät am Abend schneien würde. Wir hielten an, starrten um uns und versuchten herauszufinden, wo wir steckten.

»Ich glaube, wir sollten absteigen.«

»Ich weiß nicht … Nein, nicht hinab! Wir müssen uns nahe am Grat halten. Hast du die Riefen auf dieser Seite nicht gesehen? Wir würden nie wieder hochkommen.«

»Sind wir schon an diesem zweiten Gipfel vorbei?«

»Ich glaube schon.«

»Ich kann nichts sehen dort oben.«

Schnee und Wolken verschmolzen zu einem uniformen, gesichtslosen Weiß. Drei Schritte weg von mir konnte ich keinen Unterschied mehr zwischen Schnee und Himmel erkennen.

»Ich wünschte, wir hätten einen Kompaß.«

Während ich dies sagte, sah ich, wie es in dem Gewölk über uns heller wurde. Die Sonne schimmerte schwach durch das Düster und warf die allerzartesten Schatten auf den Grat dreißig Meter über uns, doch bevor ich Simon darauf hinweisen konnte, war es vorbei.

»Ich habe soeben den Grat gesehen.«

»Wo?«

»Direkt über uns. Jetzt sehe ich gar nichts mehr, aber ich habe ihn ganz bestimmt gesehen.«

»Gut, ich klettere hoch und finde ihn. Wenn du hierbleibst, hast du die besseren Chancen, mich zu halten, falls ich den Gratrand nicht rechtzeitig bemerke.«

Er ging los, und nach kurzer Zeit zeigten mir nur noch die Seile, die durch meine Hände glitten, daß er dort oben war. Der Schnee fiel jetzt immer dichter. Ich spürte erstmals eine stechende Beklemmung hochsteigen. Dieser Grat erwies sich als viel schwieriger, als wir uns je vorgestellt hatten, weil sich unsere Aufmerksamkeit hauptsächlich auf die Route durch die Westwand gerichtet hatte. Ich wollte gerade zu Simon hochrufen und fragen, ob er etwas sehen könne, doch die Worte erstarben mir auf den Lippen, da die Seile plötzlich durch meine Handschuhe peitschten. Gleichzeitig widerhallte das grollende Geräusch einer schweren Explosion durch die Wolken. Die Seile liefen ungehindert wenige Armlängen durch meine nassen, eisigen Handschuhe, zerrten dann heftig an meinen Klettergurten und zogen mich brustvoran in den Schneehang hinein. Das Grollen erstarb.

Ich wußte sogleich, was geschehen war. Simon mußte durch eine Gratwächte gestürzt sein, doch die Lautstärke ließ eher so etwas wie eine Eiszackenlawine vermuten. Ich wartete. Die Seile blieben von seinem Körpergewicht angespannt.

»Simon!« schrie ich. »Alles okay?«

Keine Antwort. Ich beschloß zu warten, bevor ich einen Versuch machte, gegen den Grat hochzugehen. Falls er über der Westwand hing, mußte ich damit rechnen, daß er eine Weile brauchte, bevor er sich wieder gesammelt hatte und auf den Grat zurück gelangen konnte. Nach etwa fünfzehn Minuten hörte ich Simon etwas Unverständliches rufen. Das Gewicht war vom Seil weg, und ich kletterte auf ihn zu, bis ich verstehen konnte, was er sagte.

»Ich habe den Grat gefunden.«

*Das* hatte ich allerdings auch schon vermutet, und ich lachte nervös. Er hatte in Wahrheit weit mehr als erwartet vom Grat gefunden. Als ich ihn erreichte, hörte ich auf zu grinsen. Er stand zittrig gleich unter dem Kamm.

»Ich habe geglaubt, jetzt ist's aus«, murmelte er und setzte sich plötzlich schwer in den Schnee, als hätten ihm seine Beine den Dienst versagt. »Höllisch … das war's! Das ganze verdammte Ding fiel einfach weg. O Gott!«

Er schüttelte den Kopf, wie um zu verscheuchen, was er soeben erlebt hatte. Als die Angst nachließ und sein Körper aufhörte, Adrenalin zu pumpen, schaute er zum Gratrand zurück und erzählte mir ruhig, was vorgefallen war.

»Ich habe den Grat nie richtig zu Gesicht bekommen, nur kurz weit links eine Kante davon. Es gab keine Vorwarnung. Keinen Riß. Nichts. Ich war noch dabei zu klettern, und da fiel ich auch schon. Es muß zwölf Meter vom Rand zurück weggebrochen sein. Hinter mir, glaube ich, oder unter meinen Füßen. Wie auch immer, es hat mich sofort hinuntergerissen. Es ging so *schnell!* Ich hatte gar keine Zeit mehr zum Überlegen. Ich wußte nicht, was zum Kuckuck eigentlich los war, außer daß ich abstürzte.«

»Kann ich mir denken.« Ich blickte zu der steil abfallenden Wand hinter ihm, während er schwer atmend seinen Kopf senkte und eine Hand auf seinem Oberschenkel versuchte, das verräterische Zucken in seinem Bein zu stoppen.

»Ich habe mich wie wild überschlagen, und alles schien im Zeitlupentempo zu geschehen. Ich vergaß, daß ich ans Seil festgebunden war. Der Lärm und der Sturz – sie machten es mir fast unmöglich, irgend etwas zu verstehen. Ich kann mich erinnern, wie ich alle diese riesigen Schneeblökke sah, die mit mir hinunterfielen. Zuerst fielen sie mit der gleichen Geschwindigkeit wie ich, und ich dachte: ›Das war's dann.‹ Sie waren massiv. Brocken von drei bis sechs Meter Durchmesser.«

Er war jetzt ruhiger, doch ich fröstelte beim Gedanken, was passiert wäre, wenn ich mit ihm hochgegangen wäre – es hätte uns beide erwischt.

»Dann spürte ich das Seil um meine Mitte, aber ich dachte, es komme einfach mit mir hinunter. Ich hielt und hielt nicht an, und alle die Blöcke krachten gegen mich und schnippten mich herum.«

Wieder machte er eine Pause, dann fuhr er fort: »Es war viel heller unter mir, und die Blöcke purzelten jetzt von mir weg in eine riesige Leere hinunter, wirbelten herum und zerbrachen. Ich erhaschte noch Blicke davon, während der Schnee auf mich eindrosch und mich herumwirbelte … Vielleicht fiel ich da schon nicht mehr, doch all das Gebumse und Herumsausen fühlte sich an, als fiele ich noch immer. Es schien nicht enden zu wollen. Ich hatte keine Angst, war aber völlig verwirrt und betäubt. Als würde die wahre Zeit stillstehen. Als würde es keine Zeit mehr geben, um Angst zu haben.«

Als er schließlich doch anhielt, hing er frei im Leeren und konnte sehen, wie sich links von ihm der Grat weiter abschälte. Die Wolke über der Ostseite versperrte zwar die Sicht ein wenig, doch aus der Wolke stürzten große Schneeblöcke und krachten die Wand hinunter, als ob der Grat von ihm wegbrechen würde.

»Zuerst war ich so desorientiert, daß ich nicht wußte, ob

ich nun in Sicherheit war oder nicht. Ich mußte es mir erst zurechtlegen, bevor ich erkannte, daß du meinen Sturz aufgefangen hattest. Der Abfall unter mir war gräßlich. Ich konnte die ganze Westwand hinuntersehen, vierzehnhundert Meter, den ganzen Weg bis zum Gletscher. Eine Zeitlang geriet ich in Panik. Der riesige Absturz war urplötzlich unter mir aufgetaucht, und ich hing zehn Meter unter der Gratlinie, ohne den Hang zu berühren. Die Hauptwand der Westseite lag direkt unter mir. Ich konnte sogar unsere Route das Eisfeld hoch sehen.«

»Wenn diese Wächte damals heruntergekommen wäre, wären wir wohl spurlos verschwunden«, mutmaßte ich. »Wie bist du denn zurückgekommen?«

»Nun, ich habe versucht, auf den Grat zurück zu gelangen, und das erwies sich als höllisch schwierig. Die Bruchkante der Wächte war senkrechter Schnee und fast zehn Meter hoch. Ich wußte nicht, ob das, was nach dem Zusammenbruch noch übrig war, überhaupt halten würde. Als ich schließlich oben war, hörte ich dich von unten an der Ostwand rufen, und ich war beinahe zu müde, um dir zu antworten. Ich konnte noch immer kein Ende in der frischen Bruchlinie auf dem Grat sehen. Sie schien an die sechzig Meter lang. Merkwürdig, wie die Sicht aufklarte, sobald ich stürzte. Fünf Minuten später, und ich hätte die Gefahr bemerkt.«

Da waren wir nun, konfrontiert mit einem äußerst gefährlichen Grat, der zwar eingestürzt, deswegen jedoch keine Spur sicherer war. Wir konnten nur wenig vom Rand weg sekundäre Bruchlinien im Schnee feststellen, und ein ausgeprägter Riß lief, soweit wir sehen konnten, parallel zum Kamm und nur etwa einen Meter davon entfernt.

## 4. KAPITEL

## *Auf Messers Schneide*

Es kam nicht in Frage, weiter unten in der Ostwand zu traversieren, denn dort lief eine ununterbrochene Reihe großer Riefen in die Wolken hinunter, die sich wieder mehrere hundert Fuß unter uns über der Leere geschlossen hatten. Es hatte aufgehört zu schneien. Quer durch diese Riefen zu klettern wäre ein unmöglich langwieriges und gefährliches Unterfangen gewesen, und weiter abzusteigen hätte bedeutet, uns irgendwo in dem weißen Einerlei unter den Wolken zu verlieren. Es blieben uns also nur wenige Möglichkeiten zur Auswahl. Simon stand auf und begann behutsam, etwa eineinhalb Meter vom Kamm den Grat entlang zu marschieren, der kontinuierlichen Rißlinie entlang, die von uns wegführte. Ich rückte ein Stück weiter die Ostwand hinunter, um zu warten, bis er das ganze lose Seil aufgebraucht hatte. Wenigstens konnte ich ihn so auffangen, falls der Grat erneut wegbrach, doch einmal würde ich zu ihm aufschließen müssen, und dann mußten wir uns zusammen den Grat entlang bewegen.

Als ich hochkletterte, um seinen Spuren zu folgen, fiel mir wieder ein, wie ich nur wenige Minuten, bevor Simon abgestürzt war, einen Moment lang Furcht verspürt hatte. Ich hatte ähnliches schon bei früheren Gelegenheiten festgestellt und mich stets darüber gewundert. Es hatte kein vernünftiger Grund für diese plötzliche, stechende Beklemmung vorgelegen. Wir waren seit über fünfzig Stunden am Berg und möglicherweise auf potentielle Gefahren eingestimmt, und zwar so sehr, daß ich im voraus gespürt hatte, daß etwas geschehen würde, ohne ganz zu verstehen, was es war. Ich mochte diese irrationale Theorie nicht, denn wieder war dieselbe Angst extrem stark da. Ich konnte sehen, daß auch Simon sich verkrampfte. Der Abstieg gestaltete sich viel schlimmer, als wir uns vorgestellt hatten.

Ich bewegte mich vorsichtig. Ich beobachtete die Rißlinie, vergewisserte mich, daß ich meine Füße exakt dort aufsetzte, wo Simons Fußstapfen waren. Nervös ging ich fünfundvierzig Meter hinter Simon her, der mir den Rücken zuwandte. Ich hatte vielleicht noch eine Chance, wenn ich ihn rechtzeitig abstürzen sah – ich konnte mich die andere Seite des Grats hinunterwerfen und hoffen, daß die Seile uns zum Halten brachten, während sie durch den Grat sägten. Er hingegen würde wenig bis gar keine Warnsignale erhalten. Vielleicht hörte er mich aufschreien oder hörte, wie der Grat abbrach, doch er mußte sich zuerst umwenden, um zu sehen, auf welche Seite ich hinunterfiel, bevor er auf die sichere Seite springen konnte. Das wahrscheinlichste Unglück schien mir darin zu bestehen, daß der ganze Grat einbrach und uns in einem einzigen langen Wächtenabbruch mit sich hinunterriß.

Als ich sah, wie sich der Riß schloß, und ihn hinter mir wußte, stieß ich einen Seufzer der Erleichterung aus. Endlich war der Grat um ein weniges sicherer. Leider fiel er jetzt steil ab, krümmte sich bei jeder Wendung in sich zurück, und riesige Wächten bauchten sich über die Westwand hinaus. Ich bemerkte, daß diese Schwierigkeiten mit zunehmender Entfernung abnahmen, und war daher nicht überrascht, als Simon die Ostwand hinabzusteigen begann. Er hatte im Sinn, Höhe zu verlieren, um dann direkt zu dem leichteren Abschnitt hinüber queren zu können und uns so zu ersparen, den geschundenen Grat hinunterklettern zu müssen. Das leichtere Teilstück lag etwa sechzig Meter unterhalb unseres Standorts auf dem Grat. Ich schätzte kurz ab, wie weit wir hinabsteigen mußten, bevor ich Simon nach unten nachfolgte.

Wir waren noch nicht weit abgestiegen, als mir auffiel, wie schlecht das Licht geworden war. Ich blickte auf meine Uhr und sah zu meiner Überraschung, daß es schon später als fünf Uhr war. Wir hatten den Gipfel vor fast dreieinhalb Stunden verlassen, jedoch nur eine kurze Strecke am Grat zurückgelegt. In einer Stunde war es dunkel. Um unsere Lage noch zu erschweren, hatten sich wieder Sturmwolken über uns zusammengebraut. Von Osten flogen uns Schneeflocken ins Gesicht hoch, die Temperatur war rapide gefallen, und bei dem auffrischenden Wind wurde es bei jedem Halt eisigkalt.

Simon stieg eine Rinne zwischen zwei Riefen hinab. Langsam folgte ich nach und versuchte, die Entfernung zwischen uns beizubehalten und nur weiterzugehen, wenn sich die Seile bewegten. Ich stieg in ein gleichförmiges Weiß hinunter, wo Schnee und Wolken in eins verschmolzen. Nach einer Weile war ich der Meinung, daß wir die Stelle erreicht haben mußten, von der wir horizontal zum leichteren Gratabschnitt hinüber traversieren konnten, doch Simon fuhr fort, hinunterzuklettern. Ich rief ihm zu, er solle anhalten, erhielt jedoch nur eine gedämpfte Antwort. Ich brüllte lauter. Die Seile hörten auf, durch meine Handschuhe zu gleiten. Keiner von uns konnte die Rufe des anderen verstehen, daher stieg ich hinab, um in Hörweite zu gelangen. Zu meinem Schrecken merkte ich, wie die Rinne steiler wurde und ich ins Rutschen kam. Ich drehte mich mit dem Gesicht zum Hang, doch auch so war es schwierig, die Kontrolle nicht zu verlieren.

Ich war nahe bei Simon, als ich ihn wieder rufen hörte und seine Frage verstehen konnte, weshalb wir angehalten hätten. In diesem Augenblick wischte der Schnee unter meinen Füßen weg, und schon sauste ich hinunter. Ich ließ beide Pickel sich tief in die Rinne graben, doch sie hielten mich nicht an, schrie eine Warnung, prallte plötzlich heftig gegen Simon und kam gegen ihn gedrückt zum Halten.

»Herrgott! ... Ich ... Ach, Scheiße! Ich dachte, jetzt ist's aus ... das ist absolut idiotisch!«

Simon sagte nichts. Ich lehnte mich mit dem Gesicht voran in die Rinne und versuchte mich zu beruhigen. Mein Herz schien sich einen Weg aus meiner Brust hämmern zu wollen, und meine Beine zitterten vor Schwäche. Wir konnten von Glück sagen, daß ich so nahe bei Simon gewesen war, als ich stürzte, und nicht genug Geschwindigkeit entwickeln konnte, um ihn umzuwerfen.

»Alles in Ordnung?« fragte Simon.

»Ja. Bloß Schiß ...«

»Kein Wunder.«

»Wir sind viel zu weit unten.«

»Oh! Ich dachte, wir könnten vielleicht ganz in den östlichen Gletscherkessel absteigen.«

»Du machst wohl Witze! Ich habe uns beide beinahe umgebracht auf diesem verdammten Stück, und wir haben keinen blassen Schimmer, wie es unter uns aussieht.«

»Aber dieser Grat ist völlig wahnsinnig. Wir kommen da heute abend nie hinunter.«

»Wir kommen hier heute sowieso nicht mehr weg. Um Gottes willen, es ist schon fast dunkel! Wenn wir jetzt einfach losstürmen, können wir von Glück sagen, wenn wir je lebendig aus diesem Scheißding herauskommen.«

»Schon gut ... schon gut, beruhige dich! War ja nur ein Vorschlag.«

»Entschuldige. Ich bin ausgeflippt. Könnten wir nicht von hier zur Seite hinaus traversieren und zum Grat zurückkommen, wo er abfällt?«

»Okay ... bitte nach Ihnen.«

Ich brachte den Wirrwarr von meinem Sturz wieder in Ordnung und begann dann in die rechte Seite der Riefe zu graben. Eineinhalb Stunden später war es mir gelungen, unzählige Riefen und Rinnen zu queren, während Simon mir im Abstand einer Seillänge folgte. Wir hatten weniger als sechzig Meter zurückgelegt. Es schneite jetzt stark und war bitter kalt und windig und schon so dunkel, daß wir unsere Stirnlampen brauchen mußten.

Als ich durch eine zuckrige Schneewand in eine weitere Rinne stolperte, trat ich unter dem Schnee gegen Fels.

»Simon!« schrie ich, »bleib mal eine Weile, wo du bist. Hier ist eine kleine Felswand. Es ist ein bißchen knifflig, da vorbeizukommen.«

Ich beschloß, einen Felshaken in die Wand zu setzen und dann vorsichtig um das Hindernis zu balancieren. Mit dem Felshaken hatte ich zwar Erfolg, doch irgendwie brachte ich das Kunststück fertig, hinunter und um die Wand herum zu stürzen, ohne dabei ins Seil zu fallen. Simon verwendete eine ebenso grundlegende Klettertechnik, indem er unter Ausnützung von Schwerkraft und Körpergewicht einfach die Wand hinuntersprang, ohne sehen zu können, wo er landen würde, doch in der korrekten Annahme, daß dies mit solcher Wucht erfolgen mußte, daß er sich dabei sicher in den lockeren Schnee unten eingraben würde. Die einzige Schwachstelle, die ich in seiner Theorie fand, war die, daß er gar nicht wissen konnte, ob sein Landeplatz aus lockerem Schnee oder aus Fels bestand! Doch wir waren schon viel zu müde und durchfroren, um uns darüber noch groß Gedanken zu machen.

Sobald wir den Felsen hinter uns hatten, traversierten wir einen offenen Pulverschneehang – gottlob ohne Riefen. Wir hielten wieder hoch in die Richtung, wo wir den Grat vermuteten, und fanden nach zwei Seillängen einen großen Schneekegel, der gegen eine Felswand geweht war. Wir entschieden uns, eine Schneehöhle zu graben.

Simons Stirnlampe flackerte dauernd. Vermutlich ein

Wackelkontakt. Ich begann zu graben und stieß bald auf Fels. Ich versuchte, parallel zum Fels zu graben, um eine lange, enge Höhle zu machen, doch nach einer halben Stunde gab ich auf. Die Höhle hatte so viele Löcher, daß sie nur wenig Schutz vor dem Wind geboten hätte. Es war unerträglich kalt. Simon hatte sich unterdessen abgemüht, mit bloßen Fingern seine Stirnlampe zu flicken, und im Dunkeln an den Kupferkontakten herumgebastelt. Das Graben hatte mich warm gehalten, obwohl die Temperatur gegen die Minus-zwanzig-Grad-Marke fiel, aber zwei von Simons Fingern waren erfroren. Als ich anfing, eine zweite Höhle zu graben, wurde er wütend auf mich. Ungerechterweise glaubte ich, er sei bloß gereizt, und schenkte ihm keine Beachtung. Der nächste Platz für die Höhle war geringfügig besser; obwohl ich auch hier auf Fels stieß, konnte ich sie so ausbauen, daß sie für uns beide paßte. Simon hatte inzwischen die Lampe geflickt, doch für seine Finger kam jedes Aufwärmen zu spät. Er schnaubte noch immer vor Wut über unsere mangelnde Zusammenarbeit.

Ich bereitete die Mahlzeit zu. Es war nur noch wenig übrig. Wir aßen Schokolade und Dörrobst und tranken sehr viel Fruchtsaft. Schließlich waren Verdruß und Wut vergessen, und wir sahen die Dinge wieder klarer. Ich war ebenso durchgefroren und müde gewesen wie Simon und hatte nur noch eins im Sinn: schnell eine Höhle graben, damit wir in unsere Schlafsäcke kriechen und uns etwas Heißes zu trinken machen konnten. Wieder lag ein langer Tag hinter uns. Er hatte sich gut angelassen, und wir waren froh gewesen, endlich aus der Westwand herauszukommen, doch der Abstieg war immer schwieriger und nervenaufreibender geworden. Simons Sturz über die Wächte hatte uns beide verunsichert, die Anspannung danach uns zermürbt. Wir waren heute schon wütend genug aufeinander geworden, und es half uns auch nicht weiter, wenn wir einander grollten.

Simon zeigte mir seine Finger. Sie waren langsam wieder zum Leben erwacht, doch der Zeigefinger an jeder Hand blieb weiß und hart bis hinunter zum ersten Fingerknöchel. Also abgefroren! Ich hoffte, sie würden am nächsten Tag nicht noch mehr Schaden erleiden, war mir jedoch sicher, daß die Schwierigkeiten auf dem Grat bald ein Ende haben würden und wir bis morgen nachmittag das Basislager erreichen konnten. Wir hatten nur noch Gas für zwei Getränke am Morgen übrig, doch das sollte reichen. Als ich mich zum Schlafen legte, meldeten sich die Angstgefühle wieder, die mich überfallen hatten, als wir den Grat traversierten. Sie ließen sich einfach nicht abschütteln. Die Vorstellung, wie wir beide hilflos und noch immer aneinandergeseilt die Ostwand hinunterstürzten, hätte sich um ein Haar bewahrheitet. Ich schauderte beim Gedanken an ein solches Ende. Ich wußte, Simon mußte dasselbe gefühlt haben. Im Jahr zuvor war er am Croz-Pfeiler, hoch oben im Mont-Blanc-Massiv in den französischen Alpen, Zeuge eines solch schrecklichen Unglücks geworden – zwei japanische Bergsteiger waren nur kurz unter dem Gipfelpunkt der Route ganz in der Nähe seines Stands zu Tode gestürzt.

Drei Tage stürmisches Wetter hatten mörderische Bedingungen geschaffen. Der Fels war mit einer harten Patina aus Eis verglast, die die Griffe bedeckte und die Spalten ausfüllte. Das Weiterkommen ging quälend langsam vonstatten, da jeder Griff zuerst freigeschlagen werden mußte, und normalerweise leichte Teilstücke hatten hochgradiges Extremklettern erfordert. Simon und sein Gefährte, Jon Sylvester, hatten zweimal in der Wand biwakiert. Am späten Nachmittag jenes dritten Tages braute sich ein weiterer Sturm zusammen: Die Temperatur sackte ab, schwere Wolken hüllten sie ins Leichentuch einer eigenen Welt, und die ersten Lawinen sprühenden Pulverschnees fegten hinunter.

Die beiden japanischen Bergsteiger waren ihnen dicht gefolgt. Sie hatten getrennt biwakiert, und es gab keine Verständigung zwischen den beiden Teams, weder ein Konkurrenzgefühl noch den Vorschlag, sich zusammenzutun. Beide Seilschaften kamen gleich gut mit den schwierigen Verhältnissen zurecht. Es gab häufig Stürze, nicht selten von derselben Stelle aus. Sie hatten einander zugeschaut, wie sie sich abkämpften, ins Seil fielen und es noch einmal versuchten, während sie die Wand hoch vorankamen.

Als sie die Hauptwand unter dem Gipfel erreichten, hatte Simon gesehen, wie der führende japanische Bergsteiger mit überrascht ausgestreckten Armen rückwärts und nach außen abstürzte. Der furchteinflößende, siebenhundertfünfzig Meter tiefe Abfall, der durch Lücken im Gewölk sichtbar war, umrahmte ihn im Hintergrund. Zu seinem Entsetzen mußte er mitansehen, wie der stürzende Seilerste zuckte, sich krümmte und seinen Gefährten ohne einen Laut ins Leere riß. Ihr Sicherungshaken war herausgebrochen. Beide Männer stürzten hinunter – aneinandergeseilt, hilflos.

Simon hatte sich zu Jons Stand hochgekämpft, von wo jener untere Abschnitt nicht eingesehen werden konnte, und ihm mitgeteilt, was geschehen war. Sie standen schweigend im aufkommenden Sturm auf dem kleinen Felsband und versuchten die Ungeheuerlichkeit des Geschehens, das sich so nahe bei ihnen abgespielt hatte, zu absorbieren. Es gab nichts, was sie für die beiden Männer tun konnten, da sie den Sturz unmöglich überlebt hatten; der schnellste Weg, um den Rettungsdienst zu benachrichtigen, führte über den Gipfel und nach Italien hinunter.

Als sie weiterkletterten, hörten sie zu ihrem Entsetzen von weit unten ein gespenstisches Schreien – die schauerlichen Laute eines Menschen in verzweifelt einsamer und fürchterlicher Todesqual. Als sie hinunterblickten, sahen sie die beiden Bergsteiger mit wachsender Geschwindigkeit das obere Eisfeld knapp zweihundert Meter unter ihnen hinuntergleiten. Sie waren noch immer aneinandergeseilt, und verschiedene zerstreute Ausrüstungsgegenstände sowie ihre Rucksäcke purzelten neben ihnen hinunter. Simon blieb nichts anderes übrig, als hilflos auf die zwei winzigen Gestalten zu starren, die das Eis hinuntersausten. Dann waren sie weg, verschwunden über dem Rand des Eisfeldes, und stürzten außer Sicht in den horrenden Steilabfall zum Gletscher hinab.

Dank irgendeinem verrückten Zufall hatte mindestens einer der Bergsteiger den anfänglichen Sturz auf das Eisfeld überlebt. Irgend etwas hatte sie gebremst – wahrscheinlich hatte sich ihr Seil an einem Felsvorsprung verfangen –, aber das hatte sie nicht gerettet. Es war eine grausame Wendung des Schicksals, sowohl für die Opfer als auch für die entsetzten Zuschauer weit über ihnen: nur eine kurze Gnadenfrist, etwa fünf Minuten, während einer von ihnen darum kämpfte, sich zu sichern und irgendeine Verankerung zu finden. Schwer verletzt, wie er war, standen die Chancen schlecht für ihn. Vielleicht war er ausgerutscht, oder das Seil war losgeschnellt – was immer auch geschehen sein mochte, das Endergebnis war brutal und tödlich.

Simon und Jon hatten sich erschüttert, kleinlaut und wie betäubt umgewandt und sich weiter zum Gipfel hochgekämpft. Alles war so plötzlich gekommen. Sie hatten kein Wort mit den beiden Japanern gewechselt, aber es hatte sich ein gegenseitiges Einverständnis und eine Achtung voreinander entwickelt. Falls alle sicher hinuntergekommen wären, hätte man miteinander gesprochen, auf dem langen Marsch zum Tal die restlichen Vorräte geteilt, sich später wohl in einer Dorfkneipe getroffen, vielleicht Freundschaft geschlossen.

Ich konnte mich erinnern, wie Simon bei seiner Rückkehr langsam zum Lagerplatz außerhalb von Chamonix marschierte. Er war niedergeschlagen und sah abgespannt und müde aus. Er hatte wie erstarrt dagesessen und sich immer wieder gefragt, weshalb sein eigener Sturz vom selben Haken gehalten worden war, kurz bevor der führende Japaner gestürzt war und ihn herausgerissen hatte. Einen Tag später war er wieder der alte: Ein Erlebnis war verarbeitet, im Gedächtnis abgespeichert, verstanden und akzeptiert worden, und damit hatte es sich.

Während der Schlaf mich übermannte, versuchte ich den Gedanken abzuschütteln, daß wir demselben schrecklichen Ende wie jene beiden Japaner nur um Haaresbreite entgangen waren. Keiner wäre dagewesen, um uns zuzuschauen, dachte ich – als ob es eine Rolle gespielt hätte.

Ich ließ den Kocher fröhlich neben mir weiterbrennen und konnte hinter ihm durch ein Loch in der Schneehöhle hinausblicken. Die Ostwand des Yerupaja wurde von dem runden Fenster, das ich zufälligerweise in die Höhle eingebaut hatte, perfekt umrahmt. Die Frühmorgensonne zeichnete Schatten in die Gratlinien und ließ blaue Abschattungen die Ränder der Riefen in der Wand hinuntertanzen. Zum erstenmal in den vergangenen vier Tagen lockerte sich die gespannte Konzentration in meinem Körper. Die bangen Anstrengungen der vergangenen Nacht waren vergessen, die Erinnerung, daß wir beinahe in den Tod gestürzt waren, verblaßte. Ich ließ mir Zeit, um auszukosten, wo ich war, und mich zu beglückwünschen. Mich verlangte nach einer Zigarette.

Es war beengend in diesem Schneeloch, aber unendlich viel wärmer als im letzten. Simon schlief noch, lag eng neben mir mit abgewendetem Gesicht auf der Seite. Seine Hüften und Schultern drückten sich gegen meine Seite, und ich konnte fühlen, wie die Wärme seines Körpers durch meinen Schlafsack sickerte. Diese intime Nähe erschien trotz unserer Zusammengehörigkeit beim Klettern seltsam. Ich bewegte mich vorsichtig, um ihn nicht zu wecken. Ich blickte durch das runde Fensterloch auf die Ostwand und spürte mich lächeln. Ich wußte, daß uns ein guter Tag bevorstand.

Das Gas war nach der Routine des Frühstücks aufgebraucht, es gab also kein Wasser mehr, bis wir zu den Seen unter den Moränen gelangten. Ich kleidete und schirrte mich als erster an, kletterte dann hinaus und ging zur ersten Höhle hinüber, die ich zu graben versucht hatte. Simon brauchte lange, um sich bereitzumachen. Erst als er sich auf dem breiten Absatz der eingestürzten Höhle zu mir gesellte, erinnerte ich mich an seine Erfrierungen. Meine gute Laune verflog und machte banger Besorgnis Platz, als er mir seine Finger zeigte. Die eine Fingerspitze war schwärzlich angelaufen, drei weitere Finger waren weiß und von hölzernem Aussehen. Merkwürdigerweise schienen sich meine Sorgen eher darauf zu richten, ob er wohl je wieder klettern konnte, wenn wir erst einmal unten waren, als auf seine Verletzungen selbst.

Ich begann gegen die Gratkante hochzuklettern, die eine halbe Seillänge über uns ins Sonnenlicht getaucht war, während Simon unten blieb und über die Seile wachte. Wir waren beide nervös angesichts der Möglichkeit eines weiteren Wächtenzusammenbruchs. Als ich den Grat erreichte, sah ich zu meiner Bestürzung, daß ein langer Abschnitt mit geschundenen Wächten und messerscharfem Pulverschnee zu bewältigen war. Meine Hoffnung, wir hätten dieses Stück tags zuvor umgangen, verflog. Ich rief eine Warnung zu Simon hinunter. Er war einverstanden, mir nachzufolgen und zusammen weiterzugehen, sobald das ganze Seil ausgelaufen war.

Obwohl wir uns mit übertriebener Vorsicht bewegten,

konnten wir nicht verhindern, bei den schlimmsten Teilstücken nur noch halbwegs die Kontrolle zu behalten und hinunter zu rutschen und zu stürzen. Ich hielt mich nahe am Gratkamm, der sich immer wieder auf sich zurückkrümmte und unvermittelt in kurzen Steilwänden abfiel. Die Möglichkeit eines Wächtenzusammenbruchs verblaßte beim Weitergehen allmählich in meiner Vorstellung, und ich begann mich mit der Hilflosigkeit unserer Lage abzufinden. Die Riefen weiter unten in der Ostwand wären fast sicher die schlechtere Alternative gewesen. Eine ebenso große Gefahr wie die Wächten bildete das Absturzrisiko: Jeder Sturz, der zum Abfangen das Seil benötigte, mußte tödlich ausgehen, keiner von uns hätte die geringste Chance gehabt. Jedesmal wenn ich mich einem steilen Abschnitt näherte und gezwungen war, rückwärts mit dem Gesicht zum Schnee zu klettern, erfolgte dies für gewöhnlich in einer Kombination aus Stürzen und Absteigen. Der Pulverschnee war derart substanzlos, daß ich noch so hart mit den Beinen treten konnte und doch jeweils ein paar Schritte hinunterwischte, kaum daß ich das Gewicht von den Armen nahm. Bei jedem plötzlichen Rutsch setzte das Herz aus, aber irgendwie blieb ich immer wieder stehen. Dort, wo ich anhielt, war es um nichts solider als dort, wo ich losgerutscht war. Es war eine nervenaufreibende Prozedur.

Ich rutschte erneut aus, doch diesmal schrie ich auf vor Angst. Der kurze Steilhang, den ich hinunterstieg, fußte direkt auf der Kante des Grates, welcher sich einmal mehr auf sich zurückgekrümmt hatte. Als ich mich zum Hang hin umwandte, hatte ich bemerkt, daß sich unter dieser Krümmung eine gewaltige Wächte hinauswölbte, unter welcher die Westwand wegfiel und tausend Meter hinunter zum Gletscher abstürzte. Simon, der sich außer Sicht eine ganze Seillänge hinter mir befand, war ahnungslos und konnte nicht wissen, auf welche Seite ich hinunterfiel. In einem

Schauer von Pulver sauste ich so schnell hinab, daß mein Aufschrei eher wie ein aufgeschrecktes Gekreisch als wie ein vorsätzlicher Warnruf klang. Simon sah und hörte nichts von dem Sturz.

Dann hielt ich genauso urplötzlich an, den ganzen Körper in den Schnee gepreßt, den Kopf vergraben, Arme und Beine verzweifelt zur Seite gespreizt wie ein Krebs. Ich wagte mich nicht zu rühren. Nur der Zufall schien mich auf dem Hang zu halten, und die Empfindung des sich bewegenden Schnees, der an meinem Bauch und den Oberschenkeln hinunterglitt, bewirkte, daß ich mich noch tiefer hineindrückte.

Ich hob meinen Kopf und blickte seitlich über meine rechte Schulter. Ich lag ganz am Rand des Grates, genau an dem Punkt, wo er sich wegkrümmte. Mein Körper war nach rechts gekippt, so daß ich über die Westwand hinauszuhängen schien. Alle meine Gedanken versteiften sich darauf, mich nur ja nicht zu bewegen. Ich keuchte in schnellen Stößen, schnappte angstvoll nach Luft, doch ich bewegte mich nicht. Als ich noch einmal hinschaute, merkte ich, daß ich nicht eigentlich aus dem Gleichgewicht geraten war, obwohl mich der kurze Blick zuvor dies glauben ließ. Es war, als hätte ich auf einmal den Trick hinter einer optischen Täuschung entdeckt und endlich wahrgenommen, worauf ich in Wirklichkeit schon die längste Zeit gestarrt hatte. Die Krümmung des Grats nach links hinten sowie der flüchtige Anblick der sich wölbenden Wächte unter seinem Bogen hatten mich so verwirrt, daß ich geglaubt hatte, ich würde über die Fallinie hinauslehnen. In Wahrheit hatte mein rechtes Bein die Wächte glatt durchbohrt und mein anderes Bein mich zwar gebremst, aber auch zur Seite umgestoßen. Dies erklärte, weshalb ich auf der rechten Seite nach unten lag und mich nicht im Gleichgewicht fühlte. Ich scharrte und krallte mich im Schnee zu meiner Linken fest, versuchte mein Gewicht auf diese Seite hinüberzuziehen, versuchte mein rechtes Bein auf den Grat zurückzukriegen. Schließlich hatte ich Erfolg. Ich rückte etwas vom Rand weg und folgte wieder der Krümmung des Grates.

Simon tauchte über mir auf. Er kam langsam vorwärts und blickte fortwährend auf seine Füße hinunter. Ich hatte zu einem sicheren Platz hinübergewechselt und rief ihm eine Warnung zu, den Hang weiter links hinunterzusteigen, dabei merkte ich, daß ich heftig zitterte. Meine Beine waren plötzlich wie Pudding, schlotterten, und es brauchte lange, bis die Reaktion abklang. Es reichte gerade, um zu beobachten, wie sich Simon zum Hang umdrehte und ihn mit zwei Tritten und dem unvermeidlichen sausenden Rutschen hinabstieg. Als er sich umwandte und meinen Fußstapfen folgte, konnte ich die Anspannung in seinem Gesicht sehen. Der Tag ließ sich weder genüßlich noch unterhaltsam an, und als Simon zu mir aufschloß, wirkte die Angst ansteckend, sprudelte mit zitternder Stimme heraus, in schnellen Stakkatoverwünschungen und abgegriffenen Redensarten, die sich überschlugen, bis wir uns wieder etwas beruhigt hatten.

## 5. KAPITEL

## *Unheil*

Wir hatten das Schneeloch um halb acht verlassen. Zweieinhalb Stunden später ließ sich erkennen, wie zäh wir vorankamen. Seit wir gestern nachmittag den Gipfel verlassen hatten, hatten wir nicht mehr als dreihundert Meter Höhe verloren, statt in den einkalkulierten sechs Stunden den ganzen Weg zum Gletscher hinunter zurückzulegen. Ich begann ungeduldig zu werden. Die Notwendigkeit, mich die ganze Zeit konzentrieren zu müssen, zermürbte mich. Ich hatte den Berg satt. Er hatte den Reiz des Neuen verloren, und ich wollte so schnell als möglich weg von ihm. Die Luft war beißend kalt, der Himmel wolkenlos; die Sonne brannte in funkelnder Grelle auf den endlosen Schnee und das Eis hinunter. Es war mir schnurzpiepegal, was das Wetter vorhatte, solange wir nur vor den Nachmittagsstürmen zurück auf dem Gletscher waren.

Endlich glättete sich das Chaos des oberen Grates, und ich konnte aufrecht über einen breiten, horizontalen Gratrücken marschieren, der sich in walfischförmigen Buckeln gegen den Abfall an seinem Nordende hinwellte. Simon schloß zu mir auf, als ich auf meinem Rucksack Rast machte. Wir blieben stumm. Der Morgen hatte bereits seinen Tribut gefordert, und es gab nichts mehr zu sagen. Ich blickte zu unseren Fußstapfen hoch, die sich in einem kurvenreichen Zickzackpfad zu uns hinunterschlängelten, und gelobte insgeheim, künftig beim Überprüfen von Abstiegsrouten vorsichtiger zu sein.

Ich schulterte meinen Rucksack und machte mich wieder auf, diesmal ohne Bedenken, die Führung zu übernehmen. Ich hatte mir gewünscht, daß Simon auf dem letzten schwierigen Teilstück voranging, war aber unfähig gewesen, meinen Befürchtungen Ausdruck zu geben, und hatte mehr Angst vor seiner Reaktion als vor einem weiteren gräßlichen Sturz. Auf dem breiten, ebenen Sattel hatte sich Tiefschnee aufgetürmt, und statt der Furcht, die bei jeder meiner Bewegungen hochgeflutet war, kam wieder der Frust, sich durch Pulverschnee wälzen zu müssen.

Ich hatte das Seil ausgelaufen. Simon erhob sich gerade, um nachzufolgen, als ich in die erste Spalte trat.

Ich sackte weg und fand mich plötzlich aufrecht stehen, mit den Augen auf gleicher Höhe wie der Schnee. Der flache Riß war mit Pulverschnee gefüllt, so daß ich mich kein bißchen nach oben zu bewegen schien, wie wild ich auch um mich drosch. Schließlich gelang es mir, mich auf ebenen Grund zurückzuhieven. Simon hatte aus sicherer Distanz und mit einem Grinsen auf dem Gesicht beobachtet, wie ich mich abplackte. Ich ging weiter den Grat entlang, und wieder sank ich bis zum Hals in den Schnee. Ich tobte und fluchte, während ich mich auf den Grat zurückkrallte. Bis ich das Plateau halbwegs überquert hatte, war ich in vier weitere kleine Spalten geplumpst. Wie sehr ich auch achtgab, ich konnte nicht das geringste verräterische Merkmal entdecken, das ihr Vorhandensein anzeigte. Simon folgte im Abstand einer vollen Seillänge. Der Frust und die zunehmende Erschöpfung machten mich rasend vor Wut, und ich wußte genau, daß ich sie an Simon auslassen würde, wenn er nahe genug aufrückte.

Ich kauerte neben dem Loch, das ich gerade gemacht hatte, und versuchte wieder zu Atem zu kommen. Zufällig schaute ich nochmals hinein und blickte zu meinem Entsetzen durch den Grat in den gähnenden Abgrund hinunter. Von der Weite der Westwand, die ich darunter drohend aufragen sah, schimmerte blauweißes Licht durch das Loch hoch. Plötzlich fiel der Groschen, weshalb ich so oft eingebrochen war: Das war alles ein und dieselbe Spalte, eine einzige lange Bruchlinie, die durch die riesigen, sich buckelnden Wächten schnitt, welche das Plateau bildeten! Ich rückte schnell zur Seite weg und rief Simon eine Warnung zu. Der gewellte Grat war so breit und flach, daß es uns nie in den Sinn gekommen wäre, daß wir auf einer überhängenden Wächte stehen könnten. Sie war so groß wie die Gipfelwächte, nur erstreckte sie sich über mehrere hundert Fuß. Wenn sie losgebrochen wäre, wären wir mit ihr verschwunden.

Danach hielt ich mich immer schön im sicheren Abstand von fünfzehn Meter vom Rand weg. Simon war beim Abbruch der kleineren Wächte in zwölf Meter Entfernung abgestürzt. Jetzt, wo die Riefen auf der Ostseite in einen durchgehend glatten Hang übergegangen waren, gab es keinen Grund, irgendein Risiko einzugehen. Meine Beine fühlten sich bleiern an, wie sie durch den tiefen Schnee zum Ende des Plateaus stapften. Als ich den letzten Anstieg im Grat erklomm und zurückblickte, sah ich, wie Simon sich in der gleichen todmüden Gangart wie ich mit gesenktem Kopf dahinschleppte. Er war eine volle Seillänge von fünfundvierzig Meter zurück, und ich wußte, daß er aus meinem Blickfeld verschwinden würde, sobald ich den langen, leicht geneigten Hang vor mir hinabzusteigen begann.

Ich hatte gehofft zu sehen, wie der Hang zum Joch hinunterlief, zu meiner Enttäuschung stieg er jedoch leicht zu einem kleineren Wächtengipfel an, bevor er erneut steil abfiel. Immerhin konnte ich den Südgrat des Yerupaja soweit überblicken, daß das Joch mit Sicherheit unmittelbar unter diesem letzten Abfall liegen mußte. Bald waren wir am tiefsten Punkt des Grates angelangt, der den Yerupaja mit dem Siula Grande verband. Eine weitere halbe Stunde würde uns auf dieses Joch bringen, und von dort hatten wir leichtes Spiel bis zum Gletscher hinab. Ich wurde wieder munter.

Beim Weitergehen spürte ich sogleich, wie sich das Gefälle veränderte. Es fiel so viel leichter als die Plackerei auf dem Sattel, und hätte nicht das Seil beharrlich an meinen Lenden gezerrt, wäre ich vergnügt den sanften Abhang hinuntergeflitzt. Ich hatte ganz vergessen, daß Simon ja noch immer schleppend meinen Spuren auf dem Sattel folgte.

Ich hatte erwartet, auf direktem Weg zu dem kleinen Anstieg gelangen zu können, ohne auf ein Hindernis zu treffen, und war überrascht, als ich merkte, wie der Hang abrupt in einer Eisklippe endete. Sie schnitt im rechten Winkel quer durch meinen Pfad und teilte den Grat in zwei Teile. Ich näherte mich vorsichtig ihrem Rand und spähte etwa acht Meter in die Tiefe. Unten schwang sich der Hang in einer glatten, steil geneigten Wand nach rechts, etwa sechzig Meter dahinter lag der letzte Anstieg auf dem Grat. Die Höhe der Klippe nahm rasch zu, je weiter sie vom Grat wegfiel. Ich stand grob geschätzt etwa in der Mitte über diesem Eiskeil, der quer durch den Grat lief und mit seinem schmalen Ende an die Gratkante stieß. Vorsichtig traversierte ich vom Gratkamm weg und blickte hie und da über die Klippe hinaus, um zu schauen, ob es in der Eiswand, die an ihrem Ende gut zehn Meter hochragte, irgendeine Schwachstelle gab. Die Möglichkeit, mich über die Klippe abzuseilen, hatte ich bereits verworfen, denn der Schnee oben am Klippenrand war zu locker, um einen Schneehaken zu halten.

Mir standen zwei Möglichkeiten zur Wahl: Ich konnte entweder auf der Grathöhe bleiben oder weiter von ihr abrücken und hoffen, das steile Stück mittels einer weiten, absteigenden Traverse zu umrunden. Von meinem Standort am Ende der Klippenwand konnte ich erkennen, daß dies äußerst mühselig und riskant gewesen wäre. Um die

Klippe zu umgehen, hätten wir einen weiten Bogen nach unten schlagen müssen, dann quer hinüber und wieder hoch. Der Hang gleich unterhalb sah sehr steil und sehr unstabil aus. Ich hatte genug vom Gleitrutschen an diesem Grat, und ein Blick auf den Absturz ins Leere, tausend Meter in den östlichen Gletscherkessel unter dem Hang hinab, gab schließlich den Ausschlag. Falls einer von uns abstürzte, befänden wir uns auf offenen Berghängen. Wir würden nicht anhalten. Auf dem Grat hatten wir uns wenigstens einreden können, daß wir im Falle eines Sturzes mit etwas Glück über den Scheitelpunkt auf die andere Seite hinunterspringen konnten.

Ich folgte meinen Fußspuren zurück, in der Absicht, die Klippe an ihrer leichtesten Stelle hinunterzusteigen. Ich wußte, daß dies nahe beim Gratkamm unmöglich war, denn dort bildete sie eine fast senkrechte Wand aus Pulverschnee. Ich mußte eine Schwachstelle in der Klippe finden, eine Rampenlinie oder eine nach unten laufende Spalte, die mir irgendeine Handhabe auf dem Eis gab, das bis wenige Meter vor dem Gratrand solide aussah. Schließlich fand ich, wonach ich gesucht hatte – einen minimalen Bruch im Fallwinkel der Eiswand. Dieser Teil der Klippe war zwar steil, beinahe senkrecht, aber doch nicht ganz. An dem Bruch war er etwa sechs Meter hoch, und ich war sicher, daß mich dort ein paar wenige schnelle Züge Rückwärtsklettern an dem Hindernis vorbeibringen würden.

Ich kauerte auf die Knie, drehte dem Klippenrand den Rücken zu und ließ meine Pickel sich tief festbeißen. Langsam ließ ich die Beine über die Klippe hinunter, bis die Kante gegen meinen Magen drückte und ich meine Steigeisen in die Eiswand unter mir treten konnte. Ich spürte, wie sie sich eingruben und hielten. Nachdem ich einen Pickel gelöst hatte, hämmerte ich ihn ganz nahe an der Kante wieder ein. Er fand einen soliden Halt. Ich löste meinen Eishammer und senkte Brust und Schultern über die Kante hinunter, bis ich die Eiswand sehen und mit dem Hammer ausholen konnte. Ich hing am Eispickel und streckte meine linke Hand zur Seite aus, um den Hammer fest in die Wand zu hauen. Nach ein paar Schlägen hatte ich ihn festsitzen, war aber noch nicht zufrieden damit und zog ihn wieder heraus, um es nochmals zu versuchen. Ich wollte es perfekt haben, bevor ich den Pickel, der oben im Kantenwulst steckte, löste und mich auf den Hammer hinunterließ. Als der Hammer herauskam, gab es ein scharfes, knackendes Geräusch, und meine rechte Hand, die den Pickel umfaßte, schnellte herunter. Der plötzliche Ruck drehte mich auswärts, und ich stürzte augenblicklich ab.

Ich schlug auf den Abhang am Fuß der Klippe auf, bevor ich ihn kommen sah. Als ich aufprallte, schaute ich in den Hang und hatte beide Knie durchgedrückt. Ich spürte einen mörderischen Schlag in meinem Knie, fühlte Knochen splittern und schrie auf. Die Wucht des Aufpralls katapultierte mich hintenüber und den Hang der Ostwand hinunter. Ich rutschte kopfvoran auf dem Rücken. Die sausende Geschwindigkeit verwirrte mich. Ich dachte an den Absturz unten, fühlte jedoch nichts dabei. Simon würde es vom Berg reißen. Das konnte er nie halten. Ich schrie erneut auf, als ich plötzlich mit einem heftigen Ruck anhielt.

Alles war still, totenstill. Meine Gedanken rasten wie irr. Dann flutete Schmerz meinen Oberschenkel hinunter – ein wildes, glühendes Feuer fuhr durch das Innere meines Oberschenkels, schien sich in meiner Leistengegend zusammenzuballen, schwoll immer mehr an, bis ich dagegen anschrie. Mein Atem kam in keuchenden Stößen. Mein Bein! O Gott. Mein Bein!

Ich hing kopfüber auf dem Rücken, das linke Bein war im Seil über mir verheddert, mein rechtes Bein hing schlaff zur Seite. Ich hob den Kopf aus dem Schnee und starrte über meine Brust hoch auf eine groteske Verrenkung im rechten Knie, die das Bein zu einem seltsamen Zickzack verdrehte. Ich verband dies nicht mit dem Schmerz, der in meiner Leiste brannte – das hatte nichts mit meinem Knie zu tun. Ich strampelte mein linkes Bein aus dem Seil frei und schwang mich herum, bis ich mit den Füßen voran auf der Brust gegen den Schnee hing. Der Schmerz ließ nach. Ich trat meinen linken Fuß in den Hang und stand auf.

Eine Woge von Übelkeit überschwemmte mich. Ich preßte mein Gesicht in den Schnee. Die scharfe Kälte schien mich zu beruhigen. Etwas Schreckliches, etwas grauenhaft Dunkles ging mir durch den Kopf, und als ich darüber nachdachte, spürte ich, wie der dunkle Gedanke in Panik ausbrach: »Ich habe mir das Bein gebrochen, das ist es. Ich bin tot. Alle haben es gesagt ... Wenn ihr nur zu zweit seid, könnte schon ein gebrochener Knöchel das Todesurteil bedeuten ... wenn es gebrochen ist ... wenn ... Es tut nicht so fest weh, vielleicht ist nur etwas gerissen.«

Im sicheren Gefühl, daß es nicht gebrochen war, trat ich mein rechtes Bein gegen den Hang. Mein Knie explodierte. Knochen knirschten, und der Feuerball raste von der Leiste zum Knie. Ich schrie. Ich schaute zum Knie hinunter und konnte genau sehen, daß es gebrochen war, aber dennoch versuchte ich, nicht zur Kenntnis zu nehmen, was ich sah. Es war nicht bloß gebrochen, es war zerborsten, verdreht, zerschmettert. Ich konnte den Knick im Gelenk sehen und wußte, was geschehen war: Der Aufprall hatte meinen Unterschenkel durch das Kniegelenk hochgetrieben.

Seltsamerweise schien es zu helfen, wenn ich es anschaute. Ich fühlte mich völlig unbeteiligt, als würde ich eine klinische Betrachtung bei jemand anderem vornehmen. Ich bewegte das Knie behutsam und experimentierte mit ihm. Ich versuchte es zu beugen, hörte aber sogleich auf damit.

Der rasende Schmerz ließ mich nach Luft schnappen. Bei jeder Bewegung spürte ich ein mahlendes Knirschen. Knochen hatten sich verschoben, und noch weit mehr. Wenigstens war es kein offener Bruch, dies wußte ich, sobald ich versuchte, es zu bewegen. Ich konnte keine Nässe spüren, kein Blut. Ich langte hinunter und streichelte das Knie mit meiner rechten Hand, ungeachtet der Feuerstöße, damit ich es mit genügend Druck spüren konnte, um sicher zu sein, daß ich nicht blutete. Es war aus einem soliden Stück, aber es fühlte sich riesig und verdreht an – und nicht mir zugehörig. Der Schmerz umflutete es, goß Feuer darüber aus, als ob es dadurch auf der Stelle geheilt werden könnte.

Mit einem Stöhnen preßte ich meine Augen fest zusammen. Heiße Tränen füllten die Augen, und meine Kontaktlinsen schwammen darin herum. Ich kniff sie nochmals fest zusammen und spürte heiße Tropfen über mein Gesicht rinnen. Es war nicht der Schmerz. Ich hatte kindischerweise Mitleid mit mir, und bei diesem Gedanken konnte ich die Tränen nicht mehr zurückhalten. Das Sterben war so weit weg gewesen, und dennoch war jetzt alles davon gefärbt. Ich schüttelte den Kopf, um die Tränen anzuhalten, doch der Schatten war noch immer da.

Ich grub meine Pickel in den Schnee und wuchtete mein gutes Bein tief in den weichen Hang, bis ich sicher war, daß es nicht weggleiten würde. Die Anstrengung brachte den Brechreiz zurück, und ich fühlte, wie sich alles im Kopf drehte, bis ich fast ohnmächtig wurde. Eine kleine Bewegung, und ein sengender, zuckender Schmerz verscheuchte das Schwächegefühl. Nach Westen hin konnte ich den Gipfel des Seria Norte sehen. Ich war nicht viel tiefer. Der Anblick brachte mir zum Bewußtsein, wie hoffnungslos unsere Lage geworden war. Wir waren über 5800 m hoch, noch immer auf dem Grat und mutterseelenallein. Ich blickte nach Süden zu dem kleinen Anstieg hinüber, den ich hurtig zu erklimmen gehofft hatte, und mit jeder Sekunde, die ich ihn anstarrte, schien er zu wachsen Ich würde ihn nie schaffen. Simon konnte mich nie dort hochbringen. Er würde mich zurücklassen. Ihm blieb gar keine andere Wahl. Ich hielt den Atem an, während ich darüber nachdachte. Verlassen hier oben? Allein? Mich fröstelte bei dem Gedanken. Ich dachte an Rob, der dem Tod überlassen worden war … aber Rob war doch bewußtlos gewesen, Rob war am Sterben gewesen. Ich hatte bloß ein lädiertes Bein. Nichts, was mich umbringen konnte. Eine Ewigkeit fühlte ich mich überwältigt beim Gedanken, zurückgelassen zu werden. Ich hätte am liebsten wieder geweint oder wenigstens geflucht, aber ich blieb still. Beim ersten Wort würde ich in Panik geraten. Ich spürte, wie wenig es brauchte.

Das Seil, das straff an meinen Klettergurten gehangen hatte, wurde schlaff. Simon kam! Er wird wissen, daß etwas passiert ist, dachte ich. Was soll ich ihm bloß sagen? Wenn ich ihm erzähle, daß ich mein Bein nur verletzt und nicht gebrochen habe, wird er mir dann eher helfen? Mein Verstand raste in der Erwartung, ihm zu sagen, ich sei bloß verletzt. Ich drückte mein Gesicht wieder in den kalten Schnee und versuchte ruhig nachzudenken. Ich mußte die Nerven behalten. Wenn er sah, daß ich in Panik geriet und hysterisch war, gab er vielleicht sofort auf. Ich kämpfte, um meiner Angst Einhalt zu gebieten. Sieh das Ganze vernünftig an, dachte ich. Ich fühlte, wie ich mich beruhigte und mein Atem gleichmäßig wurde. Selbst der Schmerz schien erträglich.

»Was ist passiert? Bist du in Ordnung?«

Ich sah überrascht hoch. Ich hatte nicht gehört, wie er näher gekommen war. Er stand oben an der Klippe und sah verwirrt auf mich herunter. Ich gab mir Mühe, mit normaler Stimme zu sprechen, wie wenn nichts geschehen wäre:

»Ich bin abgestürzt. Der Rand hat nachgegeben.« Ich

hielt inne und sagte dann so nüchtern, wie ich konnte: »Ich habe mir ein Bein gebrochen.«

Sein Gesichtsausdruck veränderte sich augenblicklich. Ich konnte eine ganze Skala von Reaktionen von seinem Gesicht ablesen. Ich ließ ihn nicht aus den Augen. Ich wollte nichts versäumen.

»Bist du sicher, daß es gebrochen ist?«

»Ja.«

Er starrte mich an. Anscheinend schaute er härter und länger, als ihm lieb war, denn er wandte sich brüsk ab – aber nicht brüsk genug. Ich hatte einen Ausdruck wahrgenommen, der kurz über sein Gesicht flog, und im selben Augenblick wußte ich, was er dachte. Er schien seltsam unbeteiligt. Ich fühlte mich entmutigt, fühlte mich plötzlich völlig weit weg von ihm. Entfremdet. Seine Augen waren nachdenklich gewesen. Mitleid. Mitleid und noch etwas anderes: jene Distanziertheit, die man einem verwundeten Tier entgegenbringt, dem nicht mehr zu helfen ist. Er hatte versucht, es zu verbergen, aber ich hatte in ihn hineingesehen, und ich schaute voller Furcht und Bangnis weg.

»Ich seile mich zu dir ab.«

Er wandte mir den Rücken zu, beugte sich über einen Schneehaken und grub sich durch den weichen Schnee. Es hatte sachlich geklungen, und ich fragte mich, ob ich nicht paranoid war. Ich wartete, ob er noch etwas sagte, aber er blieb stumm. Ich hätte gern wissen mögen, was er jetzt dachte. Ein kurzes, aber sehr gefährliches Abseilmanöver von einem schlecht verankerten Schneepflock brachte ihn schnell zu mir herunter.

Er stand nahe bei mir und sagte nichts. Ich hatte gesehen, wie er auf mein Bein blickte, doch er gab kein Urteil ab. Nach einigem Suchen fand er eine Packung Paracetamol und reichte mir zwei Tabletten. Ich schluckte sie hinunter und beobachtete, wie er versuchte, das Seil herunterzuziehen. Es ließ sich nicht bewegen; es hatte sich in dem Schneepoller verklemmt, den er rund um den Schneehaken oben gegraben hatte. Simon fluchte und ging zu der Stelle hin, wo die Wand am wenigsten hoch war, genau am Gratkamm. Ich wußte ebenso gut wie er, daß alles dort nur instabiler Pulver war, doch er hatte keine andere Wahl. Ich schaute weg. Ich wollte nicht einem sicheren tödlichen Absturz die Westwand hinunter zusehen. Indirekt würde es auch mich töten, nur ein bißchen langsamer.

Simon hatte kein Wort davon erwähnt, was er im Sinn hatte, und ich war viel zu nervös gewesen, um ihn danach zu fragen. Im Nu war eine unüberbrückbare Kluft zwischen uns aufgebrochen, und wir waren nicht länger ein Team, das zusammenarbeitete.

*Joe war hinter einem Anstieg im Grat verschwunden und begann schneller zu werden, als ich geben konnte. Ich war froh, daß wir den steilen Abschnitt endlich hinter uns gebracht hatten. Ich hatte mich auf diesem Grat so völlig am Ende gefühlt. Diese ständigen Stürze, immer scharf am äußersten Rand über der Westwand. Ich war müde und dankbar, Joes Spuren folgen zu können, statt den Weg zu bahnen.*

*Ich ruhte mich eine Weile aus, als ich merkte, daß Joe nicht weiterging. Offenbar war er auf ein Hindernis gestoßen, und ich gedachte zu warten, bis er sich wieder in Gang setzte. Als sich das Seil wieder bewegte, stapfte ich ihm nach, langsam, langsam.*

*Plötzlich gab es einen scharfen Ruck, während das Seil quer durch den Hang peitschte und sich straffte. Ich wurde mehrere Schritte nach vorwärts gerissen, stieß meine Pickel in den Schnee und machte mich auf einen zweiten Ruck gefaßt. Nichts geschah. Ich wußte, daß Joe abgestürzt war, doch ich konnte ihn nicht sehen, also rührte ich mich nicht vom Fleck. Ich wartete etwa zehn Minuten, bis das gespannte Seil auf dem Schnee schlaff wurde und ich gewiß sein konnte, daß Joe sein Gewicht von mir weg* hatte. Vorsichtig begann ich seinen Fußstapfen nachzufolgen, halb in Erwartung, daß noch etwas Weiteres passierte. Ich blieb angespannt und war bereit, beim ersten Gefahrenzeichen meine Pickel einzugraben.

Als ich die Steigung erklommen hatte, konnte ich auf einen Hang hinuntersehen, wo das Seil über den Rand eines Steilabfalls verschwand. Ich näherte mich langsam und fragte mich, was wohl geschehen war. Als ich oben an der Klippe ankam, sah ich Joe unter mir. Er hatte einen Fuß eingegraben und lehnte sich in den Hang, das Gesicht in den Schnee gewühlt. Als ich wissen wollte, was passiert sei, sah er mich erstaunt an. Ich wußte, daß er verletzt war, aber was das bedeutete, ging mir zuerst nicht auf.

Er teilte mir sehr gefaßt mit, er habe sich ein Bein gebrochen. Er sah erbärmlich aus, und mein erster Gedanke kam völlig ohne jedes Gefühl: Du bist futsch, Mann. Du bist mausetot … Daran gibt's nichts zu rütteln! Ich glaube, er wußte es auch. Ich konnte es in seinem Gesicht sehen. Es war alles so logisch. Ich wußte, wo wir waren. Ich nahm alles augenblicklich in mich auf und wußte, daß er so gut wie tot war. Es kam mir nie in den Sinn, daß auch ich dabei sterben könnte. Ich setzte fraglos voraus, daß ich allein aus dem Berg kommen konnte. Daran zweifelte ich nicht im geringsten.

Ich sah jetzt, was Joe versucht hatte und daß auch mir nichts anderes übrigblieb, sofern ich mich nicht abseilen konnte. Der Schnee oben an der Klippe war schrecklich zuckriges Zeugs. Ich grub, soviel ich konnte, von der Oberfläche weg und vergrub dann einen Schneehaken in dem Brei, den ich freigelegt hatte. Ich war überzeugt, daß er mein Gewicht nie halten würde, deshalb begann ich einen breiten Schneepoller rund um den Haken anzuhäufen. Als ich fertig war, ging ich rückwärts zum Klippenrand und ruckte am Seil; es hielt fest, aber ich traute der Sache nicht. Ich überlegte mir, ob ich rückwärts die Gratkante hinunterklettern sollte, wo die Klippe am wenigsten hoch war, kam jedoch zum Schluß, daß dies sogar noch gefährlicher wäre. Halb seilte ich mich ab, halb kletterte ich das Eis hinunter, wobei ich versuchte, das Seil möglichst nicht mit meinem Gewicht zu belasten. Ich spürte, wie es durch den Poller schnitt. Es hielt fest.

Als ich den Fuß der Klippe erreichte, sah ich, daß Joes Bein in einer schlimmen Verfassung war und er Schmerzen litt. Er schien ruhig, hatte aber etwas Gejagtes, Ängstliches in seinem Blick. Er wußte, was es geschlagen hatte, genauso gut wie ich. Ich gab ihm ein paar Tabletten gegen den Schmerz, doch ich wußte, daß sie nicht stark genug waren, um ihm viel zu helfen. Sein Bein war am Kniegelenk verdreht und unförmig, und ich dachte, wenn ich das sogar durch seine dicke Polarfiberhose sehen konnte, müsse es wirklich schlimm damit stehen.

Ich wußte nichts zu sagen. Unser Glück hatte zu abrupt umgeschlagen. Ich merkte, daß sich die Seile verklemmt hatten, und war mir darüber im klaren, daß ich wieder hochgehen mußte, solo, um sie zu lösen. Auf gewisse Weise lenkte es mich ab und ließ mir Zeit, mich an die neue Situation zu gewöhnen. Ich mußte die Klippe im Alleingang wieder hoch, und der einzige Weg führte genau an der Gratkante entlang. Ich hatte Angst vor dem Wagnis. Joe versuchte, neben mich zu gelangen, und wäre um ein Haar abgestürzt. Ich packte ihn und stellte ihn wieder ins Gleichgewicht. Er blieb stumm. Er hatte sich losgebunden, damit ich das Abseilmanöver durchführen konnte, und vermutlich war er so still, weil er wußte, daß er die ganze Länge der Ostwand hinuntergestürzt wäre, wenn ich ihn nicht gepackt hätte. Dann ließ ich ihn stehen und kümmerte mich nicht mehr um ihn.

Die Kletterei an der Gratkante hoch war das Schwierigste und Gefährlichste, was ich je gemacht hatte. Mehrmals brach mein Bein durch den Pulver ins Leere. Als ich halb oben war, merkte ich, daß es kein Zurück mehr gab, aber ich traute mir nicht mehr zu, je hochzukommen. Ich schien auf nichts zu klettern – alles, was ich berührte, brach einfach weg. Jeder Tritt sank zurück, brach ein oder bröckelte die Westwand hinunter, doch unglaublicherweise schien ich an Höhe zu gewinnen. Ich weiß nicht, wie *lange ich brauchte. Es schien Stunden zu dauern. Als ich mich endlich auf den Hang oben hochzog, zitterte ich und war dermaßen erledigt, daß ich stillstehen und mich beruhigen mußte.*

*Ich blickte zurück und sah zu meiner Verblüffung, daß Joe begonnen hatte, von der Klippe weg zu traversieren. Er versuchte sich zu behelfen, indem er einen Bogen um die kleine Anhöhe vor ihm schlug. Er bewegte sich so langsam! Pflanzte seine Pickel tief ein, bis seine Arme vergraben waren, und machte dann einen erschreckend kleinen Seitwärtshüpfer. Er schlurfte quer durch den Hang, den Kopf gesenkt, völlig gefangen in seinem eigenen persönlichen Kampf. Unter ihm konnte ich tausend Meter offene Wand in den östlichen Gletscherkessel abfallen sehen. Ich beobachtete ihn leidenschaftslos. Ich konnte ihm nicht helfen, und mir ging durch den Kopf, daß er aller Wahrscheinlichkeit nach zu Tode stürzen würde. Der Gedanke beunruhigte mich nicht. In gewisser Hinsicht hoffte ich sogar, daß er abstürzte. Ich wußte, daß ich ihn nicht allein zurücklassen konnte, solange er selbst den Kampf noch nicht aufgegeben hatte, doch ich hatte keine Ahnung, wie ich ihm helfen konnte. Ich kam gut alleine zurecht. Falls ich versuchte, ihn hinunterzuschaffen, starb ich vielleicht mit ihm. Es machte mir keine Angst. Es schien bloß Verschwendung. Es wäre zwecklos. Ich starrte zu ihm hinab, in ständiger Erwartung, daß er abstürzte ...*

*Nach langem Warten wandte ich mich um und ging zum Schneepoller hoch. Ich richtete den Haken wieder her und trat rückwärts zum Klippenrand. Ich betete, daß er mich hielt, und als ich unten auf den Abhang aufsetzte, betete ich nochmals, daß sich nichts verklemmte. Ich hatte nicht im Sinn, das Manöver an der Gratkante zu wiederholen. Das Seil glitt leicht herunter, und ich drehte mich dabei um, halb in Erwartung, daß Joe verschwunden war. Er kletterte noch immer von mir weg. In der ganzen Zeit, die es mich gekostet hatte, die Klippe hoch- und wieder herunterzukommen, hatte er nur dreißig Meter zurückgelegt. Ich folgte ihm nach.*

Simon erschien plötzlich neben mir. Ich hatte es nicht über mich gebracht, ihm zuzuschauen, wie er die Gratkante hochkletterte. Ich war mir gewiß, daß er abstürzen würde. Ich dachte, es sei besser, weiterzumachen. Ich wußte, daß ich es nie über die Anhöhe schaffen würde, daher begann ich einen Bogen zu schlagen. Ich dachte nicht an die Folgen – ich hatte gesehen, wie Simon sich auf dem Pulver abmühte. Ich kam nur langsam und mühevoll voran, doch ich war so darauf konzentriert, mich vorsichtig zu bewegen, daß ich nicht viel von den Schmerzen spürte. Sie waren bloß eine Schwierigkeit mehr, die es zu bewältigen galt, und verschmolzen mit all den anderen Problemen – Gleichgewicht, Schneezustand und Einbeinigkeit. Nach meinen ersten wackeligen Hüpfern entwickelte sich ein Bewegungsmuster, und an dieses Muster hielt ich mich peinlichst genau. Jeder Ablauf ergab einen Schritt durch den Hang. Ich begann, mich von allem rund um mich losgelöst zu fühlen. Ich dachte an nichts mehr als an das Muster. Nur ein einziges Mal hielt ich inne und schaute zu Simon zurück. Er schien jeden Moment abzustürzen, und ich schaute schnell wieder weg. Ich konnte den endlosen Fall der Ostwand unter meinen Füßen sehen. Es war verlockend zu denken, ich könnte einen Sturz überleben, doch obwohl der Schnee den ganzen Weg ein gleichmäßiges Gefälle aufwies, wußte ich, daß mich die Fallgeschwindigkeit in Stücke zerfetzen würde, lange bevor ich unten ankam. Ich nahm an, daß ich ohnehin abstürzen würde, aber es ließ mich kalt. Die Vorstellung machte mir keine Angst. Es schien eine offensichtliche, unvermeidliche Tatsache. Wozu sich Gedanken machen? Ich wußte, es war aus mit mir. Auf die Dauer war das nicht wichtig.

Simon stieg an mir vorbei und begann einen Graben quer durch den Hang zu stampfen, bis er rund um die Hangkrümmung und außer Sicht war. Er sagte, er gehe voraus, um zu sehen, was um die Ecke lag. Wir sprachen kein Wort davon, was wir vorhatten. Vermutlich konnten wir uns überhaupt nichts vorstellen, also fiel ich in mein Muster zurück. Der Graben machte es mir leichter, doch er erforderte noch immer vollste Aufmerksamkeit. Mir fiel auf, daß wir beide vermieden, das Thema anzuschneiden. Mehr als zwei Stunden hatten wir beide so getan, als wäre nichts geschehen. Es gab ein stilles Einvernehmen. Es brauchte Zeit, um reif zu werden. Wir kannten beide die Wahrheit, sie war höchst einfach: Ich war verletzt und hatte wohl kaum eine Chance zu überleben. Simon konnte allein hinuntergelangen. Darauf zu warten, was er unternahm, fühlte sich an, als hielte ich etwas schrecklich Zerbrechliches und Kostbares in Händen. Wenn ich Simon um Hilfe bat, konnte ich dieses kostbare Gut verlieren. Er konnte mich zurücklassen. Ich blieb stumm, doch diesmal nicht aus Angst, die Beherrschung zu verlieren – eher aus kühler Berechnung.

Die Bewegungsmuster verflossen zu einem automatischen Rhythmus. Ich war überrascht, als ich Simon fragen hörte, wie es mir gehe. Ich hatte ihn völlig vergessen, hatte keine Ahnung, wie lange ich mein Muster wiederholt hatte. Ich hatte beinahe vergessen, weshalb ich es ausführte. Ich schaute hoch und sah Simon im Schnee sitzen und mich beobachten. Ich lächelte ihm zu, und er gab mir ein schiefes Grinsen zurück, das seine Besorgnis nicht zu übertünchen vermochte. Er saß da und blickte über den Hang, der seitlich die Anhöhe hinunterlief, um die herum wir gezirkelt hatten. Hinter ihm konnte ich den Gratkamm sehen.

»Ich kann das Joch sehen«, sagte er, und ich spürte, wie Hoffnung in mir aufwallte und mich wie ein kalter Wind durchflutete.

»Ist es klar? Ich meine, geht der Hang bis ganz hinunter?« fragte ich und versuchte, meine Stimme möglichst nicht erregt klingen zu lassen.

»Mehr oder weniger …«

Ich beschleunigte mein Bewegungsmuster und versuchte gleichzeitig, nichts zu überhasten. Plötzlich hatte ich Angst vor dem Steilhang unter mir. Ich spürte, wie ich zitterte, dann wurde mir klar, daß ich nie bis hierher gekommen wäre, wenn ich mich von Anfang an so gefühlt hätte. Als ich Simon erreichte, plumpste ich gegen den Schnee. Er legte seine Hand auf meine Schulter.

»Wie geht es dir?«

»Schon besser. Tut weh, aber …« Ich fühlte mich klein und nutzlos. Seine Fürsorglichkeit machte mir angst. Ich war mir nicht sicher, was dahintersteckte. Vielleicht wollte er mir die Nachricht schonend beibringen.

»Ich bin fix und fertig, Simon … Ich sehe nicht, wie ich bei diesem Tempo je hinunterkomme.«

Selbst wenn ich eine Antwort erwartet hätte – es kam keine. Meine Äußerung hörte sich melodramatisch an, und er überhörte die implizierte Frage. Er begann, die Seile von seinen Klettergurten zu lösen.

Ich blickte hinunter zum Joch. Es lag leicht rechts, knapp zweihundert Meter unter uns. Ohne es zu merken, begann ich mir Möglichkeiten auszudenken, wie ich dort hinunterkommen könnte. Direkt zum Joch abzusteigen wäre sehr schwierig gewesen, denn es hätte einen Diagonalabstieg quer zur Hangschräge bedeutet. Wir mußten also gerade hinunter und dann horizontal hinüber zum Joch. Diese Traverse erschien kürzer als der Hang, den ich soeben gequert hatte.

»Glaubst du, du kannst in diesem Schnee mein Gewicht halten?«

Wir hatten keine Schneehaken mehr übrig. Wenn Simon mein Gewicht ans Seil nahm, mußte er ohne Verankerung auf dem lockeren, offenen Hang stehen.

»Wenn wir einen großen Schalensitz graben, sollte ich

dich eigentlich halten können. Sobald er einzubrechen beginnt, kann ich immer noch rufen, und dann kannst du dein Gewicht wegnehmen.«

»Gut. Es würde schneller gehen, mich an zwei zusammengeknüpften Seilen hinunterzulassen.«

Er nickte zustimmend. Schon hatte er begonnen, seinen Sicherungssitz auszuheben. Ich packte die beiden Seile, knüpfte sie zusammen und band mich ans lose Ende fest. Das andere Ende war bereits an Simons Gurten befestigt. So, wie die Dinge lagen, waren wir jetzt mit einem einzigen Neunzigmeterseil aneinandergebunden, was die Zeit zum Ausheben der Sicherungssitze halbierte und die Distanz verdoppelte. Simon konnte die Geschwindigkeit meiner Rutschfahrt mittels einer Sicherungsplatte kontrollieren, allfällige Rucke von meinem Gewicht dämpfen und vermeiden, daß ihm das Seil durch die Finger lief, wenn er es mit seinen gefrorenen Handschuhen nicht mehr fest im Griff hatte. Das größte Problem war der Knoten zwischen den beiden Seilen. Der einzige Weg, ihn an der Sicherungsplatte vorbeizubringen, bestand darin, das Seil von der Platte zu lösen und mit dem Knoten auf der anderen Seite wieder einzuhängen. Dies war jedoch nur möglich, wenn ich aufstand und mein Gewicht vom Seil nahm. Ich dankte meinem Schicksal, daß ich nicht beide Beine gebrochen hatte.

»Alles klar. Bist du bereit?«

Simon saß in dem tiefen Loch, das er in den Hang gegraben hatte, die Beine fest gegen den Schnee gestemmt. Er hielt die Sicherungsplatte blockiert und das Seil zwischen uns straff.

»Ja. Und jetzt immer schön gleichmäßig. Wenn du ins Rutschen kommst, so schrei.«

»Nur keine Bange. Wenn du mich nicht hören kannst, sobald der Knoten hochkommt, ziehe ich dreimal am Seil.«

»Gut.«

Ich legte mich gleich unter Simon auf den Bauch und schob mich hinunter, bis mein ganzes Gewicht am Seil war. Anfänglich brachte ich es nicht über mich, meine Füße frei aus dem Schnee hängen zu lassen. Wenn der Sitz sofort zerbröckelte, würden wir augenblicklich abstürzen. Simon nickte mir zu und grinste. Seine Zuversicht steckte mich an. Ich hob meine Füße und begann hinunterzugleiten. Es klappte!

Er ließ das Seil flüssig in einer gleichmäßigen Talfahrt aus. Ich lag auf dem Schnee und hielt in jeder Hand einen Eispickel bereit, um sie beim ersten Anzeichen eines bevorstehenden Sturzes einzuschlagen. Hie und da hakten sich die Steigeisen an meinem rechten Schuh im Schnee fest und zerkratzten mir mein Bein. Ich versuchte, nicht loszuschreien, aber vergeblich. Ich wollte nicht, daß Simon anhielt.

In erstaunlich kurzer Zeit hielt er dennoch an. Ich blickte hoch und sah, daß er weit zurückgeblieben war und ich nur noch Kopf und Schultern von ihm erkennen konnte, die sich aus dem Schneesitz herauslehnten. Er rief mir etwas zu, doch ich konnte ihn nicht verstehen, bis drei scharfe Rucke Klarheit schafften. Nach der schier endlosen Zeit zum Traversieren der Anhöhe war ich verblüfft, mit welcher Geschwindigkeit ich die fünfundvierzig Meter abgestiegen war, freute mich wie ein Schneekönig und mußte kichern. In kürzester Zeit hatte meine Stimmung von Verzweiflung in wildesten Optimismus umgeschlagen. Der Tod war enteilt, war nur mehr eine vage Möglichkeit statt einer unvermeidlichen Tatsache. Das Seil wurde schlaff, als ich auf mein gutes Bein hochhüpfte. Ich wußte genau, daß wir am anfälligsten waren, wenn Simon den Knoten hinüberwechselte. Falls ich abstürzte, würde ich zuerst eine ganze Seillänge fallen, bevor sich das Seil um ihn straffte und die Wucht ihn aus dem Berg schleudern würde. Ich grub meine Pickel ein und blieb reglos stehen. Rechts unter mir konnte ich das Joch sehen, schon viel näher jetzt. Noch ein Rucken am Seil, und ich lehnte meinen Körper vorsichtig in den Hang. Der zweite Teil des Herunterlassens begann.

Ich winkte zu dem rotblauen Fleck über mir und sah, wie er sich aus dem Sitz erhob. Er drehte sich um, das Gesicht zum Hang, und begann seine Füße in den Schnee zu treten. Das Seil wand sich an mir vorbei hinunter. Simon war am Abstieg. Ich wandte mich um und begann einen zweiten Sitz auszugraben, grub tief in den Hang, um ein Loch zu machen, in welches er ganz hineinsitzen konnte. Rückwand und Boden höhlte ich leicht aus, so daß er zum Rand des Lochs hin anstieg. Als ich zufrieden war, blickte ich wieder nach oben und sah Simon rasch rückwärts zu mir heruntersteigen.

Die nächste Talfahrt war viel schneller. Wir hatten ein effizientes System entwickelt. Ein einziger Schatten lag über unserem wachsenden Optimismus – das Wetter. Es hatte sich rapide verschlechtert. Wolken huschten über das Joch, und eine große Masse von Gewölk brodelte im Osten hoch. Der Wind wurde ständig stärker und blies Pulverschnee quer über den Hang. Ich konnte Schneefahnen sehen, die waagrecht über die Westwand herausströmten. Mit zunehmendem Wind fiel auch die Temperatur. Ich spürte, wie er sich in mein Gesicht einbrannte und Kinn und Nase gefühllos werden ließ. Meine Finger begannen einzufrieren.

Simon gesellte sich nach der zweiten Rutschfahrt wieder zu mir. Wir waren beinahe auf gleicher Höhe mit dem Joch, doch es bedurfte noch einer horizontalen Traverse, um zum Kamm zu kommen.

»Ich gehe voran und mache einen Graben.«

Er wartet keine Antwort ab. Ich fühlte mich exponiert, während ich ihm zuschaute, wie er sich von mir entfernte.

Der Weg zum Joch erschien lang. Ich überlegte, ob ich mich losbinden sollte. Ich wollte lieber nicht, obwohl alles dagegen sprach, daß mich das Seil jetzt retten würde. Im Gegenteil. Wenn ich abstürzte, würde ich Simon mit mir reißen, aber ich konnte mich nicht überwinden, auf den beruhigenden Trost des Seils zu verzichten. Ich blickte zu Simon hinüber. Es war kaum zu glauben! Er hatte das Joch erreicht, obwohl er nur etwa fünfundzwanzig Meter von mir weg war. Das Spätnachmittagslicht hatte die Entfernung verzerrt.

»Los, komm!« schrie er gegen den Wind an. »Ich halte das Seil.«

Es gab einen sanften Ruck an meinen Lenden. Er hatte das überschüssige Seil eingeholt und beabsichtigte mich zu sichern. Ich nahm an, daß er vorhatte, die Westseite hinunterzuspringen, falls ich stürzte; es gab keine andere Möglichkeit, mich aufzufangen. Ich humpelte seitwärts, doch als mein Fuß hängenblieb, verlor ich beinahe das Gleichgewicht. Etwas Knorpeliges verdrehte sich in meinem Knie, und der Schock ließ mich aufschluchzen. Es ging vorüber. Ich verwünschte mich, daß ich mich nicht besser konzentriert hatte. Der krebsige seitliche Bewegungsablauf, den ich bereits ausprobiert hatte, kam wieder zum Zuge. Wenn ich mein Bein nicht herumschwingen konnte, griff ich hinunter und hob es den Graben entlang hoch, den Simon gebahnt hatte, dann fuhr ich mit meinem Muster fort. Das Bein war leblos geworden: ein bleischweres, nutzloses Anhängsel. Wenn es mir in den Weg kam oder mich schmerzte, so verwünschte ich es und hob es zur Seite, als wäre es ein Stuhl, über den ich gestolpert war.

Das Joch war exponiert und windig, doch zum erstenmal konnten wir die Westflanke des Berges hinunterblicken. Direkt unter uns wand sich der Gletscher, den wir vor fünf Tagen hochmarschiert waren, zu den Spalten und Moränen hin, die zum Basislager führten, fast neunhundert Meter unter uns. Es würde manche lange Rutschfahrt brauchen, doch es ging alles abwärts, und wir hatten das Gefühl der Hoffnungslosigkeit, das uns bei der Eisklippe übermannt hatte, längst verloren. Es war entscheidend gewesen, das Joch zu erreichen. Wenn es steilen Grund zwischen der Klippe und dem Joch gegeben hätte, wären wir nie daran vorbeigekommen.

»Wie spät ist es?« fragte Simon.

»Kurz nach vier. Wir haben nicht mehr viel Zeit, stimmt's?«

Ich konnte sehen, wie er die Chancen abwägte. Die Wand unter dem Joch war von Sprühschneegestöber verweht, und die Wolkendecke hatte sich beinahe geschlossen. Es war schwierig zu beurteilen, ob es zu schneien begonnen hatte, da der Wind Pulverschnee gegen uns fegte. Wir saßen noch nicht lange auf dem Joch, doch ich war bereits klamm vor Kälte. Ich wollte weiter nach unten, aber die Entscheidung lag bei Simon. Ich wartete ab, wozu er sich entschließen würde.

»Ich glaube, wir sollten weiter«, sagte er endlich. »Meinst du, du schaffst es?«

»Ja. Laß uns gehen. Ich friere.«

»Ich auch. Meine Hände sind wieder hinüber.«

»Wir können ein Schneeloch machen, wenn du möchtest.«

»Nein. Wir werden den Gletscher nicht mehr bei Tageslicht erreichen, aber der Hang ist offen bis ganz unten. Besser, wenn wir Höhe verlieren.«

»Stimmt. Dieses Wetter gefällt mir gar nicht.«

»Genau das macht mir Sorgen. Also, ich lasse dich von hier hinunter. Wir sollten eigentlich weiter rechts halten, aber ich glaube nicht, daß du es diagonal schaffst würdest. Wir müssen es gerade hinunter riskieren.«

Ich glitt vom Gratkamm auf die Westwand hinunter. Simon trat vom Rand zurück und stemmte sich gegen mein Gewicht. Die erste von vielen Pulverschneelawinen sauste über mich und zerrte mich mit hin. Ich rutschte schneller und schrie Simon zu, langsamer zu machen, doch er konnte mich nicht hören.

## 6. KAPITEL

## *Sein oder Nichtsein*

Ich grub den Schalensitz mit hektischer, nervöser Hast aus. Die erste Talfahrt neunzig Meter vom Joch hinunter hatte mir arg zugesetzt. Es war unmöglich gewesen, in einer diagonalen Linie nach rechts hinunter abzufallen. Die Schwerkraft hatte mich in ein totes Gewicht verwandelt, und wie sehr ich auch mit den Pickeln gegen den Schnee scharrte, es konnte einen lotrechten Abstieg nicht verhindern.

Die Bedingungen in der Wand waren auffällig verschieden von jenen auf den Hängen über dem Joch. Simon ließ mich schneller gleiten, als ich erwartet hatte, und hielt trotz meiner Warnrufe und Schmerzensschreie das Abstiegstempo konstant. Nach fünfzehn Meter gab ich es auf, ihm etwas zuzubrüllen. Ein zunehmender Wind und ständige Sprühschneelawinen verunmöglichten jegliche Verständigung. Statt dessen konzentrierte ich mich darauf, mein Bein aus dem Schnee zu halten. Es war ein vergebliches Unterfangen. Obwohl ich auf meinem guten Bein lag, hakten sich die Steigeisen meines rechten Schuhs ein, während das Gewicht meines Körpers hinunterdrückte. Jeder Ruck jagte einen sengenden Schmerz in mein Knie. Ich schluchzte und keuchte, verfluchte den Schnee und die Kälte und Simon am allermeisten. Beim Wendepunkt hüpfte ich auf mein linkes Bein, sobald ich die Rucke am Seil gespürt und die Pickelschäfte in den Schnee gehämmert hatte, beugte mich über sie und versuchte, den Schmerz wegzudenken. Er verebbte langsam und hinterließ ein fürchterlich pochendes Weh und eine bleierne Müdigkeit.

Die Rucke kamen viel zu schnell wieder. Ich plumpste

gleichgültig gegen das Seil und ließ mich fallen. Die Fahrt ging weiter, bis ich es nicht mehr ertragen konnte, doch es gab nichts, was ich hätte tun können, um der Qual ein Ende zu setzen. Es führte zu nichts, zu Simon hoch zu heulen, ihm zuzuschreien, er solle aufhören; irgendwer mußte aber schuld sein, also wünschte ich seinen Charakter zur Hölle. Ich glaubte ständig, das Seil müsse bald auslaufen, werde jeden Moment anhalten, aber es schien doppelt so lang geworden zu sein.

Die Wand war hier viel steiler als über dem Joch, so steil, daß ich es mit der Angst zu tun bekam und glaubte, Simon könne kaum noch die Herrschaft behalten. Die Vorstellung, wie sein Sitz zusammenbrach, ließ sich nicht mehr abschütteln, und ich versteifte mich und wartete auf die plötzliche rasante Beschleunigung, die mir anzeigen würde, daß Simon hinabgerissen worden war und uns der Tod bevorstand. Doch nichts dergleichen geschah.

Das schreckliche Rutschen hörte auf, ich hing still gegen den Hang. Drei schwache Rucke ließen das straffe Seil erzittern. Ich hüpfte auf mein Bein hoch. Eine Welle von Übelkeit und Schmerz überflutete mich. Ich war froh über die eiskalten Schneestöße, die mir ins Gesicht schnitten. Mein Kopf klärte sich, während ich wartete, daß das Brennen in meinem Knie nachließ. Mehrmals hatte ich gespürt, wie es sich in einer unnatürlichen Bewegung seitlich verdrehte, wenn sich mein Schuh verfing, und immer wenn das Bein zurückschnellte, loderte ein qualvoller Schmerz auf, und Teile im Gelenk drin schienen mit einem eklig knorpeligen Knirschen übereinanderzumahlen. Kaum hatte ich aufgehört zu schluchzen, als mein Schuh bereits wieder einhakte. Am Ende zitterte mein Bein unkontrollierbar. Ich versuchte das Zittern anzuhalten, doch je mehr ich es versuchte, desto mehr zitterte es. Ich preßte mein Gesicht in den Schnee, biß die Zähne zusammen und wartete. Endlich ließ es nach.

Simon hatte bereits begonnen, herunterzuklettern, und während er abstieg, ringelte sich das schlaffe Seil an mir vorüber. Ich blickte hoch, konnte jedoch nicht ausmachen, wo er steckte. Eine Schneefahne toste herunter, strich eng über den Hang. Nichts mehr zu sehen! Das Gestöber war womöglich noch schlimmer als vorher, was nur heißen konnte, daß starker Schneefall eingesetzt hatte. Unter mir war die Sicht genauso begrenzt.

Ich begann Simons Sicherungssitz auszugraben. Die Arbeit wärmte mich und lenkte meine Aufmerksamkeit vom Knie ab. Als ich wieder hochschaute, konnte ich sehen, wie Simon rasch abstieg.

»Bei diesem Tempo sollten wir spätestens um neun Uhr unten sein«, meinte er fröhlich.

»Hoffen wir's.« Mehr sagte ich nicht. Es hätte nichts geholfen, ständig darauf herumzureiten, wie ich mich fühlte.

»Also, das Ganze noch einmal!« Er hatte sich ins Loch gesetzt und hielt die Seile für eine weitere Rutschfahrt bereit.

»Du trödelst wohl nicht gern herum, oder?«

»Lohnt sich nicht zu warten. Los, komm!«

Er grinste noch immer, und seine Zuversicht übertrug sich. Wer sagt, ein einzelner Mann könne einen anderen nicht retten? dachte ich. Wir waren vom Klettern zum Bergen übergegangen, und die Zusammenarbeit hatte genauso effizient geklappt. Wir hatten uns nicht über den Unfall aufgehalten. Wohl hatte zu Anfang eine gewisse Unsicherheit geherrscht, doch sobald wir begonnen hatten, etwas Positives zu unternehmen, war alles wieder ins Lot gekommen.

»Also gut. Wenn du bereit bist, geht's los«, sagte ich und legte mich wieder auf die Seite. »Mach diesmal ein bißchen langsamer. Sonst ist das Bein plötzlich weg.«

Er schien mich nicht gehört zu haben, denn es ging in

noch schnellerem Tempo hinunter als vorher, und wieder begann die maßlose Tortur. Mein Optimismus verflüchtigte sich. Ich konnte an nichts anderes mehr denken, als bis zum Wendepunkt auszuhalten. Er kam nach einer Ewigkeit, doch die kleine Atempause war viel zu kurz, und bevor die Qual nachgelassen hatte, rutschte ich wieder weiter.

Ich preßte meine Hände gegen den Schnee und versuchte vergeblich, mein Bein von der Oberfläche wegzuheben. Die Pickel baumelten an ihren Schlaufen um meine Mitte, und meine Hände froren ein. Mein Bein verfing sich. Ich konnte nichts dagegen tun. Die Muskeln hatten sich verkrampft. Ich versuchte immer wieder, es aus dem Schnee hochzuheben, aber es war zu einem Klumpen toten Gewichts zusammengeschmolzen. Ich spannte die Muskeln meines Oberschenkels, um es hochzukriegen, doch nichts geschah. Es war nicht mehr ein Teil von mir. Es gehorchte keinen Befehlen mehr und baumelte träge und unnütz an mir herum. Es verfing sich, hakte sich noch einmal fest, verdrehte sich, knickte ab und bereitete mir alle nur erdenklichen Qualen, bis ich meine Versuche aufgab und nur noch schlapp im Schnee lag, der sich an mir hochbewegte, und schluchzte. Das Hinunterlassen ging weiter. Ich dachte nicht mehr daran, wann es je enden würde, und überließ mich ganz dem Schmerz. Er schwemmte um mein Knie herum, lief den Oberschenkel hoch und erfüllte mit seinem Brennen alle meine bewußten Gedanken. Mit jedem Stoß schraubte er sich höher, ließ nicht locker, erheischte Aufmerksamkeit, wurde zu etwas mit eigener Individualität Begabtem, bis ich seine Botschaft ganz deutlich hören konnte: »Ich bin verletzt. Ich bin beschädigt. Gönn mir Ruhe, laß mich in Ruhe!«

Die Bewegung hörte abrupt auf. Drei Rucke vibrierten herunter. Zitternd stand ich auf. Ich versuchte den Pickel zu packen und anzufangen, den nächsten Schalensitz zu graben, konnte jedoch den Schaft nicht ergreifen. Als ich ihn endlich in meinem Fausthandschuh hatte, schwankte er hin und her. Der Versuch, den Eishammer zu ergreifen, endete mit demselben Ergebnis. Ich zerrte an meinem rechten Fäustling, konnte ihn aber nicht fest genug halten, um ihn wegzustreifen, und riß ihn schließlich mit den Zähnen los. Die blauen, vom Eis bis ins Gewebe frostigen Thermohandschuhe blieben an den Händen. Selbst durch die Handschuhe ließ sich erkennen, wie hölzern meine Finger geworden waren. Sie bewegten sich steif und nur alle miteinander und ließen sich nicht mehr zu einer Faust zusammenballen.

Sprühschneegestöber ergoß sich über die Hangoberfläche herunter und füllte den Fausthandschuh, der mit seiner Schlaufe an meinem Handgelenk hin, während ich die Hand innen unter meine Jacke in die Achselhöhle steckte. Der sengende Schmerz des zurückströmenden Blutes nahm mein ganzes Denken gefangen. Selbst die breiigen Qualen in meinem Unterschenkel verblaßten vor dieser schrecklichen, brennenden Hitze in meinen Fingern. Als sie nachließ, leerte ich den Fäustling, steckte die behandschuhte Hand wieder hinein und wiederholte die Prozedur mit der anderen Hand.

Simon kam herunter, bevor ich seinen Sicherungssitz halb fertig gegraben hatte. Er wartete ruhig mit gesenktem Kopf. Als ich zu ihm hinschaute, sah ich, daß er beide Hände in seine Achselhöhlen hielt.

»Meine waren wirklich schlimm. Ich dachte, sie seien abgefroren«, sagte ich.

»Es kommt bloß vom Hinunterlassen. Sie frieren einfach ein, während ich Seil gebe. Ich kriege meine Mittelfinger nicht mehr warm. Die sind völlig futsch.«

Er hielt die Augen geschlossen und kämpfte gegen den heißen Schmerz an. Ein mächtiger Schwall Sprühschnee spritzte über ihn, doch er kümmerte sich nicht darum. Der Schnee füllte teilweise den Sitz auf, den ich gegraben hatte. Ich wischte ihn mit meinem Arm wieder frei.

»Los, weiter! Es wird immer schlimmer. Wir müssen uns beeilen.«

Ich lag unter seinen Füßen. Als sich das Seil straffte, verlegte ich mein Gewicht von meinem Fuß weg und verspannte mich. Die nächste Schußfahrt stand bevor. Er ließ mich mit einem Ruck hinunter, und ich schrie auf, als mein Bein im Schnee hängenblieb. Ich sah beim Schreien zu ihm hin. Er blieb ungerührt und fuhr fort, mich hinunterzulassen. Er hatte keine Zeit für Mitgefühl.

Am Ende der vierten Abwärtsfahrt war es auch mit mir abwärts gegangen. Mein Bein zitterte pausenlos und unkontrollierbar. Der Schmerz hatte einen Grad erreicht, den er nicht mehr überschreiten konnte. Er blieb jetzt konstant, ob ich mein Bein verklemmte oder nicht. Seltsamerweise war er dadurch erträglicher geworden, denn ich zuckte und versteifte mich nicht mehr in der Aussicht, mit dem Fuß hängenzubleiben. Ich konnte mich an diesen Dauerschmerz gewöhnen. Mit meinen Händen hingegen stand es viel schlimmer: Das Aufwärmen hatte sich am Ende jeder Abfahrt wiederholt, zeigte jedoch jedesmal weniger Wirkung. Simons Hände sahen sogar noch schlimmer aus als meine.

Der Sturm hatte beständig zugenommen, bis der Sprühschnee unaufhörlich den Hang hinunterfloß und mich umzustoßen drohte, wenn ich die Sitze grub. Windstöße fuhren schräg durch die Wand, trieben den Schnee in die ungeschützte Haut und zwängten sich durch die winzigste Öffnung in den Kleidern. Ich war der Erschöpfung nahe.

Während sich die Talfahrten fortsetzten, verfiel ich in eine stoische Ruhe. Das Ziel dieses Rutschens war mir längst entschwunden. Meine Gedanken reichten nicht weiter als bloß noch die Gegenwart zu ertragen. Simon blieb stumm bei den Wechseln, sein Gesichtsausdruck war unbeweglich und starr. Wir hatten uns in einen schauerlichen Kampf verbissen – mein Teil war Folter, Simons Teil ein schier endloser Kraftakt, um mich ohne Unterbrechung fast neunhundert Meter hinunterzubringen. Ich fragte mich, wie oft ihm wohl bewußt geworden war, daß seine Sitze jeden Moment einstürzen konnten. Ich selbst kümmerte mich schon längst nicht mehr um solche Dinge, aber Simon wußte, daß er jederzeit die Wahl hatte, ohne viel Risiko allein abzusteigen. Ich begann ihm zu danken für das, was er tat, bremste mich jedoch schleunigst. Es hätte meine Abhängigkeit von ihm nur noch verstärkt.

Während Simon zu mir herunterkletterte, grub ich den fünften Sicherungssitz aus. Ich kam nicht weit. Nachdem der Schnee an der Oberfläche weggeräumt war, stieß ich auf Wassereis. Ich stand auf meinem linken Fuß, hatte ihn jedoch nicht tief eingetreten und lehnte in einer beängstigenden Stellung auf den Vorderzacken meiner Steigeisen. Ich konnte spüren, wie meine Wadenmuskeln von der Anstrengung ermüdeten, und die Vorstellung, daß ich ausgleiten könnte, verfolgte mich unablässig. Es hätte uns beide aus dem Berg gerissen. Die Anstrengung, mich stillhalten zu müssen, ließ Übelkeit und Schwindel hochsteigen, was alles nur noch schlimmer machte. Voller Panik, ich könnte ohnmächtig werden, schüttelte ich immer wieder den Kopf und preßte ihn gegen den Schnee. Auf solche Weise zu sterben schien so idiotisch, nachdem wir so viel durchlitten hatten.

Daß es so lange dauerte, bis mir in den Sinn kam, eine Eisschraube in den Hang zu hämmern, bewies bloß, wie abgestumpft ich durch die Kälte geworden war. Der Wind und die ständigen Lawinen hatten erst meinen Körper betäubt und dann meinen Verstand vernebelt. Selbst als der Gedanke an die Schraube endlich auftauchte, brauchte er seine Zeit, um durch die lethargische Apathie zu dringen, die mich überflutet hatte. Ihn in die Tat umzusetzen schien eine Riesenleistung zu sein. Ich war bestürzt über mein Verhalten. Ich hatte von Leuten gehört, die der Kälte erlagen, ohne es zu merken, und nur noch träge und ohne nachzudenken reagierten. Als ich mich an die Eisschraube festgebunden hatte, lehnte ich mich zurück und begann mit einem energischen Programm zum Aufwärmen und Aufwachen. Ich bewegte so viel von meinem Körper wie nur möglich, schlug mit den Armen um mich, rieb mich resolut ab und schüttelte den Kopf. Allmählich wurde ich wieder warm und spürte, wie die Trägheit wich.

Simon bemerkte die Eisschraube. Sie steckte im einzigen Eis, das wir bis jetzt in der Wand gefunden hatten, und er blickte mich fragend an.

»Unter uns muß irgend etwas sein. Ein steiler Abschnitt oder so etwas Ähnliches«, sagte ich.

»Stimmt. Ich kann nicht das Geringste sehen dort unten.« Er lehnte sich von der Schraube hinaus und spähte gespannt hinab. »Es wird wirklich steiler, aber ich kann nicht sehen, warum.«

Ich blickte hinab und sah nur wirbelnde Wolken Sprühgestöber, die hinunterpeitschten. Der Himmel hing voller Schnee. Er fiel, oder er wurde vom Wind aufgeweht. Es spielte keine Rolle. Alles war Weiß in Weiß.

»Es wäre kaum eine gute Idee, mich hier hinunterzulassen, ohne zu wissen, was da unten los ist«, sagte ich. »Könnte alles mögliche sein ... ein Felsvorsprung, Eisfall, was weiß ich.«

»Stimmt, aber ich kann mich nicht erinnern, irgend etwas Auffallendes gesehen zu haben, als wir drüben am Seria Norte waren. Du?«

»Nein. Ein paar kleine Felsausbrüche vielleicht, aber sonst nichts. Wieso seilst du dich nicht ab und schaust nach?

Ruck ein paarmal am Seil, wenn alles klar ist. Ich denke, ich kann mich ohne Hilfe abseilen.«

»Wir haben gar keine andere Wahl. Also dann. Ich setze noch eine Schraube ein.«

Er hämmerte die Schraube in das harte Wassereis und klinkte das doppelt geführte Seil hindurch. Ich band mich vom Seil los, blieb jedoch sicher an meiner eigenen Eisschraube eingehängt. Wenn Simon das Ende des Seils erreicht hatte, würde er eine Sicherung vornehmen und mir dann signalisieren, ihm nachzufolgen. Als er sich ein Stück abgeseilt hatte, rief ich ihm nach:

»Mach unten einen Knoten ins Seil. Wenn ich ohnmächtig werde, will ich nicht über das Seilende hinaussausen.«

Er winkte mir zur Bestätigung und glitt hinunter, ins Wolkengestöber hinein. Bald hatte ich ihn aus den Augen verloren. Ich war allein. Ich versuchte, den Gedanken zu verscheuchen, daß ihm etwas zustoßen könnte. Ich stand ruhig auf einem Fuß und starrte in den Schnee, der wie wahnsinnig um mich wirbelte. Nur noch ein zischendes Geräusch war geblieben, wo er von meiner Jacke wegrieselte, und ein gelegentliches Zerren vom Wind. Ein stürmischer Platz zum Alleinsein. Ich dachte an die Sonne auf dem Yerupaja durch das Fenster der Schneehöhle – das war heute morgen gewesen! O Gott! Es schien schon so lange her. Erst heute morgen … und wir waren den Grat heruntergekommen und über diese Spalten, und dann die Eisklippe. Es schien eine Ewigkeit her … so viel hatte sich verändert. Die Kälte kroch wieder in meinen Körper, und ich konnte fühlen, wie sich ihre träge Schwere ausbreitete.

Ich begann wieder mit meiner Aufwärmroutine: Arme schlagen, reiben, den Eindringling vertreiben. Dann sah ich die Seile spasmodisch zucken. Ich packte sie fest und spürte, wie wieder Rucke durch sie hochliefen. Ich befestigte

meine Sicherungsplatte an den Seilen und löste die Eisschraube, an der ich gehangen hatte. Während ich mein
Gewicht vorsichtig den Seilen überließ, beobachtete ich die
Eisschraube auf irgendwelche Warnzeichen hin, daß sie
nicht hielt. Die Seile liefen leicht durch die Platte, und ich
rutschte hinunter, Simon hinterher.

Nach sechs Meter fiel der Hang vertikal unter mir ab.
Ich bewegte mich nicht weiter und blickte hinunter. Ich
konnte sehen, wie der Neigungswinkel knapp fünf Meter
weiter unten wieder flacher wurde. Darunter war nur
Schneegestöber. Während ich an der Wand vorbei abseilte, sah ich, daß sie aus Eisflecken bestand, die an eine steile
Felswand gepflastert waren. Langsam, in kurzen, abgestuf-
ten Wändchen mit steilen Eiskaskaden dazwischen, zog sie
an mir vorbei. Ein- oder zweimal bumste ich schmerzhaft
gegen den Felsen, doch meistenteils fand ich das Abseilen
leichter und sehr viel weniger traumatisch, als am Seil zu
rutschen. Es war eine große Hilfe, daß ich die Abstiegsge-
schwindigkeit kontrollieren konnte. Die Steilwände schaffte ich problemlos, denn dort konnte ich mich abdrehen
und mein verletztes Bein frei in den Raum hängen lassen,
und selbst auf den Eisfällen gelang es mir, es nicht einzu-
haken.

Ich war völlig darauf konzentriert, mich vorsichtig abzuseilen, als Simons Stimme mich aus meinen Gedanken riß.
Ich schaute hinunter und sah, wie er an einer Eisschraube
zurücklehnte und mich angrinste:

»Da unten ist noch ein steiles Stück. Ich habe den
Schneehang darunter gesehen, es kann also nicht weit sein.«

Beim Sprechen streckte er den Arm aus, bekam meine
Mitte zu fassen und zog mich sanft zu sich hin. In der Art,
wie er mich herumdrehte, so daß ich vom Hang wegblickte,
als ich neben ihm zum Stillstand kam, lag etwas Behutsa-
mes, ja fast Zärtliches. Er klinkte mich in eine zweite Eis-

schraube ein, die er neben jene gesetzt hatte, an der er selbst hing, und führte mein unverletztes Bein auf einen Tritt, den er aus dem Eis gehackt hatte. Jetzt erst wurde ich gewahr, daß er sich der Marter, der er mich ausgesetzt hatte, völlig bewußt gewesen war, und mit seiner Obhut gab er mir auf wortlose Weise zu verstehen: »Schon gut. Ich bin kein Scheißkerl. Es mußte einfach sein.«

»Nicht mehr weit jetzt. Vielleicht noch vier Längen nach diesem nächsten Abseilen.«

Ich wußte, daß er bloß mutmaßte. Er versuchte mich aufzumuntern, und ich war ihm richtig dankbar dafür. Eine kurze Weile hatte sich an der sturmgepeitschten Sicherung ein warmes Gefühl von Freundschaft eingestellt. Es fühlte sich an wie ein Klischee aus einem drittklassigen Kriegsfilm – ›Wir sitzen alle im selben Boot, Kameraden, und wir schaffen es alle wieder nach Hause!‹ Es fühlte sich aber auch wahr und echt an, etwas Sicheres, Unangreifbares in all der Ungewissheit. Ich legte meinen Arm auf seine Schulter und lächelte ihm zu. Hinter seinem Grinsen konnte ich sehen, wie es in Wahrheit um uns bestellt war. Er sah abgezehrt und mitgenommen aus. Sein Gesicht war durchfroren und zeigte die ganze Anspannung, die er durchgemacht hatte, und seine Augen lachten nicht. Dort war Besorgnis und Angst, und ich konnte sehen, wie trotz seiner zuversichtlichen Worte eine dunkle Unsicherheit die wahre Sachlage widerspiegelte.

»Mir geht's ganz gut«, sagte ich. »Die Schmerzen sind jetzt nicht mehr so schlimm. Was machen deine Hände?«

»Schlimm, und es wird immer schlimmer.« Er grinste mir zu, und ich verspürte ein jähes Schuldgefühl. Es kam ihn teuer zu stehen. Ich hatte bereits bezahlt.

»Ich seile mich ab und setze die Sicherung.«

Er trat vom Hang weg und hüpfte weich in das wirbelnde Sprühschneegestöber hinab.

Ich schloß schnell zu ihm auf, bei einem großen Schalensitz, den er ausgegraben hatte. Wir waren wieder beim alten: Rutschfahrten aus nicht vorhandenen Sicherungen. Ich blickte auf meine Uhr. Ich konnte das Zifferblatt nicht sehen und bemerkte überrascht, wie dunkel es geworden war. Als ich das kleine Kontrollämpchen anknipste, sah ich, daß es schon halb acht war. Es war seit über einer Stunde dunkel, ohne daß ich es bemerkt hatte! Es hielt mir vor Augen, wie wenig ich hatte leisten müssen: Die Sicherungssitze auszugraben und mein Denken gegen das Hinuntergleiten abzuschotten hatte kein Licht benötigt.

Die Wärme, die ich bei der Abseilsicherung verspürt hatte, hielt während der nächsten Abwärtsfahrt an, und ich mußte dem Drang widerstehen, aufgeregt zu kichern, während ich weiterrutschte. Ich fühlte mich kindisch irrational. Der Gedanke, den Gletscher und mit ihm eine behagliche Schneehöhle zu erreichen, war unwiderstehlich geworden. Er durchflutete mich wie ehedem die Vorstellung von einer warmen Mahlzeit vor dem Kaminfeuer nach einem langen, kalten Tag in den Bergen. Ich versuchte ihn wegzuschieben, aus Furcht, so zu denken würde bloß ein Unheil heraufbeschwören. Wer etwas will, kriegt schon mal gar nichts, sagte ich mir, aber es fruchtete wenig. Ich glitt jetzt schneller und leichter hinab. Der Schmerz blieb konstant, aber es war zweitrangig – alles, woran ich denken konnte, war, nach unten zu gelangen.

Das System, mich den Hang hinunterzulassen, war uns in Fleisch und Blut übergegangen, als hätten wir es jahrelang geübt, und während wir unbemerkt durch den Sturm glitten, wuchs unser Optimismus mit jeder zurückgelegten Seillänge lawinenartig an. Simons Grinsen wurde bei jedem Zusammentreffen breiter, und seine Augen, die hell im Licht meiner Stirnlampe blitzten, sprachen Bände. Wir hatten die Situation wieder im Griff. Es hatte nicht den Anschein, als befänden wir uns in wilder Flucht oder führten einen verzweifelten, aussichtslosen Kampf. Wir wußten, daß wir einen kontrollierten und ordentlichen Rückzug angetreten hatten.

Ich zog meine Schultern vor einem ungewöhnlich starken Sprühschneeschauer ein und versteifte mich, bis er sich erschöpft hatte. Als ich mich wieder rührte, rieselte mir der Schnee, der sich zwischen meiner Brust und dem Hang angehäuft hatte, über die Beine hinab, und ich wischte den Pulver aus dem ausgegrabenen Sicherungssitz. Das Wetter zeigte kein Anzeichen einer Besserung, doch wenigstens wurde es nicht schlechter. Simon erschien aus der Düsternis über mir. Seine Lampe blitzte gelb aus dem Schneegewölk. Ich behielt ihn im Auge, so daß ihm der Strahl meiner Stirnlampe den Weg wies. Als er mich erreichte, fegte eine weitere Lawine über uns. Wir duckten uns beide weg.

»Scheißlawinen! Die vorher hat mich fast umgehauen«, sagte er.

»Sie sind größer geworden. Wahrscheinlich, weil wir fast unten sind. So kann sich auf dem Weg mehr Schnee aufbauen.«

»Ich habe daran gedacht, mich loszuseilen. Dann reiße ich dich nicht mit, wenn ich voll getroffen werde.«

Ich mußte lachen. Selbst wenn er an mir vorbeigestürzt wäre und mir das Seil gelassen hätte, hätte ich nichts damit anfangen können.

»Ich würde so oder so abstürzen. Du kannst also ebensogut angeseilt bleiben. So brauche ich mir wenigstens nicht den Kopf zu zerbrechen … und ich kann dir die Schuld zuschieben!«

Simon lachte nicht. Er hatte ganz vergessen, daß ich ja verletzt war, und ich hatte ihn wieder daran erinnert. Er setzte sich im Sitz zurecht und ordnete die Seile für die nächste Abwärtsfahrt.

»Allerhöchstens noch zwei, schätze ich. Das ist die achte, plus die zweimal Abseilen, wir müssen also an die achthundert Meter zurückgelegt haben. Es kann nicht mehr als neunhundert sein. Vielleicht ist die da sogar die letzte.«

Ich nickte zustimmend, und er grinste mich zuversichtlich an, als ich den Hang hinunterrutschte und er im Schneesturm verblaßte. Schon vorher war mir aufgefallen, daß das Gefälle des Hangs allmählich abnahm. Ich hielt es für ein hoffnungsvolles Anzeichen, das darauf hinwies, wie nahe wir dem Gletscher schon gekommen waren. Kurz nachdem ich Simon aus den Augen verloren hatte, merkte ich jedoch, wie der Hang wieder steiler wurde. Ich rutschte schneller und hakte mit meinem Fuß öfter ein. Der Schmerz und die Beschwerden lenkten mich ab, und ich dachte nicht mehr an den Hang. Ich versuchte erfolglos, das Bein aus dem Schnee freizubekommen, bevor ich es aufgab und die Marter in Kauf nahm.

Das Gewicht an meinen Gurten nahm spürbar zu, genau wie die Geschwindigkeit. Ich versuchte mit den Armen zu bremsen, doch es ging nicht. Ich wälzte mich herum und blickte in die Finsternis hoch. Im Strahl meiner Lampe flimmerte Schneegestöber. Ich schrie Simon zu, langsamer zu machen. Die Geschwindigkeit wurde noch größer, und mein Herz schlug wild. Hatte er die Kontrolle verloren? Ich versuchte nochmals zu bremsen. Nichts. Ich unterdrückte die aufkommende Panik und versuchte klar zu denken. Nein, er hat die Kontrolle nicht verloren. Ich gehe rasch hinunter, aber gleichmäßig. Er will Tempo machen ... das ist alles. Ich wußte, daß es wahr war, doch irgend etwas stimmte nicht.

Es war der Hang. Natürlich! Ich hätte früher daran denken müssen. Er war jetzt viel steiler, und das konnte nur eines bedeuten: Ich näherte mich einem weiteren Absturz.

Ich schrie eine verzweifelte Warnung hinaus, aber Simon konnte mich nicht hören. Ich schrie nochmals, so laut ich konnte, doch die Worte wurden in die Schneewolken hinein weggepeitscht. Er hätte mich auch in fünf Meter Entfernung nicht gehört. Ich versuchte zu erraten, wie weit ich vom Mittelknoten weg war. Dreißig Meter? Fünfzehn? Ich hatte keine Ahnung. Jede Fahrt wurde zeitlos. Ich rutschte eine Ewigkeit durch den brodelnden Schnee, ohne Gefühl, wie die Zeit verging – eine kaum noch erträgliche Periode voller Qualen.

Die Vorahnung einer großen Gefahr überspülte mich. Ich *mußte* anhalten. Ich wußte jetzt, daß Simon nichts hören würde, also mußte ich mich selbst anhalten. Wenn er spürte, daß mein Gewicht vom Seil loskam, würde er wissen, daß ein guter Grund dazu vorlag. Ich packte meinen Eispickel und versuchte meine Talfahrt zu bremsen. Ich lehnte schwer über den Pickelkopf und grub ihn in den Hang hinein, doch er wollte nicht greifen. Der Schnee war zu locker. Ich grub meinen linken Schuh in den Hang, aber auch er kratzte bloß über den Schnee.

Dann waren meine Füße urplötzlich im Leeren. Ich fand kaum noch Zeit, loszuschreien und mich verzweifelt in den Schnee zu verkrallen, bevor mein ganzer Körper über eine Kante wegschwang. Ich ruckte ins Seil, kippte nach rückwärts und drehte mich an den Gurten im Kreis herum. Das Seil lief zu einem Eiswulst hoch, und ich sah, daß ich noch weiter hinuntersank. Als sich eine schwere Pulverschneelawine über mich ergoß, löste sich das Bild auf.

Als sie schließlich aufhörte, merkte ich, daß ich nicht weiter hinabsank. Simon war es geglückt, die Wucht des Aufpralls von meinem Körper, der plötzlich ins Seil fiel, abzufangen. Ich war verwirrt. Ich verstand nicht, was passiert war, außer daß ich frei im Raum hing. Ich packte das Seil und zog mich in eine sitzende Stellung hoch. Die Drehbewegung fuhr fort, wurde jedoch langsamer. Jedesmal wenn ich eine Drehung vollendete, konnte ich zwei Meter von mir entfernt eine Eiswand erblicken. Als ich zu kreisen aufhörte, schaute ich von der Wand weg, so daß ich mich zurückwenden mußte, um sie zu sehen. Das Schneegestöber hatte aufgehört. Ich ließ meine Lampe die Wand hochscheinen, der Linie des Seils nach, bis ich die Kante ausmachen konnte, über die ich gestürzt war. Sie lag etwa viereinhalb Meter über mir. Die Wand war aus solidem Eis und stark herabhängend. Das Seil ruckte ein paar Zentimeter hinunter, hielt dann still. Eine weitere Lawine Pulver stob über den Rand. Der Wind blies sie in Wirbeln um mich herum. Ich zog vorsichtshalber den Kopf ein.

Wenn ich zwischen meinen Beinen durchschaute, konnte ich die Wand im schrägen Winkel von mir wegfallen sehen. Sie war bis ganz hinunter überhängend. Ich starrte hinab und versuchte, ihre Höhe zu schätzen. Ich wähnte den schneebedeckten Fuß der Wand mit den dunklen Konturen einer Spalte direkt unter mir zu sehen, dann versperrten mir Schneeschauer die Sicht. Ich blickte wieder zur Kante über mir hoch. Es war unmöglich für Simon, mich da hochzuziehen. Selbst mit einer soliden Sicherung wäre es extrem schwierig gewesen, doch aus dem Schneesitz war ein Versuch glatter Selbstmord. Ich schrie in die Dunkelheit hoch und hörte einen unverständlichen, gedämpften Ruf. Ich war mir nicht sicher, ob es Simon oder nur das Echo meines eigenen Schreis gewesen war.

Ich wartete still und hielt das Seil mit meinen Armen umklammert, um aufrecht sitzen zu bleiben. Als ich zwischen meinen Beinen hindurch in den Absturz starrte, traf es mich wie ein Schock. Mit einem Gefühl wachsender Furcht begann ich allmählich das, was ich da sah, in eine gewisse Perspektive zu rücken. Ich hing beängstigend hoch über einer Spalte am Fuß der Klippe, und während mir das

langsam aufging, spürte ich, wie sich mein Magen verkrampfte. Da waren mindestens dreißig Meter Luft unter
meinen Füßen. Ich starrte weiter in die Tiefe und hoffte,
daß ich mich geirrt hätte, merkte aber, daß ich im Gegenteil eher zu konservativ geschätzt hatte. Eine Zeitlang blieb
ich bewegungslos, während meine Gedanken herumrasten
und ich versuchte, die veränderte Lage zu erfassen. Dann
begriff ich blitzartig die Situation.

Ich schwang mich herum und starrte die Wand an. Sie
war fast zwei Meter weg von mir; selbst mit ausgestreckten
Armen konnte ich mit meinem Pickel das Eis nicht erreichen. Der Versuch, mich gegen die Wand zu schaukeln,
endete damit, daß ich mich hilflos im Kreis drehte. Ich wußte, daß ich am Seil hoch zurück mußte, und zwar schnell.
Simon hatte keine Ahnung, worüber ich da gestürzt war.
Die anderen Abstürze waren bloß kurze Steilwände gewesen. Es bestand kein Grund zur Annahme, daß es sich hier
anders verhielt. In diesem Fall ließ er mich vielleicht hinunter. O Gott, ich werde am Mittelknoten steckenbleiben,
lange bevor ich nach unten gelange!

Es war unmöglich, die Wand zu erreichen, und ich
merkte rasch, daß es mir auch gar nichts nützen würde. Ich
konnte keine viereinhalb Meter überhängendes Eis mit einem Bein erklettern. Ich fingerte an meinen Hüftgurten
nach den zwei Seilschlingen, die ich dort angebunden hatte. Ich fand sie, konnte sie jedoch mit dem Fausthandschuh
nicht packen. Ich zerrte die Fäustlinge mit den Zähnen weg
und griff wieder nach den zwei Schlingen. Eine ließ ich über
mein Handgelenk gleiten, die zweite hielt ich zwischen den
Zähnen. Als ich nach den Schlingen langte, hatte ich das
Seil losgelassen und war nach rückwärts gepurzelt, so daß
ich an den Hüftgurten hing. Mein Rucksack hatte mich
nach hinten gezogen, und jetzt baumelte ich in Rückenlage
in einem Bogen, den Kopf und die Beine tiefer als die Hüf-

ten. Ich zappelte, um mich hochzuschwingen, bis ich das Seil fassen und mich in eine sitzende Stellung zurückziehen konnte.

Ich krümmte meinen linken Arm um das Seil, um mich aufrechtzuhalten, und nahm mit der rechten Hand die Schlinge aus meinen Zähnen. Ich versuchte, die dünne Reepschnur rund um das Seil zu wickeln, aber meine Finger waren zu klamm. Ich mußte einen Prusikknoten ans Seil knüpfen, damit ich den Knoten hochschieben und mit Zugkraft belasten konnte, so daß er sich zuzog. Die Anstrengung, mich aufrechtzuhalten, zehrte an meinen Kräften. Endlich ließ sich die Schlinge mit vereinten Kräften von Zähnen und Hand einmal ums Seil wickeln. Dann versuchte ich die ganze Prozedur zu wiederholen, denn ich brauchte mindestens drei Wicklungen, bevor der Knoten überhaupt etwas taugte. Die Enttäuschung trieb mir die Tränen hoch, bis es mir schließlich doch noch gelang. Es hatte mich fast fünfzehn Minuten gekostet. Der Wind stupste mich in eine sanfte Drehung und blies mir unablässig Lawinen von Schnee ins Gesicht, die mich blind machten. Ich klinkte einen Karabiner in die Prusikschlinge und befestigte ihn an meiner Hüfte.

Ich schob die Schlinge so weit das Seil hoch, wie ich greifen konnte, und lehnte mich in sie zurück. Der Knoten straffte sich, verrutschte ein paar Zentimeter, dann hielt er mich. Ich ließ das Seil los und hing zurück. Ich blieb aufrecht stitzen. Die zweite Schlinge mußte ans Seil geknüpft werden, doch diesmal würde ich beide Hände brauchen können.

Erst als ich versuchte, sie von meinem linken Handgelenk zu streifen, merkte ich, wie nutzlos meine Hände geworden waren. Beide waren steif gefroren. Ich konnte die Finger meiner rechten Hand zwar leicht bewegen, doch meine linke Hand, die stillgehalten hatte, während ich mich ans Seil festklammerte, hatte es erwischt. Ich schlug sie zusammen und bog die Finger gegen meine Handflächen ein, schlug sie, bog sie, schlug sie, immer und immer wieder, doch der heiße Schmerz kam nicht. Etwas Bewegung und Gefühl kehrte zurück, aber nur minimal.

Ich nahm die Schlinge von meinem Handgelenk und hielt sie gegen das Seil. Bei meinem ersten Versuch, sie herumzuwickeln und durchzuschlaufen, ließ ich sie fallen. Sie fiel auf den Hauptseilknoten an meinen Gurten, und ich schnappte nach ihr, bevor sie weggeweht wurde. Als ich sie wieder ans Seil hob, schien sie aus meiner Hand zu gleiten. Ich schnappte mit der linken Hand danach und konnte sie gerade noch gegen meinen rechten Unterarm einklemmen. Hochheben konnte ich sie nicht. Meine Finger wollten sich einfach nicht um sie schließen, und als ich versuchte, sie meinen Arm hochrutschen zu lassen, fiel sie wieder hinunter. Diesmal mußte ich zusehen, wie sie unter mir wegfiel. Ich wußte sofort, daß mir jetzt keine Möglichkeit mehr blieb, das Seil hochzuklettern. Schon mit zwei Schlingen wäre es schwierig genug gewesen, doch jetzt, mit zwei so unnützen Händen, war es aussichtslos. Ich sackte ins Seil und fluchte bitter.

Wenigstens mußte ich mich nicht mehr aufrechthalten. Immerhin ein Trost, obwohl ich wußte, daß es mir nicht weiterhalf. Das Seil lief von meiner Hüfte straff wie eine Eisenstange hoch. Die Reepschnur, die ich angebunden hatte, umfaßte es etwa einen Meter über meinen Klettergurten. Ich klinkte sie von den Gurten los und fädelte sie dann durch die Träger meines Rucksacks, so daß sie diese quer über meiner Brust zusammenzog, befestigte sie mit meinem letzten Karabiner und lehnte mich zurück, um sie zu prüfen. Sie tat ihre Wirkung. Die Schlinge hielt jetzt meinen Rumpf am Seil oben, so daß ich wie in einem Sessel im Leeren saß. Als ich sicher war, daß sie so gut saß, wie es nur möglich war, sackte ich wieder ins Seil zurück. Ich fühlte mich völlig ausgepumpt.

Der Wind stieß böig gegen mich und ließ mich wie irr am Seil schaukeln. Mit jedem Windstoß wurde mir kälter. Der Druck der Gurte auf meine Lenden und Oberschenkel hatte die Blutzirkulation abgeschnitten, und beide Beine fühlten sich taub an. Der Schmerz im Knie war weg. Ich ließ meine Arme schlaff hinabhängen und fühlte das tote Gewicht unbrauchbarer Hände in meinen Fausthandschuhen. Es war zwecklos, sie wiederzubeleben. Es gab keinen Ausweg mehr aus diesem trägen Hängen. Ich kam nicht hoch, und Simon würde mich da nie hinunterbringen können. Ich versuchte auszurechnen, wieviel Zeit seit meinem Sturz über den Rand vergangen war, und kam zu dem Schluß, daß es nicht mehr als eine halbe Stunde her sein konnte. In zwei Stunden war ich tot. Ich konnte fühlen, wie mich die Kälte holte.

Zuckende Angst umlauerte meinen Verstand, doch selbst sie verblich neben der Kälte, die durch mich kroch. Ich fragte mich müßig, wie sie mich wohl holen würde. Die Empfindungen weckten mein Interesse. Wenigstens tat es nicht weh – darüber war ich froh. Die Schmerzen hatten mir zugesetzt, doch jetzt, wo es vorbei war, fühlte sich alles ruhig an. Über meiner Mitte kam die Kälte langsamer voran. Ich stellte mir vor, wie sie sich langsam ihren Weg in mir hochbahnte, den Venen und Arterien folgte, unerbittlich weiterkroch. Ich dachte an sie wie an etwas Lebendiges, etwas, was davon lebte, daß es in meinen Körper kroch. Ich wußte, daß es nicht so vor sich ging, doch es fühlte sich so an, und das schien Grund genug, um es zu glauben. Ich hatte nicht im Sinn, mich mit irgend jemand darüber zu streiten, dessen war ich mir gewiß. Ich mußte beinahe laut auflachen bei dem Gedanken. Ich fühlte mich so müde. Schläfrig müde. Und schwach. Noch nie hatte ich mich so schwach gefühlt. Ein gliedloses, körperloses Gefühl. Es war merkwürdig.

Ich ruckte scharf nach unten und wippte am Seil. Als ich mich umdrehte und zur Wand schaute, merkte ich, daß ich hinabrutschte. Simon ließ mich wieder hinunter. Ich schüttelte meinen Kopf und versuchte die Lethargie zu vertreiben. Er hatte keine Chance! Ich war sicher, daß er darauf spekulierte, mich hinunterlassen zu können, bevor der Knoten sich verklemmte. Heimlich hoffte ich, daß es ihm gelang, zugleich wußte ich mit absoluter Gewissheit, daß es aussichtslos war. Ich schrie eine Warnung in die Nacht hinein. Keine Antwort. Ich sank ständig weiter. Ich blickte hinunter und sah die Spalte unter mir. Sie ließ sich jetzt klar erkennen. Als ich hochschaute, konnte ich den oberen Rand der Klippe nicht mehr ausmachen. Das Seil lief ins Schneegestöber hoch und verschwand. Es gab einen kleinen Ruck, dann noch einen, und ich hielt an.

Eine halbe Stunde verstrich. Ich hörte auf, nach Simon zu rufen. Ich wußte, daß er in derselben Situation war wie ich – bewegungsunfähig. Entweder würde er in seinem Sitz sterben oder vom konstanten Zug meines Körpers herausgerissen werden. Ich war gespannt, ob ich wohl starb, ehe es geschah. Es würde geschehen, sobald er das Bewußtsein verlor, und vielleicht tat er das eher als ich. Am Seil war ich vor den schlimmsten Lawinen geschützt. Er würde mehr frieren als ich.

Jeder Gedanke an den Tod, an meinen oder seinen, erfolgte ganz emotionslos und nüchtern. Ich war zu müde, um mich zu sorgen. Vielleicht, wenn ich Angst hätte, würde ich heftiger kämpfen, dachte ich, dann ließ ich den Gedanken wieder fahren. Beim Knüpfen der Schlinge hatte ich Angst gehabt, doch es hatte nichts gefruchtet. Toni Kurz hatte gekämpft und gekämpft, als er am Eiger starb. Er hatte kein einziges Mal aufgehört zu kämpfen, und plötzlich, als er noch immer um sein Leben kämpfte, war er tot ins Seil zusammengesunken. Die Rettungsmannschaften konnten zuschauen, wie er starb. Es schien merkwürdig, in derselben Situation zu sein und sich nicht darum zu kümmern … Vielleicht wegen der Kälte? Dauert nicht mehr lange. Ich halte nicht bis zum Morgen durch … Die Sonne sehe ich auch nicht mehr. Hoffentlich stirbt Simon nicht, das wäre hart … er sollte nicht meinetwegen sterben müssen …

Ich ruckte hoch. Die ziellos treibenden Gedanken waren weggescheucht, verdrängt von einer alles verzehrenden Wut auf das, was geschehen war. Ich schrie den Wind an. Fluchte und brüllte blind.

»Beim letzten verdammten Mal, und nach all den Schmerzen! DU SCHEISSKERL! DU DRECKIGER SCHWEINE-HUND!«

Worte, an Schnee und Wind vergeudet, an niemand besonders gerichtet, geschrien in zitternder Wut aus Bitterkeit und Groll. Idiotische Worte, so sinnlos wie der zischende, leere Wind um mich. Zorn wallte in mir hoch. Er wärmte mich, schüttelte mich, trieb die Kälte in einer Tirade von Obszönitäten und Tränen der Enttäuschung weg. Ich weinte um mich selbst und fluchte über mich selbst. Alles blieb an mir hängen. Es war *mein* Knie, das zerschmettert war. *Ich* war abgestürzt, und *ich* war am Sterben und Simon mit mir.

Das Seil rutschte. Ich wippte ein paar Zentimeter hinunter. Dann nochmals. Hatte er den Knoten befreit? Ich glitt erneut. Hielt an. Dann wußte ich, was los war. Er kam herunter. Ich zog ihn heraus. Ich hing still da und wartete, daß es geschah. Jede Minute, jede Minute …

*Joe hatte gelächelt, als ich ihn von mir weggleiten ließ. Es war kein eigentliches Lächeln. Seine Schmerzen verzerrten es zu einer Grimasse. Ich ließ ihn schnell losgehen und kümmerte mich* nicht um seine Schreie. Er war rasch aus dem Strahl meiner Lampe weg, und als eine weitere Lawine über meinen Kopf fegte, verschwand auch das Seil. Abgesehen von seinem Gewicht an meiner Mitte gab es kein Lebenszeichen mehr von ihm.

Ich hielt die Geschwindigkeit bei. Die Sicherungsplatte war trotz meiner abgestorbenen Finger leicht zu handhaben. Es stand schlimm um die Finger. Sie machten mir Sorgen, schon seit wir das Joch verlassen hatten. Ich wußte, daß Joe nie wieder klettern würde, aber jetzt bangte ich um meine Hände. Es war unmöglich zu sagen, was zurückbleiben würde. Ich hatte sie kurz gesehen, als es noch hell war, doch ich konnte nicht erkennen, wie groß der Schaden war. Vier Fingerspitzen waren schwärzlich, dazu ein Daumen, aber wer wußte schon, ob den anderen nicht dasselbe bevorstand.

Ich hörte einen schwachen Schrei von unten. Das Seil ruckte leicht. Armes Schwein, dachte ich. Ich hatte ihn den ganzen Weg hinunter geschunden. Es war seltsam, so kalt zu reagieren. Es war mich hart angekommen, kein Mitgefühl zu haben. Jetzt war es leichter. Wir waren so schnell vorangekommen. Effizient. Ich war stolz darauf. Wir hatten alles bestens im Griff gehabt. Nicht schlecht! Es war ganz wider Erwarten leicht gewesen, ihn hinunterzulassen, besonders weil Joe die Sitze für mich ausgegraben hatte. Er hatte wirklich alles unter Kontrolle. Wenn das keine Selbstbeherrschung war! Ich hatte ihn nie gebeten, die Sitze zu graben, doch er machte einfach weiter. Ob ich das wohl auch getan hätte? Wer weiß.

Meine Hände wurden wieder starr. Vor dem Knoten wurden sie immer schlimm. Steif, wie Klauen. Das Seil lief glatt aus. Ich hatte dafür gesorgt, daß es sich nicht verhedderte. Die Vorstellung, Joe mit einer Hand zu halten und zu versuchen, mit der anderen ein verknäueltes und vereistes Seil zu entwirren, war unerträglich. Der Zug an meinen Gurten wurde stärker. Der Hang muß wieder steiler werden, dachte ich. Noch gut zwanzig Meter, bevor der Mittelknoten hinübergewechselt werden muß.

Ich erhöhte das Abstiegstempo. Ich wußte, daß es ihm weh tat. Als es hell gewesen war, konnte ich seine Schmerzen einen langen Weg mitverfolgen, aber wir waren hinuntergekommen. Es war nötig. Ein weiterer schwacher Ruf drang aus der Dunkelheit. Wieder ergoß sich ein sausender Strom von Pulverschnee über mich. Ich bückte mich tiefer in den Sitz und spürte, wie der Schnee sich setzte und leicht wegkrümelte. Die Sitze hielten eine Abwärtsfahrt aus, doch danach waren sie wirklich kurz vor dem Zusammenbrechen.

Plötzlich ruckte ich von der Körpermitte aus stark nach vorn und wurde beinahe aus dem Sitz gerissen. Ich warf mein Gewicht zurück, in den Schnee hinein, und stemmte die Beine fest gegen den plötzlichen Druck. Mein Gott, Joe ist abgestürzt! Langsam ließ ich das Seil zu einem Halt gleiten und versuchte dabei die Zugwirkung zu vermeiden, die ein abruptes Anhalten mit sich gebracht hätte. Der Druck blieb konstant. Meine Klettergurte schnitten in meine Hüften, und das Seil, das straff zwischen meinen gespreizten Beinen hindurch an mir zerrte, drohte mich durch den Boden des Sitzes hinunterzureißen.

Nach einer halben Stunde ließ ich das Seil wieder gleiten. Was auch immer es war, worüber Joe abstürzte, es hatte es ihm unmöglich gemacht, sein Gewicht vom Seil zu nehmen. Meine Beine waren gefühllos geworden, da der Druck auf meine Hüften die Blutzufuhr abschnitt. Ich versuchte, mir etwas anderes auszudenken, als ihn weiter hinunterzulassen. Nichts. Joe hatte nicht versucht, nach oben zurückzuklettern. Ich hatte kein Zittern im Seil verspürt, das mir verraten hätte, daß er etwas unternahm. Es gab keine Möglichkeit, ihn hochzuzerren. Der Sitz war bereits nur noch halb so groß wie ursprünglich; er hatte sich unter meinen Oberschenkeln ständig weiter aufgelöst. Ich konnte das Gewicht nicht mehr viel länger halten. Die steilen Abschnitte höher oben in der Wand waren weniger als fünfzehn Meter hoch gewesen. Ich stellte mir vor, daß er nach einer kurzen Strecke sein Gewicht vom Seil nehmen und eine Sicherung herstellen konnte. Ich hatte gar keine andere Wahl.

Während das Seil auslief, merkte ich, daß sich der Zug nicht verringerte. Joe hing noch immer im Freien. Über was zum Teufel ließ ich ihn da bloß hinunter?

Ich sah zum losen Seil hinab, das durch die Sicherungsplatte geführt wurde. Sechs Meter weiter unten entdeckte ich den Knoten, der unaufhörlich näher zu mir rückte. Ich begann zu fluchen und versuchte Joe zu beschwören, doch endlich auf etwas Solides zu treffen. Drei Meter vor dem Knoten hörte ich auf, ihn hinunterzulassen. Der Druck auf das Seil hatte sich nicht geändert.

Ich fuhr fort, mit den Füßen zu stampfen und versuchte den Einbruch des Sitzes aufzuhalten, aber es ging nicht. Ich fühlte die ersten Angstschauer. Wieder traf mich Schnee von hinten, brandete über und um mich. Meine Oberschenkel rutschten um ein Geringes nach unten. Die Lawine drückte mich nach vorn und füllte den Sitz hinter meinem Rücken auf. O Gott, es zieht mich heraus!

Dann hörte alles so abrupt auf, wie es angefangen hatte. Ich ließ das Seil weitere eineinhalb Meter gleiten und dachte hastig nach. Konnte ich es mit einer Hand unter dem Knoten halten und die Platte hinüberwechseln? Ich hob eine Hand vom Seil und starrte sie an. Sie ließ sich nicht einmal zu einer Faust ballen. Ich dachte daran, das Seil blockiert zu halten, indem ich es um meinen Oberschenkel wand und dann die Platte von meinen Gurten löste. Schnapsidee! Ich konnte Joes Gewicht nicht mit den bloßen Händen halten. Wenn ich die Platte löste, würden fünfundvierzig Meter freies Seil ungehindert durch meine Hände laufen, und dann würde es mich glatt aus dem Berg reißen.

Es war fast eine Stunde her, seit Joe über den Absturz gefallen war. Ich zitterte vor Kälte. Mein Griff am Seil wurde trotz meiner Anstrengungen immer schwächer. Das Seil schob sich *langsam hinunter, der Knoten drückte schon gegen meine rechte Faust. Ich kann es nicht halten, kann es nicht anhalten. Der Gedanke überwältigte mich. Schneerutsche, Wind und Kälte waren vergessen. Ich wurde hinausgezogen. Der Sitz bewegte sich unter mir, und Schnee rutschte an meinen Füßen vorbei weg. Ich rutschte ein paar Zentimeter mit. Als ich meine Füße tief in den Hang stampfte, hörte die Bewegung auf. Himmel! Ich mußte etwas tun.*

*Das Messer! Der Gedanke tauchte aus dem Nichts auf. Natürlich, das Messer. Mach schnell, los, hol es heraus.*

*Das Messer war in meinem Rucksack. Es dauerte eine Ewigkeit, die eine Hand loszulassen, den Träger über meine Schulter zu streifen und dasselbe mit der anderen Hand zu wiederholen. Ich klemmte das Seil über meinen Oberschenkel und hielt die Platte so stark, wie ich konnte, mit meiner rechten Hand fest. Während ich an den Verschlüssen des Rucksacks herumfingerte, konnte ich spüren, wie der Schnee langsam unter mir nachgab. Panik drohte mich zu überfluten. Ich tastete im Sack herum und suchte verzweifelt nach dem Messer. Meine Hand schloß sich um etwas Glattes und zog es heraus. Der rote Plastikgriff rutschte durch meinen Fausthandschuh, und beinahe hätte ich es fallen lassen. Ich legte es mir in den Schoß, bevor ich meinen Handschuh mit den Zähnen loszerrte. Ich hatte mich bereits entschieden. Mir blieb keine andere Wahl. Die Metallklinge klebte an meinen Lippen, als ich es mit den Zähnen öffnete.*

*Ich langte zum Seil hinunter und hielt dann inne. Das lose Seil! Zuerst das lose Seil zur Seite räumen, das sich um meinen Fuß wand! Wenn es sich verfing, würde es mich mit sich hinunterreißen. Ich räumte es sorgfältig auf eine Seite und prüfte, ob es ganz im Sitz und von der Sicherungsplatte weg lag. Wieder langte ich hinunter, doch diesmal führte ich die Klinge ans Seil.*

*Es brauchte keinen Druck. Das straffe Seil explodierte, sobald die Klinge es berührte, und ich flog rückwärts in den Sitz hinein, als die Zugspannung nachließ. Ich zitterte.*

*Als ich mich gegen den Schnee zurücklehnte, vernahm ich ein wütendes Hämmern in meiner Schläfe, während ich versuchte, meinen Atem zu beruhigen. Schnee zischte in einem Sturzbach über mich. Ich nahm keine Notiz davon, als er sich mir über Gesicht und Brust ergoß, in den offenen Reißverschluß am Hals spritzte und dann weiter, nach unten. Es kam immer mehr. Fegte über mich und hinunter, dem zerschnittenen Seil nach, auf Joe hinunter.*

*Ich lebte noch – das war das einzige, was ich in dem Moment denken konnte. Wo Joe war oder ob er noch lebte, beschäftigte mich während der langen Stille nach dem Schnitt nicht. Ich war von seinem Gewicht erlöst. Es blieben noch der Wind und die Lawinen.*

*Als ich mich endlich aufsetzte, fiel mir das lose Seil von den Hüften. Ein ausgefranstes Ende ragte aus der Sicherungsplatte hervor – er war weg. Hatte ich ihn getötet? Ich gab mir keine Antwort auf diese Frage, obwohl eine drängende, leise Stimme in mir insgeheim sagte, es sei so. Ich fühlte mich stumpf. Eisigkalt und im Schock einer lähmenden Stille starrte ich düster ins Schneegestöber unter mir. Ich hätte gerne gewußt, was wohl geschehen war. Ich verspürte keine Schuld, nicht einmal Kummer. Ich starrte auf den schwachen Strahl der Lampe, der durch den Schnee schnitt, und fühlte eine gespenstische Leere. Ich war versucht, nach ihm zu rufen, erstickte jedoch den Schrei. Niemand würde ihn hören. Da konnte ich sicher sein. Ich schlotterte im Wind, während mir die Kälte den Rücken hochkroch. Eine weitere Lawine fegte in der Dunkelheit über mich hinweg. Ich war allein und gefährlich unterkühlt in einer sturmgepeitschten Lawinenwand, und mir blieb nichts anderes übrig, als Joe bis zum Morgen zu vergessen.*

*Ich stand auf, drehte mich zum Hang und begann zu graben. Der Sicherungssitz war vom Pulver der Lawinen angefüllt. Bald war das Loch groß genug, daß ich halb vergraben im Hang liegen konnte und nur noch meine Beine dem Sturm* ausgesetzt waren. Ich grub automatisch, während sich meine Gedanken in quälende Auseinandersetzungen verstrickten und nicht zu beantwortende Fragen stellten, und dann hörte ich auf zu graben, lag still und dachte über die Nacht nach. Dann grub ich weiter. Alle paar Minuten schüttelte ich ein Gewirr von Gedanken von mir ab und machte mich wieder ans Graben, bis ich merkte, daß ich schon wenige Minuten später erneut abgeschweift war. Es dauerte eine lange Zeit, bis ich diese Höhle fertig hatte.

Es war eine verrückte Nacht. Es fühlte sich seltsam an, so kalt darüber nachzudenken, was geschehen war, als würde ich mich bewußt von den Geschehnissen distanzieren. Hie und da fragte ich mich, ob Joe noch am Leben war. Ich hatte keine Ahnung, worüber er abgestürzt war. Ich wußte, wie nahe wir am Fuß des Berges waren, daher bestand eine gewisse Hoffnung, daß er einen kurzen Sturz auf den Gletscher überlebt hatte, sich jetzt vielleicht sogar ebenfalls eine Schneehöhle grub. Doch etwas ließ mich denken, dies sei nicht der Fall, und ich konnte mich des dringenden Gefühls nicht erwehren, er müsse tot sein oder im Sterben liegen. Ich spürte, daß in den Pulverlawinen, die wie irr durch die schwarze Nacht unter meiner Schneehöhle wirbelten, etwas Schreckliches verborgen lag.

Als die Höhle fertig war, verkroch ich mich in meinen Schlafsack und versperrte den Eingang mit meinem Rucksack. Der Wind und die Lawinen, die über das Dach brausten, waren unhörbar, und so lag ich in der stillen Dunkelheit und versuchte zu schlafen, von endlosen Gedanken gemartert, die sich in einem Teufelskreis wie wahnsinnig um sich selbst drehten. An Schlaf war nicht zu denken. Ich versuchte, meinen Verstand zur Ruhe zu bringen, indem ich darauf zurückblickte, was ich getan hatte. Aber nach einer Weile hörte ich damit auf, weil es mir bloß gelungen war, die Tatsachen zu vergegenwärtigen, und diese waren so real, daß ich keine Schlüsse aus ihnen ziehen konnte. Ich wollte das, was ich getan hatte, in Frage stellen. Es schien mir notwendig, mich selbst anzuklagen und mir zu beweisen, daß ich im Unrecht gewesen war.

Das Ergebnis war noch schlimmer als das endlose Kreisen der Gedanken, das mich nochmals alles aufrollen ließ. Ich warf mir vor, ich sei selbstzufrieden. Im Grunde war ich froh, daß ich stark genug gewesen war, das Seil durchzuschneiden. Es war mir nichts anderes übriggeblieben, also hatte ich es hinter mich gebracht. Ich hatte es getan, und zwar gut. Scheiße! Das brauchte schon etwas! Viele Leute wären eher gestorben, als so weit zu gehen und so etwas zu tun! Ich war noch am Leben, weil ich bis zum allerletzten Moment alles im Griff gehabt hatte. Es war mit Überlegung ausgeführt worden. Ich hatte sogar vorsichtshalber innegehalten, um sicherzugehen, daß sich das Seil nicht verfing und mich hinunterzog. Deshalb also fühlte ich mich verdammt konfus! Ich sollte mich wohl schuldig fühlen! Tue ich aber nicht. Ich habe richtig gehandelt. Aber Joe …?

Schließlich döste ich ein, ein paar wenige zermürbende Stunden verloren im Schlaf, zwischen Stunden wachen Nachdenkens in einer dunklen, sturmgepeitschten Höhle. Nachdenken, weil mein Bewußtsein sich weigerte zu schlafen oder weil ich vor Anspannung, Angst und Bangen derart aufgeputscht war. Nachdenken – Joe ist tot, ich weiß, daß er tot ist! – in einer eintönigen Litanei. Und dann nicht mehr an ihn als an Joe denken, nur noch an das Gewicht, das so plötzlich und so heftig von meiner Mitte weg war, daß ich das alles gar nicht richtig begreifen konnte.

Während sich die Nacht dahinzog, sank ich in eine verwirrte Benommenheit, und Joe entschwand mir aus dem Sinn. Durst trat an seine Stelle. Bei jedem Aufwachen verlangte es mich immer dringlicher nach Wasser, bis es alle meine Gedanken ausfüllte. Meine Zunge fühlte sich trocken und geschwollen an. Sie klebte mir am Gaumen, und ich konnte mir noch so viel Schnee in den Mund stopfen, er löschte den Durst nicht. Es war beinahe vierundzwanzig Stunden her, seit ich etwas getrunken hatte. In dieser Zeit hätte ich mindestens eineinhalb Liter Flüssigkeit zu mir nehmen müssen, um die von der Höhe bewirkte Dehydration wettzumachen. Ich witterte das Wasser im Schnee rund um mich, und es machte mich halb wahnsinnig. So döste ich in einer erschöpften Betäubung vor mich hin, bis ich mit dem Verlangen nach Flüssigkeit abrupt wieder aufwachte.

Allmählich wurde es hell. Ich sah Spuren des Eispickels im Dach. Die Nacht war vorüber. Bei Tagesanbruch überlegte ich mir, was zu tun war. Ich wußte, daß ich es nicht schaffte. Es war einfach nicht richtig, daß ich es schaffte. Ich hatte alles genau erwogen. Das also war es, was mir jetzt zustoßen mußte. Ich hatte keine Angst mehr. Die nächtliche Furcht war mit dem Morgengrauen gewichen. Ich wußte, ich würde den Versuch wagen, und ich wußte auch, daß es mich umbringen würde, aber ich würde es durchstehen. Wenigstens blieb mir dabei ein letzter Rest Selbstachtung. Ich wollte mein Bestes geben. Es würde zwar nicht ausreichen, aber ich wollte es wenigstens versuchen.

Ich kleidete mich in einem feierlichen, sorgfältigen Zeremoniell an, wie ein Priester vor der Messe. Ich hatte es nicht eilig, mich an den Abstieg zu machen, da ich wußte, daß dies mein letzter Tag war. Ein Gefühl der Verdammnis erfüllte mich, und so bereitete ich mich auf diesen Tag vor, als sei ich Teil eines uralten, universellen Rituals, eines auf lange Sicht geplanten Rituals, das während der dunklen, von Gedanken zerrütteten Stunden, die hinter mir lagen, geboren worden war.

Ich befestigte den letzten Riemen meiner Steigeisen am Schuh und starrte dann still auf meine behandschuhten Hände. Die sorgfältige Vorbereitung hatte mich beruhigt. Meine Angst war geschwunden, ich war gefaßt. Ich fühlte mich kalt und hart. Die Nacht hatte mich gereinigt, hatte die Schuld und den Schmerz geläutert. Auch die Einsamkeit seit dem Schnitt war weg. Der Durst hatte nachgelassen. Ich war zum Letzten bereit.

Ich zertrümmerte das Dach der Höhle mit meinem Pickel und erhob mich in den blendenden Glanz eines vollkommenen

*Tages. Keine Lawinen, kein Wind. Schweigsame Eisgipfel glänzten weiß, und der Gletscher bog sich sanft zu den schwarzen Moränen über dem Basislager. Ich fühlte mich beobachtet. Etwas im Sichelrund der Gipfel blickte zu mir herunter und wartete. Ich trat aus dem Wrack der Höhle und begann hinunterzuklettern. Ich mußte sterben; ich wußte es, und sie wußten es auch.*

## 7. KAPITEL

## Schatten im Eis

Ich hing schlaff am Seil, kaum noch fähig, meinen Kopf hochzuhalten. Eine schreckliche Müdigkeit hatte mich ergriffen, und mit ihr eine glühende Hoffnung, daß dieses endlose Hängen bald vorbei war. Diese Tortur war unnötig. Ich wünschte von ganzem Herzen, daß sie ein Ende nahm.

Das Seil ruckte ein paar Zentimeter nach unten. Wie lange hältst du das noch aus, Simon? dachte ich. Wie lange, bevor du mir nachfolgst? Es war bald soweit. Ich konnte spüren, wie das Seil wieder zitterte. Es war so straff wie ein Kabel und erzählte mir die Wahrheit so gut wie jeder Anruf. So! Hier geht es zu Ende. Schade! Hoffentlich findet uns jemand und erfährt, daß wir die Westwand erklettert haben. Ich will nicht spurlos verschwinden. Keiner würde je wissen, daß wir es geschafft hatten.

Der Wind schwang mich in ein sanftes Kreisen. Ich blickte zu der Spalte unter mir, die auf mich wartete. Sie war groß. Mindestens sechs Meter breit. Ich schätzte, daß ich fünfzehn Meter über ihr hing. Sie erstreckte sich am Fuß der Eisklippe entlang. Unter mir war sie mit einem Dach aus Schnee bedeckt, doch nach rechts öffnete sie sich, und dort gähnte ein dunkler Abgrund. Bodenlos, dachte ich müßig. Nein. Sie sind nie bodenlos. Wie tief ich wohl fallen werde? Bis ganz unten ... bis zum Wasser auf dem Grund? O Gott! Hoffentlich nicht!

Noch ein Ruck. Über mir sägte das Seil durch den Klippenrand und löste Brocken krustigen Eises. Ich starrte es an, wie es sich in die Dunkelheit hoch erstreckte. Die Kälte hatte ihre Schlacht längst gewonnen. In meinen Armen und Beinen war kein Gefühl mehr. Alles wurde langsamer und milder. Gedanken wurden zu müßigen Fragen, die unbeantwortet blieben. Ich nahm es hin, daß ich sterben mußte. Es gab keine andere Möglichkeit. Es machte mir nicht fürchterlich angst. Ich war klamm vor Kälte und fühlte keine Schmerzen – so unempfindlich kalt, daß ich mich nur noch nach Schlaf sehnte und mich nicht um die Folgen kümmerte. Es würde ein traumloser Schlaf sein. Die Wirklichkeit war zum Alptraum geworden, und der Schlaf winkte mir eindringlich zu – ein schwarzes Loch, das mich rief, schmerzlos, zeitlos, wie der Tod.

Der Strahl meiner Lampe erstarb. Die Kälte hatte die Batterien getötet. Ich sah Sterne in einer dunklen Lücke über mir. Sterne oder Lichter in meinem Kopf. Der Sturm war vorüber. Es war gut, die Sterne zu sehen. Ich war froh, sie wiederzusehen. Alte Freunde kehren zurück. Sie schienen weit weg, weiter, als ich sie je zuvor gesehen hatte. Und hell. Man hätte sie für Edelsteine halten können, die in der Luft oben schwebten. Einige bewegten sich, kleine, blinkende Bewegungen, an und aus, an und aus, und ließen die hellsten Lichtfunken zu mir herunterschweben.

Dann machte sich das, worauf ich gewartet hatte, über mich her. Die Sterne gingen aus, und ich stürzte. Wie etwas lebendig Gewordenes peitschte das Seil ungestüm gegen mein Gesicht, und ich fiel still und endlos ins Nichts, als träumte ich nur vom Fallen. Ich fiel schnell, schneller als ein Gedanke, und mein Magen protestierte gegen diese sausende Geschwindigkeit. Ich fegte hinunter, und von weit oben sah ich mich fallen und fühlte nichts. Keine Gedanken, und alle Angst wie weggeblasen. So war das also!

Ein wummernder Aufprall auf meinen Rücken zerbrach den Traum, und der Schnee verschlang mich. Ich spürte kalte Nässe an meinen Wangen. Ich hielt nicht an, und einen jähen, blinden Moment lang hatte ich Angst. Jetzt, die Spalte! Ahhh … NEIN!!

Die Beschleunigung nahm mich wieder mit sich, barmherzig schnell, zu schnell für den Schrei, der über mir erstarb ...

Die weißesten Blitze zerbarsten in meinen Augen, als ein fürchterlicher Aufprall mich in die Stille jagte. Die Blitze dauerten fort und zerplatzten in meinen Augen zu elektrischen Funkengarben, während ich die Luft aus meinem Körper weichen hörte, ohne etwas davon zu verspüren. Schnee folgte nach, flockte auf mich herunter, und ich registrierte seine weichen Schläge von weit weg, hörte ihn auf ferne, körperlose Weise über mich kratzen. Etwas in meinem Kopf schien zu pochen und wieder zu schwinden, und die Blitze kamen jetzt weniger häufig. Der Schock hatte mich betäubt, so daß ich eine unermeßliche Zeit benommen dalag, kaum bewußt, was geschehen war. Wie im Traum hatte sich die Zeit verlangsamt, und ich schien reglos in der Luft zu hängen, ohne Unterlage, ohne Masse. Ich lag still, mit offenem Mund, mit offenen Augen, die ins Schwarze starrten, glaubte, sie seien geschlossen, nahm jede Empfindung, alle die pulsierenden Botschaften in meinem Körper wahr und tat nichts.

Ich konnte nicht atmen. Ich würgte. Nichts. Drückender Schmerz in meiner Brust. Würgen und krampfhaftes Schnappen nach Luft, mit zugeschnürter Kehle. Nichts. Ich verspürte ein vertrautes, dumpf tosendes Geräusch von Kieseln an einem Strand und entspannte mich. Ich schloß meine Augen und überließ mich grauen, verbleichenden Schatten. Meine Brust zuckte spasmodisch, wölbte sich dann hinaus, und das Tosen in meinem Kopf klärte sich plötzlich, als kalte Luft hereinströmte. Ich lebte.

Ein brennender, messerscharfer Schmerz griff von meinem Bein hoch. Es war unter mir eingeknickt. Mit wachsendem Brennen wurde das Gefühl, lebendig zu sein, zu einer Tatsache. Teufel auch! Ich konnte nicht tot sein und so etwas fühlen! Es brannte weiter, und ich lachte – lebendig! Ihr könnt mich alle! – und lachte, ein wirklich glückliches Lachen. Ich lachte durch das Brennen, lachte weiter wie irr und spürte, wie mir die Tränen das Gesicht hinunterrollten. Ich konnte nichts finden, was daran so verdammt lustig war, aber ich lachte trotzdem. Weinte und lachte in den höchsten Tönen, während etwas in mir drin sich glättete, etwas Verknotetes und Verknäueltes in meinen Eingeweiden, das sich in Lachen auflöste und verschwand.

Ich hörte abrupt auf zu lachen. Meine Brust zog sich zusammen, und die Spannung hielt mich wieder in ihrem Griff.

Was hat mich angehalten?

Ich konnte nichts sehen. Ich lag auf der Seite, seltsam verkrümmt. Vorsichtig tastend bewegte ich einen Arm im Halbkreis. Er berührte eine harte Wand. Eis! Es war die Wand der Spalte. Ich fuhr fort mit der Suche und spürte plötzlich, wie mein Arm ins Leere fiel. Da mußte ganz nahe bei mir ein Absturz sein. Ich unterdrückte den Drang, von ihm wegzurücken. Hinter mir spürte ich meine Beine gegen einen Schneehang liegen. Er fiel ebenfalls steil unter mir ab. Ich war auf einem Sims oder einer Brücke. Ich rutschte zwar nicht weg, aber ich wußte nicht, auf welche Seite ich rücken sollte, um mich in Sicherheit zu bringen. Mit dem Gesicht im Schnee versuchte ich, meine konfusen Vorstellungen zu einem Plan zusammenzufügen. Was sollte ich jetzt machen?

Einfach ruhig bleiben. So ist's richtig … *nicht bewegen!* … Ah!

Ich konnte nicht an mich halten. Der Schmerz in meinem Knie durchzuckte mich, heischte Bewegung. Ich mußte mein Gewicht vom Bein wegkriegen. Ich bewegte mich und rutschte weg. Jeder Muskel krallte sich in den Schnee hinunter – NICHT BEWEGEN!

*Der goldgebänderte Sarapo im frühen Abendlicht, vom Zelteingang aus gesehen.*

Abb. oben: *Der kupfergrüne See bei unserem Aufstieg zur Westwand.*
Abb. unten: *Sturmwolken verhüllen am Nachmittag die Gipfel über dem Strom von Moränen, der zum Gletscher führt.*

Abb. linke Seite:
Oben: *Joe (links) und Richard auf dem Marsch zum Basislager.*
Mitte links: *Norma und Gloria auf Besuch im Lager.* Mitte rechts: *Erholungspause im Lager vor dem Aufstieg.* Unten: *Quebrada Sarapococha, wo die Mädchen ihr Vieh hüten. Das Basislager ist links über die Moräne zu erreichen.*

Abb. oben: *Über Joe, der sich dem Gletscher nähert, ragt der Yerupaja auf.*
Abb. unten: *Die Westwand des Siula Grande. Die trügerische Eisklippe ist unter der Fallinie von Joes Rutschfahrten sichtbar.*

Abb. oben: *Joe beim Klettern durchs Eisfeld am ersten Tag.*
Abb. unten: *Joe an den Eisfällen, wenige Sekunden vor dem Steinschlag von der Felsklippe oben. Von den Gipfelwächten 600 Meter weiter oben fallen Eisstücke herunter.*

Abb. oben: *Joe folgt dem führenden Simon beim Ausstieg aus dem Eisfeld zu den Eisfällen hoch.*

Abb. rechte Seite: *Der Yerupaja, in Morgenlicht getaucht. Blick vom Innern der Schneehöhle beim Abstieg auf dem Nordgrat. Drei Stunden später brach das Unheil herein.*

Abb. oben: *Simon erreicht den spektakulären, unsicheren Gipfel des Siula Grande. Unterkühlt und mit Erfrierungserscheinungen ruht er sich auf dem Nordgrat in der zerbrechlichen Schneehöhle mit ihren hauchdünnen Wänden aus, die mühevoll in eine Pulverschneeriefe gegraben wurde.* Abb. unten: *Der goldgebänderte Sarapo im frühen Abendlicht, vom Zelteingang aus gesehen.*

*Blick auf die Moränen und den Gletscher unter dem Yerupaja. Der Siula Grande liegt rechts und ist nicht auf dem Bild. Joes Route (siehe Karte auf Seite 6/7) führt den Gletscher mit seinen Spalten hinunter, durch die Moränen an den Seen (vorne) vorbei zum Lager zurück.*

Abb. links: *Simon, fotografiert von Richard, nach seinem einsamen und qualvollen Abstieg aus dem Berg, im Glauben, Joe sei in der Spalte gestorben.*
Abb. unten: *Blick auf den Moränenstrom hinunter – Schlamm, Felsbrocken und schmutziges Geröll. Weder Insekten noch Vögel, nur Stille.*

Abb. rechte Seite:
*Simon (vorne) mustert besorgt den halb bewußtlos zu seinen Füßen liegenden Joe, während Spinoza und die Mädchen das Lager abbrechen*

Abb. oben: *Richard (links) marschiert neben Joe (auf dem Maulesel) zu Beginn des zweitägigen Rückwegs nach Cajatambo.*
Abb. unten: *Joe ruht sich erschöpft am zweiten Tag des qualvollen Mauleselritts aus.*

Die Bewegung wurde langsamer, hörte dann auf. Ich schnappte nach Luft, da ich den Atem zu lange angehalten hatte. Als ich meine Hand wieder ausstreckte, spürte ich, wie sie die harte Eiswand berührte. Dann tastete ich nach dem Eishammer, der an einer Kordel aus dünnem Seil befestigt und in meine Klettergurte eingehakt war. Ich fummelte im Dunkeln herum, fand die Leine straff von mir weglaufen, zog daran und brachte den Hammer aus dem Absturz vor mir hoch. Ich mußte eine Eisschraube in die Wand hämmern, ohne mich vom Sims zu stoßen, auf welchem ich lag.

Es erwies sich als schwieriger als erwartet. Sobald ich die letzte übrig gebliebene Schraube gefunden hatte, die an meinen Gurten befestigt war, mußte ich mich zur Wand hin umdrehen. Meine Augen hatten sich an die Dunkelheit gewöhnt. Sternenlicht und der Mond, die durch mein Eintrittsloch im Dach oben schimmerten, gaben mir genug Licht, um die Abgründe zu beiden Seiten zu sehen. Ich konnte grauschattige Eiswände erkennen und die tiefe Schwärze der Abstürze – zu tief, als daß Licht in sie dringen konnte. Als ich die Schraube ins Eis zu hämmern begann, versuchte ich die schwarze Leere unter meiner Schulter wegzudenken. Die Hammerschläge hallten rundum in den Eiswänden wider, und von tief unter mir, aus den Tiefen der Schwärze an meiner Schulter, hörte ich ein zweites und drittes Echo hochtreiben. Mich schauderte. Der schwarze Raum barg unsägliche Schrecken. Ich schlug auf die Schraube und spürte meinen Körper mit jedem Schlag seitwärts gleiten. Als sie bis zum Anschlag eingetrieben war, klinkte ich einen Karabiner durch die Öse und suchte eiligst nach dem Seil an meiner Mitte. Die schwarze Leere drohte, und mein Magen preßte sich krampfartig zusammen.

Ich zog mich in eine halb sitzende Stellung nahe an der

Wand hoch, das Gesicht dem linken Absturz zugewandt. Meine Beine rutschten immer wieder auf dem Schnee weg, so daß ich mich ständig zur Wand zurückschieben mußte. Ich wagte nicht, die Eisschraube mehr als ein paar Sekunden loszulassen, doch meine Finger brauchten einiges länger, um den Knoten zu knüpfen. Jedesmal wenn ich den Knoten verpfuschte, fluchte ich bitter und versuchte es fieberhaft aufs neue. Ich konnte das Seil nicht sehen, und obwohl ich normalerweise den Knoten blind knüpfen konnte, war ich jetzt durch die erfrorenen Hände behindert. Ich spürte das Seil nicht gut genug, um es zurückzufädeln und einen Knoten zu schlingen. Nach sechs Versuchen stand ich kurz vor den Tränen. Ich ließ das Seil fallen. Als ich nach ihm griff, glitt ich vorwärts gegen den Absturz. Ich warf mich zurück und scharrte wild an der Wand nach der Schraube. Mein Fausthandschuh rutschte quer über die Wand. Ich begann nach rückwärts zu fallen. Ich krallte mich ans Eis, versuchte, meine Finger durch die Fäustlinge greifen zu lassen und spürte dann, wie die Schraube gegen meine Hand schlug. Meine Finger schlossen sich um sie, und der Fall hörte auf. Ich blieb reglos liegen und starrte in das schwarze Loch vor mir.

Nach mehreren fruchtlosen Versuchen merkte ich plötzlich, daß ich doch so etwas wie einen Knoten geknüpft hatte. Ich hielt ihn nahe an mein Gesicht und blickte durch ihn hindurch zu dem matten Licht hoch, welches durch das Eintrittsloch im Dach schimmerte. Ich konnte den Bauch des Knotens sehen und die Schlaufe, die zu schlingen ich mich so abgemüht hatte. Ich gluckste aufgeregt, war auf lächerlichste Weise zufrieden mit mir, klinkte sie an die Eisschraube und lächelte töricht in die Dunkelheit. Ich war sicher vor den schwarzen Räumen.

Ich entspannte mich im tröstlich straffen Seil und blickte zu dem kleinen Loch im Dach hoch. Der Himmel war wolkenlos und von Sternen übersät, und das Mondlicht fügte ihrem hellen Gefunkel seinen Glanz hinzu. Die angestaute Spannung in meinem Magen floß von mir ab. Zum erstenmal seit vielen Stunden begann ich meinem Verstand wieder zu befehlen, normal zu denken. Ich bin bloß – Moment mal … fünfzehn Meter in dieser Spalte unten. Sie ist geschützt. Ich kann am Morgen da raus, wenn ich auf Simon warte …

»SIMON!?«

Ich sprach seinen Namen mit bestürzter Stimme laut aus. Das Wort echote sanft zurück. Es war mir nicht in den Sinn gekommen, daß er tot sein könnte, und als ich daran dachte, was passiert war, traf mich die Ungeheuerlichkeit des Geschehens wie ein Schlag. Tot? Ich konnte ihn mir nicht tot vorstellen, *nicht jetzt … nicht, nachdem ich überlebt habe*. Die frostige Stille der Spalte überfiel mich, ein Hauch von Gräbern, ein Platz für das Leblose, Kalte und Unpersönliche. Noch niemand war je hier gewesen. Simon tot? Unmöglich. Ich hätte ihn gehört, hätte ihn über die Klippe kommen sehen. Er wäre am Seil gewesen oder hier heruntergekommen.

Ich begann wieder zu kichern. Obwohl ich mir alle Mühe gab, ließ es sich nicht unterdrücken, und die Echos prallten von den Eiswänden auf mich zurück und klangen übergeschnappt und manisch. Es kam so weit, daß ich nicht mehr ausfindig machen konnte, ob ich lachte oder schluchzte. Die Geräusche, die aus der Dunkelheit zurückkehrten, waren verzerrt und unmenschlich, keckernde Echos, die um mich hochrollten. Ich kicherte weiter, lauschte, kicherte noch mal, und einen Moment lang vergaß ich Simon und die Spalte, ja sogar mein Bein. Ich saß da, gegen die Eiswand gekrümmt, lachte konvulsiv und zitterte. Es war die Kälte. Ein Teil von mir erkannte dies. Eine ruhige, rationale Stimme in meinem Kopf sagte mir, es komme von der Kälte und dem Schock. Was sonst noch in mir war, wurde langsam, aber sicher verrückt, während diese ruhige Stimme mir schilderte, was vorging, und mich mit dem Eindruck zurückließ, als sei ich in zwei Teile gespalten – die eine Hälfte lachte, die andere sah mit emotionsloser Objektivität zu. Nach einer Weile merkte ich, daß alles aufgehört hatte und ich wieder eins war. Vom Zittern war mir wieder etwas wärmer geworden, und das Adrenalin vom Sturz war weg.

Ich suchte in meinem Rucksack nach der Ersatzbatterie für die Lampe, die ich dort wußte. Nachdem ich sie eingepaßt hatte, knipste ich den Lichtstrahl an und blickte in den schwarzen Raum zu meiner Seite. Der helle, neue Strahl schnitt durch die Schwärze hinunter und beleuchtete Eiswände, die in Tiefen hinab wegtanzten, welche meine Lampe nicht erreichen konnte. Das Eis fing das Licht auf, so daß es in blauem, silbernem und grünem Widerschein glänzte, und ich konnte kleine, in die Oberfläche eingefrorene Felsbrocken sehen, die die Wände in regelmäßigem Abstand punkteten. Sie glitzerten naß, als ich den Strahl die glatten, ausgewellten Vertiefungen hinunterstreichen ließ. Ich schluckte nervös. Im Licht konnte ich dreißig Meter hinunter ins Leere sehen. Die Wände lagen sechs Meter auseinander und schienen kein bißchen enger zu werden. Ich konnte nur mutmaßen, welche Abgründe die Schwärze hinter meinem Lichtkegel verbarg. Vor mir ragte die gegenüberliegende Wand der Spalte in einem Gewirr zerbrochener Eisblöcke auf, die sich fünfzehn Meter über mir hinüberwölbten und ein Dach bildeten. Der Hang zu meiner Rechten fiel knapp zehn Meter steil ab und verschwand darauf. Dahinter lag ein Absturz in die Finsternis.

Die Dunkelheit hinter dem Lichtstrahl nahm meine Aufmerksamkeit gefangen. Ich konnte erahnen, was sie versteckte, und es jagte mir Angst ein. Ich fühlte mich in der Falle und sah mich schnell nach irgendeiner Bruchstelle in den Wänden um. Es gab keine. Wo der Strahl nicht von der undurchdringlichen Schwärze der Löcher zu beiden Seiten verschluckt wurde, ließ Eis von harten, blanken Wänden Licht zurückblitzen. Das Dach bedeckte rechts von mir die Spalte, fiel links in einem gefrorenen, chaotischen Wirrwarr hinab und versperrte mir die Sicht auf ihr offenes Ende. Ich war in einer riesengroßen Kaverne aus Schnee und Eis. Nur das kleine, schwarze Loch über mir, durch welches mir Sternenlicht zublinzelte, ließ eine andere Welt erahnen, und sofern ich die Eisblöcke nicht erkletterte, war sie ebenso unerreichbar wie die Sterne.

Ich machte die Lampe aus, um die Batterien zu schonen. Die Dunkelheit schien bedrückender als je zuvor. Zu entdecken, wo hinein ich da gestürzt war, hatte mir keine Klarheit gebracht. Ich war allein. Die stumme Leere und die Dunkelheit und das Loch voller Sterne weit oben verhöhnten meine Fluchtgedanken. Ich konnte nur an Simon denken. Er war meine einzige Rettung, doch irgendwie war ich überzeugt, daß er, falls er nicht selbst tot war, glauben mußte, ich sei es. Ich rief seinen Namen, so laut ich konnte, und der Klang sprang auf mich zurück und verhallte in ersterbenden Echos in den Höhlen unter mir. Der Klang würde nie durch die Wände aus Schnee und Eis dringen, nie gehört werden. Das Dach war fünfzehn Meter über mir; am Seil hatte ich mindestens fünfzehn Meter über dem Dach gehangen; Simon würde die riesige, offene Seite der Spalte und die Klippe darüber sehen, und er würde sogleich wissen, daß ich tot war. Niemand kann einen solchen Sturz überleben. Genau so würde er denken. Ich wußte es. Ich würde dasselbe denken, wenn ich an seiner Stelle wäre. Er würde das endlose schwarze Loch sehen und wissen, daß ich darin gestorben war. Die Ironie, dreißig Meter abzustürzen und unversehrt zu überleben, war beinahe unerträglich.

Ich fluchte bitterlich, und die Echos aus der Dunkelheit ließen auch dies zu einer sinnlosen Gebärde werden. Ich fluchte noch mal und fluchte und fluchte, füllte die Kammer mit wütenden Obszönitäten, die mich in Echos zurück verfluchten. Ich schrie alle Enttäuschung und Wut hinaus, bis meine Kehle ausgetrocknet war und ich nicht mehr brüllen konnte. Als ich still war, versuchte ich mir vorzustellen, was wohl geschehen würde. Wenn er hineinschaut, wird er mich sehen. Er könnte mich sogar hören. Vielleicht hat er mich gerade vorhin gehört. Er wird nicht weggehen, bis er ganz sicher ist. Wie willst du denn wissen, ob er nicht schon tot ist? Ist er mit mir abgestürzt? Finde es heraus ... ziehe am Seil!

Ich zupfte an dem losen Seil. Es bewegte sich leicht. Als ich meine Lampe anknipste, bemerkte ich, daß es vom Loch im Dach herunterhing. Es hing in einem weichen Bogen herab. Ich zog nochmals, und weicher Schnee flockte auf mich herab. Ich zog gleichmäßig, und dabei wurde ich ganz aufgeregt. Dies war eine Fluchtmöglichkeit! Ich wartete, bis das Seil straff wurde. Ich wollte, daß es straff wurde. Es bewegte sich immer noch leicht. Es war seltsam, sich zu wünschen, daß das Gewicht von Simons Körper ans Seil kam, doch ich hatte unvermutet einen Ausweg gefunden, und es bedeutete mir nichts anderes. Wenn Simon abgestürzt wäre, hätte es ihn hinausgefegt, weg von der Spalte. Also mußte er auf den Hang geprallt sein und dort angehalten haben. Er war tot. Nach einem solchen Sturz mußte er es ja wohl sein. Wenn das Seil straff wird, kann ich mit Prusikschlingen daran hoch. Sein Körper wird es solide verankern. Genau. Das ist es ...

Ich sah das Seil herunterschnellen und meine Hoffnungen verfliegen. Ich zog das schlaffe Seil zu mir her und starrte auf das ausgefranste Ende. Abgeschnitten! Ich konnte meine Augen nicht abwenden. Weiße und rosa Nylonfasern fächerten vom Seilende aus. Vermutlich hatte ich es die ganze Zeit gewußt. Es war der reine Wahnsinn. Verrückt, daran geglaubt zu haben, aber alles schien darauf hinauszulaufen. Ich sollte hier nicht lebendig herauskommen. Verdammt noch mal! Ich hätte nicht einmal so weit kommen sollen. Hätte er mich doch auf dem Grat zurückgelassen! Es hätte mir so viel erspart … Und nach alledem werde ich hier sterben. Wieso mich noch weiter anstrengen?

Ich machte die Lampe aus und schluchzte still in der Dunkelheit. Ich fühlte mich überwältigt. Ich brach in Tränen aus, dazwischen lauschte ich, wie die kindlichen Töne unter mir verklangen, dann weinte ich von neuem.

Es war kalt, als ich erwachte. Ich tauchte langsam aus einer gähnenden Leere hoch und wunderte mich, wo ich war. Unversehens hatte mich der Schlaf übermannt. Ich war erschrocken. Die Kälte hatte mich geweckt. Das war ein gutes Zeichen. Sie hätte mich ebenso leicht holen können. Ich fühlte mich ruhig. Es sollte also hier in der Spalte ein Ende nehmen. Vielleicht hatte ich schon immer gewußt, daß es so enden würde. Ich war froh, daß ich es so ruhig hinnehmen konnte. All das Geschluchze und Geschrei war zuviel gewesen. Hinnahme schien besser. Auf diese Weise gab es kein Trauma. Ich war mir jetzt sicher, das Simon mich tot glauben und hier zurücklassen würde. Es überraschte mich nicht. Im Gegenteil, es machte alles viel einfacher. Etwas fiel weg, um das ich mich nicht mehr sorgen mußte. Ich nahm an, daß es wohl ein paar Tage brauchte, bis ich starb. Schließlich kam ich darauf, daß es drei Tage dauern würde. In der Spalte war ich geschützt, und mit meinem Schlafsack konnte ich ohne weiteres ein paar Tage überleben. Ich versuchte mir vorzustellen, wie lange sie mir erscheinen würde, diese lange, lange Periode von Zwielicht und von Dunkelheit, während ich aus erschöpftem Schlaf ins Halbbewußtsein wegdämmerte. Die letzte Hälfte dann vielleicht traumloser Schlaf, ein ruhiges Verebben. Ich malte mir das Ende sorgfältig aus. So hatte ich es mir nie vorgestellt. Es schien ziemlich gemein. Ich hatte keinen Ruhmesglanz erwartet, wenn es einmal eintreffen würde, mir aber auch nicht so etwas wie dieses langsame, erbärmliche Versinken ins Nichts vorgestellt. So wollte ich es nicht haben.

Ich setzte mich auf und machte die Lampe an. Als ich die Wand über der Eisschraube hochschaute, kam mir der Gedanke, es müsse doch möglich sein, da hinauszuklettern. Im Innersten wußte ich, daß es unmöglich war, aber ich klammerte mich an den Strohhalm. Wenigstens war es rasch vorbei, wenn ich abstürzte. Als ich zu der schwarzen Leere auf beiden Seiten blickte, ließ mich mein Tatendrang im Stich. Die Eisbrücke schien auf einmal höllisch prekär. Ich befestigte einen Prusikknoten ans Seil über der Schraube. So würde ich beim Klettern noch an der Schraube hängen. Ich konnte loses Seil durch den Prusik geben, und wenn ich abstürzte, zog er sich vielleicht zusammen und bremste mich. Ich wußte, daß er wahrscheinlich reißen würde, doch ich hatte nicht die Nerven, unangeseilt zu klettern.

Eine Stunde später gab ich den Versuch auf. Ich hatte viermal angesetzt, die senkrechte Eiswand hochzuklettern. Nur einmal war es mir gelungen, überhaupt vom Sims freizukommen. Ich hatte beide Pickel über mir eingehauen und zog mich daran hoch. Nachdem ich die Steigeisen meines linken Schuhs in die Wand getreten hatte, langte ich wieder mit einem Pickel hoch, doch noch bevor ich oben gegen das Eis ausholen konnte, brachen die Zacken meiner Steigeisen aus. Ich rutschte ab und hing schwer an meinem Eishammer. Er riß aus dem Eis aus, und ich fiel auf die Schneebrücke zurück, wobei mein verletztes Bein qualvoll unter mir einknickte. Ich schrie auf und wand mich, um es zu befreien. Dann lag ich ruhig und wartete, bis der Schmerz nachließ. Ich würde es nicht noch einmal versuchen.

Ich setzte mich auf meinen Rucksack, machte die Lampe aus und sackte ins Seil, das ich wieder an der Eisschraube festgebunden hatte. Ich konnte meine Beine im Dämmerlicht sehen. Es dauerte eine Weile, bevor ich erkannte, was das bedeutete. Ich blickte zu dem trüben Lichtfleck im Dach hoch und sah dann auf meine Uhr. Es war fünf Uhr. In einer Stunde war es taghell. Simon würde die Klippe herunterkommen, sobald es hell war. Ich war sieben Stunden lang allein in der Dunkelheit gewesen und hatte bis jetzt gar nicht wahrgenommen, wie demoralisierend sich das Fehlen von Licht auf mich ausgewirkt hatte. Laut rief ich Simons Namen. Er hallte um mich herum wider, und ich rief nochmals. Ich würde regelmäßig rufen, bis er mich hörte oder bis ich sicher war, daß er weg war.

Viel, viel später hörte ich auf zu rufen. Er war weg. Ich hatte es gewußt, und ich wußte auch, daß er nicht zurückkehren würde. Ich war tot. Es gab nicht den geringsten Grund für ihn, zurückzukommen. Ich zog meine Faust- und Innenhandschuhe aus und überprüfte meine Finger. Zwei schwärzliche Finger an jeder Hand, dazu ein bläulicher Daumen. Ich ballte sie zu Fäusten und versuchte sie hart zusammenzupressen, konnte jedoch den Druck nicht spüren. Es war nicht so schlimm, wie ich gedacht hatte. Sonnenlicht strömte durch das Loch im Dach. Ich blickte auf den Abgrund zu meiner Linken. Ich konnte tiefer hineinsehen, aber nichts deutete darauf hin, daß er sich verengte. Er verblaßte einfach zu dunklen Schatten, weit, weit unten. Zu meiner Rechten neigte sich der Hang zu dem Absturz hinunter, den ich in der Nacht gesehen hatte. Weit weg rechts davon sprühte Sonnenlicht gegen die Rückwand der Spalte.

Ich zupfte abwesend an dem ausgefransten Ende des Seils

und versuchte zu einem Entschluß zu kommen. Ich wußte jetzt, daß ich nicht bereit war, eine weitere Nacht auf dem Sims zu verbringen. Diesen Wahnsinn wollte ich nicht noch einmal durchmachen, doch ich schreckte davor zurück, das einzige zu tun, was mir noch übrigblieb. Für so eine Entscheidung war ich noch nicht reif. Unentschieden nahm ich ein paar Seilschlingen in die Hand und warf dann das Seil nach rechts hinunter. Es flog sauber ins Leere hinaus und ringelte sich über dem Absturz, bevor es außer Sicht fiel. Mit einem Ruck straffte es sich. Ich klinkte meine Sitzschlinge ans Seil und legte mich auf die Seite.

Ich zögerte und blickte zu der Eisschraube, die in der Wand versenkt war. Sie würde unter meinem Gewicht nicht ausreißen. Die Prusikschlinge hing nutzlos gleich unter der Schraube. Ich dachte, daß ich sie besser mitnehmen sollte. Wenn das Seil am Ende ins Leere hing, würde ich ohne sie nicht wieder auf den Sims zurückgelangen können. Ich ließ mich vom Sims gleiten und beobachtete, wie die Prusikschlinge kleiner wurde, während ich mich den Hang hinunter zum Absturz abseilte. Wenn dort unten nichts war, dann wollte ich nicht mehr zurückkommen.

## 8. KAPITEL

## Ein stummer Zeuge

Während ich abstieg, begann das Gefühl einer drohenden Gefahr überhandzunehmen. Im Gegensatz zu der wild-wütenden Nacht zuvor war es jetzt aufreizend ruhig. Ich erwartete, daß eine Lawine herunterzischte, doch nichts regte sich. Nicht der leiseste Windhauch, der den Pulver in der Wand hochgewirbelt hätte, und selbst der Schnee, den meine Fußtritte wegtraten, glitt ruhig hinunter. Es war, als hielten die Berge den Atem an und warteten auf einen weiteren Tod. Joe war tot. Die Stille besagte alles. Aber mußten sie mich ebenfalls holen?

Es war warm in der Sonne. Die Wand fing ihr grelles Flimmern in der riesigen, weißen Schüssel über mir auf. Dort oben, Hunderte von Metern über mir, schimmerte der Schnee in der Hitze. Erst gestern waren wir dort oben gewesen, doch es gab keine Spuren mehr von uns. Die Nacht hatte den Berg reingefegt, und er flirrte sanft im Hitzedunst. Ich hatte einen trockenen, faulen Geschmack im Mund. Dehydration, klar. Oder eine aufsteigende dumpfe Bitterkeit. Ich starrte auf den Berg, der sich über mir erhob. Leer. So etwas Sinnloses, was wir da getan hatten – ihn hochklettern, hinüber und wieder hinunter. Wie dumm! Er sah vollkommen aus. So rein und unberührt. Wir hatten nichts an ihm verändert. Er war schön, ja makellos, doch er ließ mich leer zurück. Ich war zu lange auf ihm gewesen, und er hatte mir alles genommen.

Ich fuhr mit dem Abstieg fort, trat mit methodischer Präzision hinunter. Ich hätte mich beeilen können, doch irgendwie schien es mir zwecklos. Die windstille Ruhe schloß sich über mir. Der Gletscher unter meinen Füßen, eingefaßt von Eisgipfeln, blieb stumm, ließ keine gedämpften Eiseinbrüche oder Spalten vernehmen, die aufbrachen. Bedrückt von der unnatürlichen

*Ruhe stieg ich weiter ab und spürte, wie eine leise Aura mich begleitete. Sollte sie ruhig warten! Ich wollte diese Angelegenheit in Ruhe und Würde erledigen. Das Gefühl der Bedrohung wurde bedrückender, während ich vorsichtig den Rückzug antrat.*

*Schneekrusten schlitterten hurtig über einen Absturz unter mir. Ich stand am Rand einer Eisklippe. Ich lehnte mich aus dem Hang hinaus und spähte mindestens dreißig Meter über die Klippe in die Tiefe. Ich hob meine Augen etwas und suchte den Gletscher direkt unter der Klippe nach einem Lebenszeichen ab. Da war nichts. Nicht das geringste Anzeichen eines Schneelochs. Da ist er also hinausgestürzt! Mein Gott! Warum ausgerechnet so etwas hier? Wir hatten nichts davon gewußt. Der schreckliche Verdacht, den ich während der Nacht gehegt hatte, hatte sich bewahrheitet. Joe war tot.*

*Ich starrte in stillem Schock auf den Gletscher hinab. Zwar hatte ich das Schlimmste befürchtet, aber nie erwartet, so etwas vorzufinden. Ich hatte mir eine kleine, senkrechte Wand ausgemalt, vielleicht sogar einen Felsvorsprung, aber nicht diese turmhohe Eisklippe. Ich blickte zurück in die Wand und verfolgte mit den Augen unsere schnurgerade, lotrechte Abstiegslinie bis hinunter, wo ich jetzt stand. Ich fühlte mich betrogen. Genau die Methode, mit der es uns vorerst gelungen war, uns zu retten, war uns zum Verhängnis geworden. Ich erinnerte mich an die wachsende Erregung, die ich verspürt hatte, während wir so leicht den Berg hinunter vorangekommen waren. Ich war stolz auf unsere Leistung gewesen. Es hatte alles so gut geklappt – und all die Schmerzen von Joe, all sein Graben, sein Kämpfen hatten bloß das unvermeidliche Ende an der Klippe beschleunigt. Zur Seite hinüber konnte ich die ursprünglich vorgesehene Abstiegsroute erkennen, die diagonal nach links abfiel, weg von der Klippe. Als wir uns für diese Route entschlossen hatten, war uns die Eisklippe rechts davon gar nicht aufgefallen – wir hatten nie in Betracht gezogen, in gerader Linie hinunterzusteigen.*

*Ich drehte mich vom Absturz weg und starrte blind zum Gip-*

*fel vor mir hoch. Diese Grausamkeit widerte mich an. Es war, als ob etwas Absichtsvolles dahintersteckte, etwas von einer ge- langweilten und bösen Macht Vorherbestimmtes. Die Anstren- gungen des ganzen Tages und das Chaos in der stürmischen Nacht waren umsonst gewesen. Wie närrisch von uns zu denken, wir seien gerissen genug, um ungestraft davonzukommen! Uns die ganze Zeit abzuplacken, bloß um dann ein Seil durchzu- schneiden. Ich lachte. Der kurze, bittere Hall klang laut durch die Stille. Es sollte wohl ein Witz sein! Auf eine grausig makabre Weise war es wirklich komisch, doch der Spaß ging auf meine Kosten. Nein, nur zum Teil!*

*Mit dem Gesicht zum Schneehang begann ich über dem Randwulst der Klippe zu queren. Mein Fatalismus war fort. Zorn und Groll traten an seine Stelle, und mit dieser bitteren Wut verschwand meine Lethargie. Die Resignation war wie weggewischt. Obwohl ich mich schwach und ausgelaugt fühlte, war ich jetzt fest entschlossen, lebendig aus dem Berg zu kom- men. Er würde mich nicht auch noch erwischen.*

*Dann und wann blickte ich über den Klippenrand. Je weiter ich nach rechts rückte, desto weniger hoch wurde die Klippe, da- für wurde der Hang, über welchen ich kletterte, zusehends steiler und gefährlicher. Schließlich verschmolz er mit der Klippen- wand, und der weiche Schnee machte hartem Wassereis Platz, aus welchem hier und dort zerborstene Felsbrocken herausrag- ten. Ich begann einen Diagonalabstieg vorzunehmen. Ich beweg- te mich sehr langsam. Die Kletterei war technisch anspruchsvoll, daher fand ich mich bald völlig auf mein Tun konzentriert, und die Emotionen von vorher waren vergessen.*

*Nachdem ich fünfzehn Meter abgestiegen war, kam ich zu einem Felsen, der im Eis festgefroren war. Ich stand auf den Spit- zen meiner Steigeisen auf siebzig Grad geneigtem Eis, das mit jedem Schritt, den ich abstieg, härter und brüchiger wurde. Bei näherer Betrachtung bemerkte ich, daß ich auf einem Teil eines Felsvorsprungs stand, der sich unter dem Eis herauswölbte. Ein*

Blick hinunter zeigte mir, daß das Eis rasch dünner wurde, und gräuliche Schatten verrieten nur wenige Fingerbreit unter der Oberfläche den Fels. Ich hämmerte einen Kletterhaken in einen Riß im Gestein und klinkte mich daran ein.

Die Vorbereitungen zum Abseilen waren umständlich. Das Seil war vom Sturz noch immer gefroren, und meine gefühllosen Finger schienen sich zu weigern, den Knoten für mich zu knüpfen. Als es soweit war, warf ich das Seil ins Freie hinaus. Es hing vom Haken, fiel über die Steilwand ab und reichte bis zu den leichten Hängen fünfundvierzig Meter unter mir. Ich befestigte meine Sicherungsplatte ans Seil, klinkte mich zum Haken los und seilte mich langsam über den eisbedeckten Felsvorsprung ab.

Während ich am Seil hinunterglitt, gab sich die Eisklippe allmählich zu erkennen. Sie erstreckte sich links von mir in einer riesigen, kuppelförmig gewölbten Wand weg. Oben an der Kuppel sah ich die Stelle, wo sich letzte Nacht unser Seil tief in den Rand eingeschnitten hatte. Sie bildete den höchsten Punkt der Klippe. Ihre Stirnseite war überhängend. Eine Wand aus weißem Schnee-Eis ragte drohend aus dem Berg, und je weiter ich mich abseilte, desto furchteinflößender wurde sie, bis sie über mir zu hängen schien, obwohl ich mich in Wahrheit ein gutes Stück rechts von ihr befand. Ich starrte sie gebannt an. Sie war riesig, und ich konnte mich nur wundern, daß wir sie nie zuvor bemerkt hatten. Als wir uns dem Berg genähert hatten, waren wir direkt unter ihr über den Gletscher marschiert.

Erst als ich eine halbe Seillänge abgestiegen war, sah ich hinunter und erblickte die Spalte. Ich klemmte die Sicherungsplatte fest und hielt abrupt an. Ich starrte auf die endlose schwarze Tiefe am Fuß der Klippe und schauderte vor Schreck. Joe war mit Sicherheit in die Spalte gestürzt. Ich war entsetzt. Die Vorstellung, in diese monströse Schwärze zu fallen, die unter mir gähnte, ließ mich das Seil fest umklammern. Ich schloß die Augen und drückte meine Stirn gegen das straffe Seil.

Einen Moment lang wurde mir übel. Schuldgefühle und ein

Grausen durchfluteten mich. Es war, als hätte ich in dieser Minute das Seil durchgeschnitten. Ich hätte ihm ebensogut eine Pistole an den Kopf drücken und ihn erschießen können. Als ich meine Augen öffnete, brachte ich es nicht über mich, zur Spalte hinunterzublicken, und starrte hoffnungslos auf das felsbeschattete Eis vor mir. Jetzt, wo ich praktisch aus dem Berg war und mein eigenes Überleben gesichert schien, traf mich das, was wir durchgemacht hatten, mit voller Wucht. Doch unter der warmen und friedvollen Sonne erschienen die Geschehnisse der vergangenen Nacht schon so weit entfernt, daß ich ihre Schrecken kaum glauben konnte. Alles war so ganz anders. Fast hätte ich gewünscht, es sei noch ebenso schlimm. Wenigstens hätte ich gegen etwas ankämpfen können, hätte Gründe gehabt, mein Überleben und sein Ende zu rechtfertigen. So wie es jetzt stand, blieb mir nur die nackte Schwärze der Spalte, die mich anklagte. Ich hatte mich noch nie so erbärmlich allein gefühlt. Ich konnte ja nur verlieren. Langsam begann ich den Grund für mein schreckliches Gefühl der Verdammnis in der Schneehöhle zu verstehen. Hätte ich das Seil nicht durchgeschnitten, wäre ich mit Sicherheit gestorben – ein Blick auf die Klippe genügte, um zu wissen, daß ich einen solchen Sturz nie überlebt hätte. Doch nun, nachdem ich mich gerettet hatte, konnte ich heimgehen und den Leuten eine Geschichte erzählen, die mir wohl nur die wenigsten abnehmen würden. Niemand schneidet das Seil durch! Es konnte nie derart schlimm gestanden haben! Warum hast du denn nicht dies getan oder jenes versucht? Ich konnte sie schon hören, alle die Fragen, und den Zweifel in den Augen lesen, selbst bei denen, die mir meine Geschichte glaubten. Wie grotesk das war, und wie grausam! Von dem Augenblick an, wo er sich ein Bein gebrochen hatte, hatte ich auf einen Verlierer gesetzt, daran gab es nichts zu rütteln.

Ich versuchte, diese nutzlosen Gedanken abzuschütteln, indem ich mich weiter abseilte, in die Spalte hineinstarrte und sie verzweifelt nach irgendeinem Lebenszeichen absuchte. Es mußte eins geben! Als ich ihr näher kam, wurde sie breiter, und die Tiefen gewannen an Perspektive und ragten noch tiefer hinunter. Ich starrte in ihren Schlund, doch meine flüchtigen Hoffnungen verblaßten mit jedem zurückgelegten Schritt. Niemand konnte einen Sturz in solche Tiefen überleben, und selbst wenn Joe noch gelebt hätte, hätte ich nichts für ihn tun können. Es gab weder hier noch im Lager unten genug Seil, um so tief hinunterzugelangen, und ich wußte auch, daß ich nicht mehr genug Kraft hätte. Es wäre völlig aussichtslos, in die Spalte hinabzusteigen, und ich war nicht mehr bereit, solche Risiken einzugehen. Ich hatte genug vom Sterben mitgekriegt.

»JOE!«

Ich schrie, doch der Schrei echote aus der Schwärze zurück und verhöhnte mein kümmerliches Bestreben.

Sie war zu groß, und die Wahrheit war nur zu offensichtlich. Ich konnte mir nicht einreden, er sei noch am Leben. Alles sprach dagegen, und alle meine Bemühungen, mich vom Gegenteil zu überzeugen, dienten bloß dazu, mein Gewissen zu beschwichtigen. Ich hatte in dieses entsetzliche Loch geblickt und hineingeschrien. Als Antwort hörte ich ein Echo und darauf eine absolute Stille, die alles besagte, was ich bereits wußte.

Meine Füße berührten den Schnee. Das Abseilen war zu Ende. Unter mir lief ein Hang sanft zum Gletscher hinunter. Noch sechzig Meter, und ich würde ihn sicher erreichen. Ich wandte mich um und sah die Eisklippe hoch. Ich befand mich zuäußerst rechts von ihr, um ein weniges unter dem vorderen Rand der Spalte. Die Spuren des Seils oben an der Klippe waren noch immer zu sehen, ein stummes Mahnmal für das, was ich getan hatte. Etwas feiner Pulverschnee fiel in einer hauchdünnen, weißen Wolke von der Höhe der Klippe. Ich sah zu, wie sie sanft herabtrieb. Dieser Ort war alterslos und ohne Leben – eine Masse aus Schnee und Eis und Fels, die sich langsam nach oben bewegte; die gefror, auftaute, auseinanderbarst, in einem ständigen Wechsel, während die Jahrhunderte verstrichen. Wie dumm, sich mit so etwas messen zu wollen! Die Schneewolke legte sich auf den überdachten Teil der Spalte weiter links von mir. Dort war Joe hineingestürzt. Wenigstens blieb so sein Leichnam vor mir verborgen, obwohl ich bezweifelte, daß ich so weit hätte hinuntersehen können.

Ich wandte mich ab und schlug mir den Gedanken, nochmals hochzugehen und es mir genauer anzuschauen, aus dem Kopf. Es war sinnlos. Es war an der Zeit, der Wahrheit ins Auge zu blicken. Ich konnte nicht den ganzen Tag dort herumstehen und nach einer Leiche suchen. Ich wandte mich ab, schlug die Absätze ein und stieg wie betäubt zum Gletscher hinunter.

Als ich den ebenen Schnee des Gletschers erreichte, ließ ich meinen Rucksack in den Schnee fallen und setzte mich. Lange Zeit starrte ich trübselig auf meine Schuhe, nur um nicht zum Berg zurückschauen zu müssen. Das Gefühl, in Sicherheit zu sein, war überwältigend. Ich hatte es geschafft! Ich saß einfach nur da und dachte über den Berg nach und über alle die Tage, die wir dort verbracht hatten. Es fühlte sich so an, als würde ich auf ein Jahr meines Lebens zurückblicken, nicht bloß auf sechs Tage. Der Gletscher, eingemauert von Eiswänden, war ein Backofen voller Sonne. Schmerzhaft weiß schien er die Hitze von allen Seiten zu absorbieren und sie auf mich zu richten. Gedankenlos hatte ich meine Jacke, die Sturmhose und das Thermaloberteil ausgezogen. Meine Handlungen waren automatisch geworden, das Klettern und Abseilen ohne einen vorsätzlichen Entschluß von mir erfolgt. Es war, als wäre ich ohne bewußte Anstrengung plötzlich auf den Gletscher versetzt worden, und die Erinnerung an die Geschehnisse des Tages war bereits zu einem Nebel von Emotionen und unfaßbaren Gedanken verblaßt. Erst da spürte ich, wie schrecklich müde ich geworden war. Der Mangel an Nahrung und Wasser während der letzten vierundzwanzig Stunden hatte seinen Tribut gefordert. Ich blickte zurück auf die Eisklippe, die jetzt wie ein kleiner Strich in einem riesigen Gesicht erschien, und wußte, daß es mir nie gelingen würde, nochmals dort hochzuklettern. Ich war im Zweifel, ob ich es überhaupt noch bis ins Basislager schaffte. Es hätte Tage gedauert, um mich mit Essen und Ausruhen wieder auf die Beine zu bringen, damit ich einen Bergungsversuch in die Wege hätte leiten können. Vielleicht ist es zu deinem Besten, Joe. Wenigstens bist du tot. Fast hätte ich es laut zu der fernen Eisklippe gesagt. Der Gedanke, ihn noch am Leben und schwer verletzt vorzufinden, entsetzte mich. Ich hätte ihn zurücklassen müssen, um Hilfe zu holen, doch es gab keine Hilfe. Bis ich wieder bei Kräften gewesen wäre, um zurückzukehren, wäre er längst eines schrecklich einsamen Todes im Eis gestorben.

»Ja, es ist am besten so«, flüsterte ich.

Ich trottete durch den aufgeweichten Schnee über den Gletscher und drehte dem Siula Grande den Rücken zu. Seine Anwesenheit war massiv hinter mir zu spüren, und es drängte mich, mich umzuwenden und ihn nochmals anzuschauen, doch ich marschierte weiter, mit gesenktem Kopf und starr auf den Schnee gerichteten Augen, bis ich die Spalten am Ende des Gletschers erreichte. Wo er gegen die Felsmoränen hoch mahlte, hatte sich das Eis verworfen und war in Hunderte paralleler Spalten zerbrochen. Einige ließen sich leicht sehen und vermeiden, doch viele Spalten waren von Schnee bedeckt. Glatte Wellen verbargen die darunterliegenden Gefahren, und ohne Seil fühlte ich mich nackt und verletzlich.

Die Paranoia von heute früh kehrte mit aller Gewalt zurück. In meiner nebelhaften Benommenheit vor Hitze und Durst hatte ich die Route, die wir auf dem Hinweg gewählt hatten, nicht mehr im Kopf. Während ich wie wild von einer Spalte zur anderen starrte, stiegen die ersten Schübe von Panik in mir hoch. Waren wir oberhalb oder unterhalb dieser Spalte gegangen? Oder war es die dort weiter unten gewesen? Ich konnte mich nicht erinnern. Je mehr ich es versuchte, desto konfuser wurde ich, schließlich schlängelte ich mich in verzerrten Zickzackwindungen dahin, ohne zu wissen, wohin ich mich wandte. Nur die wenigen Schritte des umliegenden Schnees gingen mich noch etwas an, und so bewegte ich mich ziellos und mit häufigen Kehrtwendungen quer durch die Gletscherhänge und erwartete jeden Augenblick, daß der Schnee eine schwarze Leere unter meinen Füßen auftat.

Als ich die Moränen erreichte, sackte ich mit meinem Rucksack als Polster gegen einen Felsen und fühlte die heiße Sonne auf meinem Gesicht, während die Angst vor den Gletscherspalten wegschmolz.

Rasender Durst zwang mich schließlich wieder auf die Beine, und ich stolperte schwankend gegen das breiter werdende und von Felsbrocken übersäte Flußbett, das von den Moränen zu den Seen über unserem Lager hinunterführte. Es waren noch etwa sieben Kilometer zum Basislager, also rund zwei Stunden Marsch. Ich wußte, daß ich auf halbem Weg unten, wo schmelzender Schnee über einen riesigen, abgerundeten Granitblock strömte, Wasser finden konnte, und das war alles, was ich wollte. Ich konnte das Wasser überall um mich riechen. Es sickerte zwischen den Felsblöcken zu meinen Füßen, und noch tiefer, in den Spalten unter den Blöcken und unerreichbar für mich, konnte ich es sogar gurgelnd fließen hören.

Nach wenigen Schritten hielt ich an und wandte mich um, um einen letzten Blick auf den Siula Grande zu werfen. Ich konnte ihn fast noch ganz sehen, war jedoch dankbar, daß der untere Teil hinter der Krümmung des Gletschers versteckt war. Die Eisklippe war unsichtbar. Er war dort oben, begraben im Schnee, doch ich fühlte mich nicht länger schuldig. Wenn ich je wieder in der gleichen Lage wäre, würde ich mit Sicherheit gleich handeln. Statt dessen beschlich mich ein langsames Weh, ein wachsendes Verlustgefühl und Kummer. Das also war das Fazit: Ich stand allein mitten in dem Bergschutt und dachte daran, wie nutzlos und wie schade doch alles war. Als ich mich zum Gehen wandte, gedachte ich ein stilles Lebewohl zu sagen, doch schließlich ließ ich es bleiben. Er war endgültig weg. Der ständige Sog *des Gletschers würde ihn in den kommenden Jahren in die Täler hinuntertragen, doch bis dann war er wohl längst zu einer flüchtigen Erinnerung geworden. Wie mir schien, begann ich schon jetzt, ihn zu vergessen.*

*Ich stolperte durch ein chaotisches Gewirr von Felsblöcken und Geröll. Als ich endlich zum Gletscher zurückschaute, war der Siula Grande nicht mehr sichtbar. Erschöpft plumpste ich gegen einen Felsblock und ließ meine Gedanken aufs Geratewohl zu meinem Schmerz und meinem Kummer schweifen. Der Durst war unerträglich geworden. Mein Mund war trocken, und ich schluckte leer. Das wenige an Speichel, das er produzierte, konnte das Ungemach nicht lindern. Der Abstieg war zu einem verwirrlichen Dunst aus endlosen Felshalden, brennender Mittagssonne und Durst geworden. Meine Beine fühlten sich so bleischwer und schwach an, daß ich wiederholt auf das Geröll stürzte. Wenn lockeres Gestein plötzlich unter meinen Füßen nachgab, fand ich nicht mehr die Kraft, einen Sturz zu vermeiden. Ich brauchte den Pickel, um mich zu stützen, und grapschte zuweilen mit der anderen Hand nach einem Halt. Finger schlugen gefühllos gegen scharfe Felskanten. Die Sonne hatte keinerlei Empfindungen in ihnen wiederbeleben können, sie blieben taub und kalt. Nach einer Stunde sah ich den abgerundeten Felsblock von Wasser glitzern, das über seine Flanke rann. Ich beschleunigte meinen Schritt und spürte, wie beim Gedanken an Wasser ein Schub von Energie durch mich fuhr.*

*Als ich die Senke am Fuß des Felsblocks erreichte und meinen Rucksack auf das nasse Geröll fallen ließ, sah ich, daß das Rinnsal nicht ausreichte, um meinen brennenden Durst zu stillen. Behutsam baute ich ein Auffangbecken in den Kies unten am Felsen. Es füllte sich mit aufreizender Langsamkeit, und nachdem ich einen Mundvoll körniges Wasser aufgesogen hatte, war es auch schon wieder leer. Ich kauerte am Felsen, trank, wartete, trank nochmals. Ich konnte trinken, soviel ich wollte, der Durst schien kein Ende nehmen zu wollen. Ein plötzliches Poltern von oben, und ich duckte mich zur Seite. Eine Handvoll Steine klatschte auf das Geröll neben mir. Ich zögerte, bevor ich zu der Wasserpfütze zurückkehrte. Wir hatten hier auf dem Hinweg Rast gemacht und getrunken. Auch damals waren Steine auf uns hinuntergeprasselt, und wir waren zur Seite gesprungen und hatten über unsere Angst gelacht. Joe hatte die Stelle ›Bomben- weg‹ genannt, denn der schmelzende Schnee über dem Felsblock setzte regelrechte Bombardements kleiner Gesteinsbrocken frei, wenn es tagsüber heiß wurde.*

*Ich saß auf meinem Sack und spuckte Grit aus meinem Mund. Im weichen, schlammigen Geröll und Kies der Senke waren Fuß- abdrücke zu sehen – die einzigen Spuren, die von unserem Ver- such, den Berg in Angriff zu nehmen, zurückgeblieben waren. Es war ein einsamer Platz zum Rasten. In dem weiten Wirr- warr der Moränen hatte ich mich an dem einen Fleck zur Rast hingesetzt, der in mir Erinnerungen weckte. Vor sechs Tagen hatten wir an derselben Stelle gesessen. All unser Eifer, dieses gesunde, starke Gefühl im Körper, sie waren zu einer leeren Er- innerung verblaßt. Ich schaute zu den Moränen, die den unteren See verbargen. Es blieb mir nur noch wenig Zeit für dieses Al- leinsein. In einer Stunde würde ich das Basislager erreichen, und dann war es aus damit.*

*Ich machte mich auf zu den Seen. Das Wasser schwemmte frische Kraft in meine Glieder. Mich quälte der Gedanke, Ri- chard zu begegnen, der sicher wissen wollte, was passiert war. Alle würden es wissen wollen. Ich sperrte mich gegen die Aus- sicht, ihm alles genau zu schildern. Wenn ich ihm jetzt die Wahrheit sagte, war ich gezwungen, bei meiner Heimkehr die- selbe Geschichte zu erzählen. Ich konnte nur noch an den Un- glauben und die Kritik denken, die mir unweigerlich entgegen- schlagen würden. Es war unerträglich. Wieso mußte ich das denn auf mich nehmen? Was sollte ich bloß tun? Zorn und Schuld stritten sich bei meinen Erwägungen. Ich wußte über jeden Zwei- fel, daß ich richtig gehandelt hatte. Tief drin würde ich stets wis-*

sen, daß ich mich wegen nichts zu schämen brauchte. Wenn ich die Wahrheit verheimlichte, würde es nicht so schlimm werden, und ich konnte mir eine Menge Schmerz und Pein ersparen.

*Warum denn überhaupt erzählen, daß du das Seil durchgeschnitten hast? Sie erfahren es sonst nie, was spielt es also für eine Rolle! Sag einfach, er sei in eine Spalte gestürzt, als wir den Gletscher herunterkamen. Richtig! Sag ihnen, wir seien nicht angeseilt gewesen. Ich weiß, so etwas ist idiotisch, aber ganze Horden von Bergsteigern sterben so, zum Teufel noch mal! Er ist tot. Wie er gestorben ist, ist nicht wichtig. Ich habe ihn nicht umgebracht. Ich kann von Glück reden, daß ich überhaupt hier bin ... Wieso alles noch schlimmer machen? Ich kann unmöglich die Wahrheit sagen. O Gott! Ich kann sie ja selbst kaum glauben ... geschweige denn die andern.*

Als ich den See erreichte, redete ich mir noch immer ein, daß es dumm wäre, bei der Wahrheit zu bleiben. Ich wußte, es würde mir nur Kummer bereiten. Ich wagte kaum daran zu denken, was Joes Eltern sagen würden. Nachdem ich am See nochmals getrunken hatte, marschierte ich langsamer auf das Lager zu. Mein Verstand sagte mir fortwährend, was ich erzählen sollte. Es war vernünftig und einsichtig. Seine Logik ließ sich nicht widerlegen, doch etwas in mir drin scheute davor zurück. Vielleicht war es die Schuld. Sooft ich mir vorsagte, daß ich gar keine andere Wahl gehabt hatte, als das Seil durchzuschneiden, beschlich mich ein nagender Zweifel. So etwas zu tun erschien wie eine Blasphemie. Es ging wider allen Instinkt, sogar wider den Selbsterhaltungstrieb. Die Zeit verging, ohne daß ich es merkte. Ich hatte mich in ein Gewirr schmerzvoller Gedanken verwickelt, bis ich zu platzen vermeinte. Gegen die Gefühle von Schuld und Feigheit, die so peinigend insistierten, kamen keine rationalen Argumente an. Ich hatte Strafe verdient und fand mich mit dem gleichen Fatalismus wie schon vorher damit ab. Es schien richtig, bestraft zu werden, zu sühnen, daß ich ihn tot zurückgelassen hatte – als ob bloßes Überleben schon ein Verbrechen an sich gewesen wäre. Meine Freunde würden mir glauben und mich verstehen. Die anderen konnten meinetwegen denken, was sie wollten, und wenn es mich schmerzte – nun gut, vielleicht hatte ich es verdient.

Am Ende des zweiten kleinen Sees erklomm ich den Anstieg in den Moränen und blickte hinunter auf die zwei Zelte im Basislager. Der Gedanke an Essen, Trinken und Medikamente für meine Erfrierungen ließ mich den von Kakteen bewachsenen Berghang über den Zelten hinuntereilen. Mein Dilemma, was ich Richard sagen wollte, war ganz vergessen, und ich war so in Eile, hinunterzugelangen, daß ich beinahe rannte. Ich verlangsamte mein Tempo, um über einen kleinen Hügel zu krabbeln, und von oben sah ich, wie Richard langsam auf mich zu marschierte. Er trug einen kleinen Rucksack, schritt gebückt und blickte zu Boden. Er hatte mich nicht gehört. Ich stand still geschockt von seinem plötzlichen Erscheinen, und wartete, bis er zu mir hoch kam. Eine schreckliche Müdigkeit schoß durch mich, während ich ruhig wartete. Jetzt war alles vorüber, und die Erleichterung, die mich überflutete, vertiefte nur das Gefühl der Erschöpfung. Mir war, als müsse ich gleich losweinen, doch meine Augen blieben hartnäckig trocken.

Richard sah vom Weg hoch und erblickte mich. Sein ängstlicher Gesichtsausdruck verwandelte sich in Überraschung, dann grinste er breit, und seine Augen strahlten vor Vergnügen, während er zu mir eilte.

»Simon! Gut, dich zu sehen. Ich habe mir schon Sorgen gemacht.«

Ich wußte nicht, was sagen und starrte ihn stumpf an. Er sah verwirrt aus und suchte hinter mir nach einem Anzeichen von Joe. Vielleicht las er es in meinem Gesicht, oder er hatte bereits das Schlimmste erwartet.

»Joe –?«

»Joe ist tot.«

»Tot?«

*Ich nickte. Wir fielen in Schweigen. Wir konnten einander nicht ansehen. Ich ließ meinen Rucksack zu Boden fallen und setzte mich schwer darauf, mit einem Gefühl, als würde ich nie wieder aufstehen können.*

*»Du siehst schrecklich aus!«*

*Ich gab keine Antwort. Ich überlegte mir, was ich ihm sagen sollte. Mein Plan zu lügen war schön und gut, aber ich konnte nicht genug Energie dafür aufbringen. Ich starrte hilflos auf meine geschwärzten Finger.*

*»Hier, iß das!« Er reichte mir einen Riegel Schokolade. »Ich habe einen Kocher, ich werde uns etwas Tee machen. Ich bin gerade hochgekommen, um euch zu suchen. Ich dachte, ihr liegt irgendwo verletzt herum ... Ist Joe abgestürzt? Was ist passiert?«*

*»Ja, er ist abgestürzt«, sagte ich ausdruckslos. »Ich konnte nichts machen.«*

*Er schwatzte nervös weiter. Ich glaube, er spürte, daß ich Zeit brauchte, um mich darauf einzustellen. Ich schaute zu, wie er den Tee zubereitete, mir noch etwas zu essen reichte und im Beutel mit den Medikamenten herumwühlte, den er mit hochgebracht hatte. Schließlich gab er ihn mir herüber, und ich nahm ihn ohne ein Wort entgegen. Ich fühlte auf einmal eine tiefe Zuneigung für ihn, eine Dankbarkeit, daß er da war. Ich wußte, daß er sich in den Spalten auf dem Gletscher umgebracht hätte, wenn es ihm gelungen wäre, so weit zu kommen. Ich fragte mich, ob er sich wohl der Gefahr bewußt gewesen war. Er blickte hoch und sah, wie ich ihn beobachtete. Wir lächelten einander zu.*

*Es war warm auf dem kleinen Hügel. Ohne zu merken, was ich tat, schilderte ich Richard den genauen Hergang. Ich hätte nichts anderes tun können. Er saß still da und hörte zu, was ich alles durchgemacht hatte, ohne eine einzige Frage zu stellen oder Überraschung zu zeigen. Ich war froh, daß ich ihm die Wahrheit sagte. Andernfalls hätte ich mir vielleicht spätere Wunden erspart, doch als ich anfing zu berichten, wußte ich, daß es noch so viel mehr zu erzählen gab: was uns alles gelungen war, vom*

*Rettungsmanöver im Sturm, wie gut wir zusammengearbeitet hatten, wie wir darum kämpften, lebendig hinunterzukommen. Ich konnte doch nicht sagen, Joe sei in eine Gletscherspalte gestürzt, als er dummerweise unangeseilt auf dem Gletscher herummarschierte – nicht, nachdem er beim Versuch zu überleben so viel durchgestanden hatte. Die Ungerechtigkeit einer solchen Lüge konnte ich ihm nicht antun, und mein Schuldgefühl, ihn im Stich gelassen zu haben, machte es mir unmöglich, zu lügen. Als ich geendet hatte, schaute Richard mich an:*

*»Ich wußte, daß etwas Schreckliches passiert ist. Ich bin bloß froh, daß du heil heruntergekommen bist.«*

*Wir packten die Überreste seiner Vorräte zusammen. Er verstaute sie in meinem großen Rucksack und schulterte dann beide Säcke. Darauf marschierten wir ruhig zu den Zelten hinunter. Für mich verging der Rest des Tages in einem trägen Dunstschleier. Ich lag ermattet beim Kuppelzelt in der Sonne, meine Ausrüstung war rund um mich zum Trocknen in die Sonne gelegt. Wir sprachen nicht mehr von Joe. Richard war damit beschäftigt, eine warme Mahlzeit und endlose Tassen Tee herzuzaubern. Dann setzte er sich zu mir und sprach davon, wie er das lange Warten ausgehalten hatte. Allmählich hatte er annehmen müssen, daß uns irgendein Unheil widerfahren war, bis er die Ungewißheit nicht länger ertragen konnte und sich aufgemacht hatte, um uns zu finden. Sechs oder sieben Stunden lang tat ich nichts anderes, als in der Sonne zu dösen und zu essen. Es fiel mir schwer, mich wieder an den Luxus des Lagers zu gewöhnen. Ich konnte spüren, wie meine Kraft zurückkehrte, lag im Halbschlaf und fühlte, wie mein Körper sich selbst flickte.*

*Gegen den frühen Abend massierten sich die Wolken von Osten, und die ersten schweren Regentropfen bespritzten uns. Donner grollte dumpf. Wir zogen uns ins große Kuppelzelt zurück, das ich vorher nur widerwillig betreten hatte. Richard brachte seinen Schlafsack von seinem Zelt herüber und begann auf zwei Gaskochern unter dem Eingang eine weitere Mahlzeit* zuzubereiten. Als wir mit dem Essen fertig waren, hatte sich der Regen in Schnee verwandelt, und ein starker Wind rüttelte am Zelt. Draußen fror es.

Wir lagen Seite an Seite in unseren Schlafsäcken und hörten dem Sturm zu. Das Kerzenlicht flackerte rot und grün von den Zeltwänden, und in seinem Schein sah ich Joes Besitztümer, die unordentlich hinten ins Zelt geschoben waren. Ich dachte an den Sturm letzte Nacht und schauderte. Das Bild dauerte in meinem Kopf fort, während ich einschlief. Ich wußte, wie schlimm es dort oben jetzt sein mußte. Die Lawinen würden herunterstürzen, die Spalte bei der Eisklippe auffüllen und ihn begraben. Ich fiel in einen erschöpften, traumlosen Schlaf.

## 9. KAPITEL

## *In weiter Ferne*

Der Schnee machte weiche, raschelnde Geräusche, während er in die Tiefen hinunterrieselte. Ich starrte auf die Eisschraube weit über mir und beobachtete, wie sie kleiner wurde. Die Eisbrücke, die meinen Sturz aufgehalten hatte, zeichnete sich klar ab. Hinter ihr verblaßte die offene Kaverne in der Spalte in den Schatten. Ich hielt das Seil sanft und ließ es weich und flüssig durch die Sicherungsplatte gleiten.

Das Verlangen, das Abseilen anzuhalten, war fast übermächtig. Ich hatte keine Ahnung, was unter mir lag. Ich war mir nur zweierlei gewiß: Simon war weg und würde nicht zurückkehren, und das wiederum bedeutete, daß es mit mir zu Ende war, wenn ich auf der Eisbrücke blieb. Es gab keinen Fluchtweg nach oben, und der Abstieg auf der anderen Seite war nicht viel mehr als eine Einladung, allem schnell ein Ende zu setzen. Ich war in Versuchung geraten, doch trotz meiner Verzweiflung merkte ich, daß ich den Mut zum Selbstmord nicht aufbrachte. Auf der Eisbrücke hätte es lange gedauert, bevor Kälte und Erschöpfung mich übermannt hätten, und die Vorstellung, allein und wahnsinnig geworden so lange zu warten, hatte mich zu diesem Entschluß getrieben: mich abzuseilen und auf einen Ausweg zu hoffen oder dabei den Tod zu finden. Ich wollte ihn lieber aufsuchen als auf ihn warten. Jetzt gab es kein Zurück mehr, doch alles in mir schrie, anzuhalten.

Ich konnte mich nicht überwinden, hinabzuschauen, um zu sehen, was dort unten lag. Ich wagte nicht, mich umzudrehen und bloß ein weiteres tiefes Loch zu entdecken. Bei seinem Anblick würde ich sogleich anhalten – und was dann? Ein verzweifelter Kampf gegen den steilen Zug des Hangs würde beginnen, um am Seil zu bleiben, unfähig, die Eisbrücke wiederzugewinnen, immer im hektischen Bemühen, so lange als möglich hängen zu bleiben ... Nein! Ich konnte nicht hinabschauen. So tapfer war ich nicht. In Wahrheit war es schon schwierig genug, die Furcht abzuwenden, die mich aufzusaugen drohte, während ich abstieg. Entweder dies – oder gar nichts! ... Ich hatte auf der Eisbrücke die Wahl getroffen, und jetzt konnte ich nicht mehr zurück. Wenn es schon hier enden sollte, wollte ich, daß es plötzlich und unerwartet geschah, daher hielt ich meine Augen fest auf die Eisschraube weit über mir gerichtet.

Der Abhang wurde steiler. Etwa fünfzehn Meter unter der Eisschraube spürte ich meine Beine plötzlich unter mir ins Leere schwingen. Mein Griff hielt das Seil unwillentlich fest. Dies war der Absturz, den ich von der Eisbrücke oben gesehen hatte. Ich starrte zu dem Sims hoch und versuchte mich dazu zu bringen, das Seil wieder freizugeben. Ich hatte dieses Gefühl schon früher erlebt, wenn ich auf der Kante eines Sprungbretts stand, beobachtete, wie die Wassertropfen sich aus meinem Haar lösten und ins Becken hinunterfielen, während in mir ein Kampf tobte und ich mich selbst überzeugen mußte, daß nichts dabei war, mich anstachelte, und dann in atemberaubendem Sturzflug weg ins Leere, und ein Lachen, als ich sicher unten ins Wasser eintauchte. Das Wissen, daß ich mich nur abseilen konnte, bis das Seil auslief und ich ins Leere stürzte, sobald sein unverknotetes Ende durch die Sicherungsplatte peitschte, ließ mich das Seil mit meiner erfrorenen Hand nur noch fester umklammern. Schließlich gab ich es frei, und das vertraute Gefühl – daß sich das Sprungbecken plötzlich zur Seite bewegen oder das Wasser sich leeren könnte, sobald ich eintauchte – stellte sich wieder ein, obwohl ich diesmal nicht wußte, ob es hier überhaupt so etwas wie ein Becken zum Hineinspringen gab.

Ich seilte mich langsam über die Kante ab, bis ich senkrecht am Seil hing. Die Wand des Absturzes war hartes, klares Wassereis. Ich konnte die Eisschraube nicht mehr sehen, daher starrte ich ins Eis, während ich fortfuhr, mich an der Wand vorbei hinunterzulassen. Eine kurze Weile fesselte sie meine Aufmerksamkeit, doch während das Licht um mich schwächer wurde, schwappte die Furcht über, und ich konnte mich nicht länger beherrschen. Ich hielt an.

Ich wollte schreien, doch es ging nicht. Ich war wie gelähmt, unfähig zu denken, während Wellen von Panik durch mich spülten. Aus mir brach die ganze quälende Erwartung von etwas Unbekanntem und fürchterlich Beängstigendem heraus, und eine hilflose, unermeßliche Zeit hing ich bebend am Seil, den Schutzhelm an die Eiswand gepreßt und die Augen fest geschlossen. Ich mußte sehen, was unter mir war, denn trotz all meiner Vorsätze hatte ich nicht den Mut, es blind zu tun. Noch mehr Angst konnte es mir sicher nicht einjagen. Ich blickte zum Seil, das sich straff über mir durchzog. Es lief die Wand hoch und verschwand rund sechs Meter über mir auf dem Hang oben. Es gab keine Möglichkeit, zu diesem Hang zurückzukommen. Ich schaute zur Spaltenwand neben meiner Schulter. Auf der anderen Seite ragte in drei Meter Entfernung eine weitere Eiswand hoch. Ich hing in einem Schacht aus Wassereis. Der Entschluß, hinunterzublicken, erfolgte, als ich mich umdrehen wollte: Beim schnellen Herumschwingen stieß ich mein zerschmettertes Knie an die Eiswand und heulte rasend vor Schmerz und Angst auf. Doch statt zu sehen, wie das Seil lose unter mir ins Nichts baumelte, starrte ich ausdruckslos auf den Schnee unter meinen Füßen und konnte kaum glauben, was ich sah. Ein Boden! Da war ein breiter, schneebedeckter Boden, keine fünf Meter unter mir. Keine Leere, kein schwarzes Nichts. Ich fluchte leise und hörte es von den Wänden um mich zurückflüstern. Dann stieß ich einen Schrei des Entzückens und der Erleichterung aus, der in der Spalte herumdröhnte. Ich brüllte und schrie, hörte zwischen den Schreien den Echos zu und lachte. Ich war auf dem Grund der Spalte.

Als ich wieder bei Sinnen war, sah ich mir den Schneeteppich, über welchem ich baumelte, genauer an. Mein Jubel wurde rasch gedämpft, als ich dunkle, bedrohliche Löcher in der Oberfläche entdeckte. Es war also gar kein Boden. Die Spalte öffnete sich zu einer birnenförmigen Kuppel. Ihre Seiten bogen sich bis zu einer Breite von fünfzehn Meter von mir weg, bevor sie sich wieder verengten. Der Schneeboden schnitt durch das flache untere Ende dieser Höhle, während die Wände über mir sich verjüngten, um das schmale Ende der Birne zu formen, kaum drei Meter von einer Seite zur anderen und fast dreißig Meter hoch. Kleine Bruchstücke krustigen Schnees prasselten vom Dach herunter.

Ich schaute mich in dem geschlossenen Gewölbe aus Schnee und Eis um, um mich mit seiner Gestalt und Größe vertraut zu machen. Gegenüber näherten sich die Wände einander zwar wieder, trafen sich jedoch nicht. Eine enge Lücke war von oben mit Schnee angefüllt worden und bildete einen Kegel, der den ganzen Weg zum Dach hoch anstieg. Er war an der Sohle knapp fünf Meter breit und maß oben nur noch ein bis eineinhalb Meter.

Eine Säule aus goldenem Licht schimmerte schräg von einem kleinen Loch im Dach herab und versprühte einen hellen Widerschein von der entfernten Spaltenwand. Ich war wie hypnotisiert von diesem Strahl Sonnenlicht, der von der wirklichen Welt draußen durch die gewölbte Decke brannte. Er schlug mich derart in Bann, daß ich vergaß, wie unsicher der Boden unter mir war, und mich den Rest des Seils hinuntergleiten ließ. Ich würde diesen Sonnenstrahl erreichen. Ich wußte es auf einmal mit absoluter Gewißheit. Wie ich es anstellen und wann ich ihn erreichen würde, kümmerte mich nicht. Ich wußte es einfach.

In Sekundenschnelle hatte sich meine ganze Verfassung geändert. Die matten, angsterfüllten Nachtstunden waren vergessen, und das Abseilen, das mich mit solch klaustrophobischer Furcht erfüllt hatte, war wie weggewischt. Die zwölf verzweifelten Stunden, die ich im unnatürlichen Schweigen dieses ehrfurchtgebietenden Ortes verbracht hatte, schienen plötzlich nicht mehr so alptraumhaft zu sein, wie ich mir eingebildet hatte. Ich konnte etwas Positives tun. Ich konnte kriechen und klettern und immer so weiter, bis ich dieser Gruft entronnen war. Vorher war mir nichts anderes übriggeblieben, als auf der Eisbrücke zu liegen und zu versuchen, mich nicht verängstigt und einsam zu fühlen, und eben diese Hilflosigkeit war mein schlimmster Widersacher gewesen. Jetzt hatte ich einen Plan.

Die Veränderung in mir war erstaunlich. Ich fühlte mich belebt, voller Energie und Optimismus. Ich konnte die möglichen Gefahren sehen – sehr reale Risiken, die meine Hoffnungen zunichte machen konnten –, doch irgendwie wußte ich, daß ich sie überwinden würde. Es war, als wäre mir gnädigerweise diese eine Möglichkeit zur Flucht gewährt worden, und ich ergriff sie mit jedem Funken Kraft, der noch in mir steckte. Ein mächtiges Gefühl von Zuversicht und Stolz überflutete mich, als ich erkannte, wie recht ich getan hatte, die Brücke zu verlassen. Ich hatte trotz meiner schlimmsten Befürchtungen die richtige Entscheidung getroffen. Ich hatte es geschafft und war überzeugt, daß nichts Schlimmeres auf mich warten konnte als diese Stunden der Marter auf der Brücke oben.

Meine Schuhe berührten den Schnee, und ich hielt den Abstieg an. Ich saß in meinen Klettergurten, hing frei etwa einen Meter vom Boden weg und musterte sorgfältig seine Oberfläche. Der Schnee sah weich und pulvrig aus, was mich sogleich mißtrauisch machte. Ich blickte die Wand entlang, wo der Boden an die Wände stieß, und fand bald, wonach ich suchte: An mehreren Stellen gab es dunkle Lücken zwischen den Eiswänden und dem Schnee. Es war also kein Boden, sondern vielmehr eine Hängedecke durch die Spalte, die den Abgrund darunter von der oberen Kammer trennte, wo ich saß. Der Anfang des Schneehangs, der zum Sonnenschein hochlief, lag zwölf Meter von mir weg. Der einladende Schneeteppich zwischen mir und dem Hang verlockte mich, hinüberzurennen. Die Vorstellung ließ mich glucksend lachen. Ich hatte ganz vergessen, daß mein rechtes Bein zu nichts mehr taugte. Schon gut. Hinüberkriechen ... aber welchen Weg? Quer hinüber oder immer schön nahe an der Rückwand?

Es war eine schwierige Entscheidung. Ich machte mir weniger Sorgen, mit meinem Fuß durch den Boden zu stoßen, als über den Schaden, den ein solches Einbrechen der fragilen Schneedecke zufügen würde. Ich wollte um keinen Preis den Boden zerstören und mich auf der falschen Seite einer unüberbrückbaren Kluft gestrandet wissen. Das wäre nicht auszuhalten. Ich blickte nervös zu dem Sonnenstrahl, versuchte aus ihm Kraft zu schöpfen und faßte schnell einen Entschluß – quer durch die Mitte. Es war die kürzeste Distanz, und nichts wies darauf hin, daß es hier riskanter wäre als an den Seiten. Ich ließ mich sanft hinunter, bis ich auf dem Schnee saß, den Hauptteil meines Gewichts jedoch noch immer am Seil hatte. Es war qualvoll, zentimeterweise Seil zu geben und mein Gewicht allmählich hinunterzulassen. Ich merkte, wie ich den Atem anhielt. Jeder Muskel in meinem Körper war gespannt. Ich war mir der geringsten Bewegung im Schnee aufs schärfste bewußt und fragte mich, ob es nicht damit enden würde, daß ich langsam durch den Schneeboden sank. Dann ließ ein Teil der Spannung im Seil nach, und ich merkte, daß der Boden hielt. Ich holte tief Atem und löste meine schmerzende Hand vom Seil.

Fünf Minuten saß ich nur ruhig da und versuchte, mich an das prekäre Gefühl zu gewöhnen, von einer zerbrechlichen Schneedecke über einem riesigen Absturz in der Schwebe gehalten zu werden. Verspätet erkannte ich, daß dies etwas war, woran ich mich nicht erst gewöhnen konnte, daß mir also gar keine andere Wahl blieb, als zu versuchen, die Kluft zu überqueren. Ich legte zwölf Meter Seil aus und knüpfte die restlichen neun Meter an meinen Gurten fest; dann legte ich mich ausgespreizt auf den Bauch und begann verstohlen gegen den Schneekegel zu robben. Die Angst ließ nach, je mehr ich mich der anderen Seite näherte. Ein gelegentlicher dumpfer Laut verriet mir, daß Schnee in den Absturz unter dem Boden weggebrochen war. Beim leisesten Geräusch wurde ich stocksteif, hielt den Atem an und fühlte, wie mein Herz hämmerte, bevor ich mich weiterbewegte. Die schwarzen Löcher im Boden lagen alle hinter mir, als ich die Hälfte der Strecke zurückgelegt hatte, und ich spürte, daß ich jetzt über dickeren und stärkeren Schnee kroch.

Nach zehn Minuten lag ich platt gegen den Hang, der zu der goldenen Sonne im Dach anstieg. Das Seil lief in einem Bogen von der Eiswand und dem steilen Hang darüber, der zur Eisbrücke hochlief. Hätte ich bloß gewußt, daß hier unten ein Boden war! Ich hätte mir so viel ersparen können. Mich schauderte bei dem Gedanken, daß ich dort oben gewartet hätte. Es wäre eine ausgedehnte, eiskalte Nachtwache des Irrsinns geworden, an deren Ende ich nach Tagen zehrender Verzweiflung in eine erschöpfte Bewußtlosigkeit geglitten wäre.

Ich blickte am Schneekegel hoch. Einen Moment lang fragte ich mich, ob ich mir mit der Vorstellung, ich könne die Sonne dort oben erreichen, nicht etwas vorgegaukelt hatte. Der Weg war lang und steil. Ich konnte den Hang angeseilt erklettern. Während ich Höhe gewann, würde das Seil mit mir hochwandern, bis es fast horizontal zwischen Schneebrücke und Sonnendach hing. Bei einem Sturz von irgendwo würde es mich allerdings nicht daran hindern, geradewegs durch den Boden zu brechen, wo ich wie an einem Pendel in der unteren Kaverne herumschwingen würde, bis ich auf die Eiswand aufschlug, an der ich mich abgeseilt hatte. Falls dies geschah, gäbe es weder eine Rückkehr zum Schneekegel noch zur Eisbrücke. Ich dachte daran, ohne Seil zu klettern – das Ende wäre zumindest barmherzig schnell –, schlug mir den Gedanken aber aus dem Kopf. Ich brauchte das Seil. Es gab mir ein Gefühl der Sicherheit.

Ein leichter Luftzug fuhr durch die Spalte. Ich fühlte ihn auf meiner Wange, ein frostiger, tödlicher Hauch von irgendwoher tief unter mir. Das Licht in der Kammer war eine seltsame Mixtur aus graublauen Schatten und tanzenden Lichtreflexen an den Eiswänden, die mich umgaben. In die Wände eingebettete Felsbrocken ragten schroff aus dem nassen, halb durchsichtigen Eis. Ich ruhte mich am Fuß des Schneekegels aus und nahm die Atmosphäre der Spalte in mich auf. Trotz all ihrer schweigsamen Bedrohung lag in der Kammer mit ihrer großartigen, gewölbten Kristalldecke und ihren schimmernden, von Myriaden herabgefallener Steine inkrustierten Wänden ein Gefühl von Heiligkeit. Hinter dem großen, von der Eisbrücke gebildeten Tor, welches das stille Gewölbe dahinter verbarg, blickten Schatten ins Dunkle. Die Bedrohung existierte nur in meiner Fantasie, aber ich konnte sie nicht daran hindern, mit meinem Verstand ihr Spiel zu treiben, als hätte dieses Wesen hier mit der unpersönlichen Geduld der Jahrhunderte auf ein

Opfer gewartet. Es hatte jetzt mich; und ohne den Sonnen-strahl hätte ich vermutlich einfach dagesessen, betäubt und besiegt von seiner unversöhnlichen Stille. Mich schauder-te. Die Luft war ungemütlich kalt. Sie lag deutlich unter dem Gefrierpunkt. Draußen sprühte ein Windstoß Pulver durch das Loch im Dach, und ich sah fasziniert zu, wie er leicht im Sonnenlicht trieb. Es war Zeit zu klettern.

Ich stand behutsam auf mein linkes Bein auf und ließ die beschädigte Gliedmaße nutzlos über dem Schnee baumeln. Sie war während der Nacht steif geworden und hing jetzt kürzer als mein gesundes Bein. Zu Anfang war ich mir nicht sicher, wie ich es anstellen sollte, den Hang zu erklettern. Ich schätzte ihn etwa vierzig Meter hoch – zehn Minuten Arbeit mit zwei Beinen. Es war die Hangschräge, die mir Sorgen machte. Zuerst stieg sie in einem Winkel von nur fünfundvierzig Grad an, und ich war zuversichtlich, mich dort hochzerren zu können, doch mit zunehmender Höhe vergrößerte sich auch der Steigungswinkel. Die obersten sechs Meter sahen beinahe senkrecht aus. Ich wußte, daß meine Augen genarrt wurden, da sie direkt den Hang hoch-schauten, und schloß daraus, daß es ganz oben nicht mehr als fünfundsechzig Grad steil sein konnte. Die Vorstellung war nicht sehr ermutigend. Der lockere Pulverschnee wäre selbst ohne die Verletzung äußerst anstrengend gewesen. Ich unterdrückte einen wachsenden Pessimismus, indem ich mich schalt, ich hätte Glück gehabt, überhaupt so einen Hang zu finden.

Die ersten Schritte waren noch unbeholfen und unkoor-diniert. Ich grub meine Eispickel tief in den Schnee über mir ein und zog mich dann mit den Armen hoch. Das wür-de am steileren Stück oben nicht mehr funktionieren, und zudem erkannte ich, wie riskant es war. Wenn ein Pickel aus dem Schnee ausriß, würde ich abstürzen. Ich hielt an und versuchte eine bessere Methode auszutüfteln. Mein

Knie pochte schmerzhaft und mahnte mich schroff, daß noch ein sehr weiter Weg vor mir lag.

Die Muster! Ich erinnerte mich, wie ich mit Simon zum Joch hinüber traversiert hatte. Es schien schon so lange her. So wird's gemacht! Finde einen Ablauf und halte dich daran. Ich ruhte auf meinen Pickeln aus und sah auf mein gutes Bein, das in den Schnee gegraben war. Ich versuchte, das verletzte Bein parallel dazu hochzuheben, und stöhnte, als das Knie knirschte und sich weigerte, sich richtig zu biegen, so daß der Schuh etwa fünfzehn Zentimeter unter den guten Fuß zu stehen kam. Schmerz zuckte hoch, als ich hinunterlehnte und eine Stufe in den Schnee grub. Ich stampfte sie mit dem Pickel fest, so gut es ging, und hob dann gleich darunter eine kleinere Stufe aus. Als ich fertig war, pflanzte ich beide Pickel über mir in den Hang, biß die Zähne zusammen und hob mein brennendes Bein hoch, bis der Schuh im unteren Tritt ruhte. Ich stützte mich auf die Pickel und machte von meinem guten Bein aus einen krampfhaften Hüpfer, wobei ich die Arme hart hinunterdrückte, um Extraschub zu erhalten. Ein schneidender Schmerz barst aus meinem Knie, da mein Gewicht einen Moment lang darauf lastete, und ließ dann nach, als das gute Bein einen Halt auf dem höheren Tritt fand. Ich schrie etwas Obszönes, das ulkig in der Kammer herum widerhallte. Dann bückte ich mich, um zwei weitere Tritte zu graben und das Muster zu wiederholen. Bücken, hüpfen, ausruhen; bücken, hüpfen, ausruhen … Die lodernden Schmerzen verschmolzen in der Routine, und ich schenkte ihnen nicht soviel Aufmerksamkeit, sondern konzentrierte mich einzig auf das Muster. Trotz der Kälte schwitzte ich ausgiebig. Pein und Strapazen vermengten sich in eins, und während ich ganz von dem Ablauf aus Hüpfen und Graben absorbiert wurde, verging die Zeit unbemerkt. Ich widerstand der Versuchung, hoch- und hinabzuschauen. Ich wußte, daß ich schrecklich langsam vorwärtskam, und wollte nicht daran erinnert werden, wenn ich den Sonnenstrahl noch immer weit über mir sah.

Nach zweieinhalb Stunden war der Hang beträchtlich steiler geworden, und ich mußte beim Hüpfen besonders achtgeben. Es gab einen kritischen Punkt, wenn mein ganzes Gewicht auf den in den lockeren Schnee eingetriebenen Pickeln war, und die Steigung zwang mich, meine Bewegungen präzise auszubalancieren. Bei zwei Gelegenheiten wäre ich beinahe abgestürzt. Ein Hüpfer hatte den guten Tritt verpaßt, und ich war in den kleineren Tritt darunter hinabgeschlittert, so daß sich mein Knie unter dem Gewicht verdrehte. Ich hatte hart kämpfen müssen, um stehenzubleiben und die Übelkeit und Schwäche abzuschütteln. Das zweite Mal war ich zwar zielgenau, aber zu sprunghaft gehüpft und hatte das Gleichgewicht verloren. Wiederum spürte ich, wie sich etwas in meinem Knie bewegte und knirschte, während ich mich heftig nach vorn in den Schnee schwang, um einen Absturz zu vermeiden. Es war eigenartig, zu fluchen und zu schluchzen und gleichzeitig zu hören, wie sich die Töne in der Kammer unten wiederholten. Noch eigenartiger war ein akutes Verlegenheitsgefühl, so zu jammern. Es war niemand da, der mich hörte, doch die drohend aufragende leere Kammer hinter mir machte, daß ich mich gehemmt fühlte, als wäre sie ein mißbilligender stummer Zeuge meiner Schwäche.

Ich ruhte mich mit dem Kopf gegen den Schnee aus. Ich war schweißgebadet, kühlte jedoch schnell ab, sobald ich innehielt. Bald schlotterte ich. Ich blickte zum Dach hoch und sah entzückt, wie die Sonne mich fast berührte. Ein Blick hinunter zeigte mir, daß ich zwei Drittel des Weges den Schneekegel hoch geschafft hatte. Von meinem luftigen Sitz wirkte die Kammer sogar noch höhlenartiger. Das Seil hing im Halbbogen von meinen Klettergurten zu der

Eisschraube bei der Eisbrücke. Ich war gleich hoch wie die Brücke, und es hing frei vom Hang, über den ich mich abgeseilt hatte, und schwang fünfundzwanzig Meter über dem Boden der Kammer unter mir. Als ich zur Eisbrücke hinüberschaute, fühlte ich mich leicht beunruhigt bei der Erinnerung an die dort verbrachte Zeit. Jetzt, wo ich mich nach der Sonne streckte, konnte ich kaum glauben, wie verzweifelt ich in der Nacht und während des Abseilens gewesen war. Das war meine bisher härteste Probe gewesen, und beim Gedanken daran fühlte ich eine Woge von Zuversicht in mir aufsteigen. Es lohnte sich, weiterzukämpfen. Ich drehte mich zum Hang zurück und begann wieder Stufen auszuheben.

Es kostete mich nochmals zweieinhalb Stunden, um einen Punkt drei Meter unter dem Loch im Dach zu erreichen. Das Gefälle des Schnees war unglaublich schwierig geworden, und jeder Hüpfer wurde zum kalkulierten Risiko, das Gleichgewicht nicht zu verlieren und den Schritt auszuführen. Zum Glück verbesserte sich der Schneezustand, je weiter sich der Kegel verjüngte, und ich merkte, daß mein Pickel in der Eiswand links von mir einen soliden Halt fand. Obwohl ich das Dach bald erreicht hatte, verließ mich die Zuversicht. Der Schmerz erreichte ein bestimmtes Maß und blieb dann konstant. Keine noch so große Vorsicht konnte verhindern, daß ich mein Knie zeitweilig belasten mußte, und ich fühlte mich von dem fortwährenden verdrehten und zuckenden Knirschen in der Bruchstelle ganz schwach und angeekelt. Ich bückte mich wieder in den Hang hinein und hüpfte, wobei ich mich mit aller Kraft am Pickel hochzog, den ich in die Wand gesetzt hatte, und meinen Schuh in den Tritt kriegte, ohne daß das lädierte Knie weh tat. Das Schneedach strich über meinen Helm. Ich stand direkt unter dem kleinen, kopfgroßen Loch im Schnee. Der Glanz der Sonne blendete mich, und als ich hinunterblickte, war die Kammer in pechschwarzer Dunkelheit verschwunden. Ich hievte mein Bein in den neuen Tritt hoch, den ich gegraben hatte, und bereitete mich auf den nächsten Hüpfer vor.

Hätte mich jemand aus der Spalte auftauchen sehen, er hätte wohl lauthals gelacht. Auf einmal tauchte mein Kopf durch das Schneedach auf, und ich starrte wie ein Ziesel auf die Szenerie draußen. Ich hielt den Pickel, der in die Spaltenwand gehämmert war, fest umklammert, stand auf einem Bein, streckte den Kopf aus dem Schnee, drehte ihn herum und nahm den ergreifendsten Anblick in mich auf, der sich mir je geboten hatte. Der Kranz der Berge, die den Gletscher umringten, war so spektakulär, daß ich kaum wiedererkannte, was ich sah. Die vertrauten Gipfel waren von einer Schönheit, die mir nie zuvor aufgefallen war. Ich konnte Eisfelder und zart gerippte Grate sehen, und ein dunkles Moränenmeer kräuselte sich von der Gletscherzunge weg. Am Himmel stand keine einzige Wolke, und die Sonne funkelte in grimmiger Hitze grell aus seiner azurblauen Leere. Ich stand stumm und wie betäubt und konnte noch immer nicht glauben, daß ich endlich wieder frei war. Meine Sinne waren so arg in Mitleidenschaft gezogen, daß ich vergessen hatte, was mich in diesem Augenblick des Entrinnens erwartete.

Ich zog meinen Hammer aus der Spalte und trieb ihn draußen in den Schnee. Als ich mit einem Hüpfer aus dem gähnenden Absturz hinausrollte, lag ich vor Erleichterung wie betäubt auf dem Schnee. Ich fühlte mich, als hätte ich viel zu lange gegen jemanden angekämpft, der viel zu stark für mich war. Obwohl die Sonne meinen Rücken wärmte, zitterte ich noch immer. Das schwere Gewicht von Verzweiflung und Angst, das in der Eiskammer so lange Zeit auf mir gelastet hatte, schien unter der Sonne wegzuschmelzen. Ich lag träge auf dem Schnee, das Gesicht dem Gletscher zugewendet, den Kopf leer von Gedanken. Die Erleichterung, die mich durchspülte, machte mich etwas benommen und schwach, als hätte ich die letzten Energiereserven in mir aufgebraucht. Ich mochte mich nicht rühren, mochte nicht risikieren, die Wohligkeit und den Frieden zu stören, reglos hier im Schnee zu liegen. Die wohltätige Erholung von Spannung, Dunkelheit und alptraumhaften Vorstellungen hüllte mich ganz ein. Erst jetzt erkannte ich, wie hektisch ich jede Sekunde während der vergangenen zwölf Stunden gewesen war, und als Reaktion darauf kapselte sich mein Verstand von allem ab und überließ sich ganz der Entspannung. Die Sonne machte mich schläfrig. Ich wollte schlafen und vergessen. Ich hatte es wider Erwarten geschafft. Ich war davongekommen, ohne je damit gerechnet zu haben, und das war im Moment mehr als genug.

Ich schlief nicht, sondern lag still in einem halbbewußten Schwebezustand und gewöhnte mich langsam an meine neue Welt. Ich ließ meine Augen ruckartig von Anblick zu Anblick wandern, ohne den Kopf zu bewegen, und registrierte die vertraute Landschaft, als sähe ich sie zum erstenmal. Der Gletscher wellte sich wie eine gefrorene Zunge nach Norden weg und zerbrach an den schwarzen Moränen hinter seiner Stirn in ein Labyrinth von Spalten. Die Moränen wälzten sich chaotisch durch ein breites, felsiges Tal, bis sie sich lichteten und in weiter Entfernung am Ufer eines kreisrunden Sees in Schlamm und Geröll übergingen. Ein weiterer See gleich hinter dem ersten ließ Sonnenlicht von seiner Oberfläche blitzen. Der Sarapo versperrte mir die Sicht, doch ich wußte, daß der zweite See wieder an einem Moränenwall endete, und dahinter lagen die Zelte.

Langsam dämmerte es mir, daß meine neue Welt trotz all ihrer Wärme und Schönheit nur wenig besser als die Spalte war. Ich war sechzig Meter über dem Gletscher und zehn Kilometer vom Basislager weg. Der Seelenfriede verflüchtigte sich, und eine vertraute Spannung kehrte zurück. Die Spalte war nur ein erster Schritt gewesen. Wie töricht zu glauben, daß ich es geschafft hatte, daß ich in Sicherheit war! Ich starrte auf die fernen Moränen und den Schimmer des Lichts von den Seen und fühlte mich zerschmettert. Es war viel, viel zu weit. Ich hatte nicht mehr die Kraft. Ich hatte nichts zu essen, kein Wasser, nichts. Wieder spürte ich die Bedrohung, die mich umgab. Fast glaubte ich, es sei mir nicht vergönnt, mit dem Leben davonzukommen – was immer ich auch unternahm, würde zu einem neuen Hindernis führen, und dann noch zu einem, bis ich anhielt und mich geschlagen gab. Die schwarzen Moränen und das glitzernde Seewasser in der Ferne verhöhnten jegliche Hoffnung auf Rettung. Dieser Ort war mir nicht wohlgesonnen. Eine greifbare Feindseligkeit umschloß mich, als wäre die Luft mit statischer Elektrizität aufgeladen worden. Dies war nicht mehr der Tummelplatz, auf dem wir vor so langer Zeit marschiert waren.

Ich setzte mich auf und blickte bitter auf das zerfranste Seilende, das ich aus der Spalte hochgetragen hatte.

»Das wird langsam lächerlich«, sagte ich laut und ruhig, als hätte ich Angst, etwas könnte mich hören und wissen, daß ich geschlagen war.

Als ich zu den entfernten Moränen hinüberstarrte, war mir klar, daß ich es zumindest versuchen mußte. Ich würde vermutlich dort draußen mitten in diesen Felsblöcken sterben. Der Gedanke beunruhigte mich nicht sonderlich. Er schien vernünftig und realistisch. So war es nun einmal. Ich konnte mir ein Ziel setzen. Wenn ich starb – nun, das wäre nicht sehr überraschend, aber wenigstens hätte ich nicht einfach abgewartet, bis es eintrat. Der Schrecken des Todes berührte mich nicht mehr so wie vorhin in der Spalte. Ich hatte jetzt die Möglichkeit, mich ihm zu stellen und gegen ihn anzukämpfen. Er war nicht länger ein gesichtsloses, dunkles Schrecknis, sondern bloß Wirklichkeit, wie mein gebrochenes Bein und die erfrorenen Finger, und solche Dinge konnten mir nicht mehr angst machen. Mein Bein würde mich schmerzen, wenn ich stürzte, und wenn ich nicht mehr hochkam, würde ich sterben. Auf seltsame Weise war es erfrischend, vor einer einfachen Wahl zu stehen. Es gab mir etwas Scharfes und Wachsames, und ich blickte in die Gegend, die sich vor mir in den fernen Dunst erstreckte, und sah meine Rolle darin mit größerer Klarheit und ehrlicher, als ich sie je zuvor erlebt hatte.

Ich war noch nie so völlig allein gewesen, und obwohl mich dies beunruhigte, gab es mir auch Kraft. Ein erregendes Kribbeln fuhr mir das Rückgrat hinunter. Ich hatte angebissen. Das Spiel hatte die Regie übernommen, und es stand nicht mehr in meiner Macht, davor wegzulaufen. Es war paradox, daß ich auf der Suche nach dem Abenteuer hierher gekommen war und mich unwillentlich in einer Herausforderung gefangen fand, die viel härter war als jede, die ich mir je selbst ausgesucht hätte. Eine Zeitlang fühlte ich mich prickelnd erregt, während Adrenalin durch mich schoß, doch es konnte weder die Einsamkeit vertreiben, noch konnte es die meilenweiten Moränen verkürzen, die sich auf die Seen zuwälzten. Die Aussicht auf das, was vor mir lag, tötete die Erregung bald ab. Ich war diesem schrecklichen und einsamen Ort ausgesetzt. Es schärfte meine Wahrnehmung, ließ mich klar und festumrissen die Tatsachen hinter einer Unmenge nutzloser Gedanken in meinem Kopf sehen und erkennen, was wesentlich war: einfach da zu sein, lebendig, bewußt und fähig, etwas zu ändern. Da war Stille und Schnee und ein klarer, lebloser Himmel und ich, der ich dort saß, alles in mich aufnahm und akzeptierte, was vor mir lag. Es gab keine dunklen Mächte, die gegen mich wirkten. Eine Stimme in meinem Kopf sagte mir, dies sei wahr, und durchschnitt mit ihrem kalten, rationalen Klang das Durcheinander in meinem Kopf.

Es war, als würden in meinem Kopf zwei Wesen das Für und Wider erörtern. Die Stimme war klar und scharf und befehlend. Sie hatte immer recht, und ich hörte auf sie, wenn sie sprach, und handelte gemäß ihren Beschlüssen. Das andere Wesen ließ eine zusammenhanglose Serie von Bildern, Erinnerungen und Hoffnungen lossprudeln, mit denen ich mich in einem wachtraumähnlichen Zustand befaßte, während ich daran ging, den Befehlen der Stimme zu gehorchen. Ich mußte zum Gletscher kommen. Auf dem Gletscher würde ich kriechen, doch so weit dachte ich nicht voraus. So wie sich mein Blick fürs Wesentliche geschärft hatte, so hatte er sich auch verengt, bis ich nurmehr in Begriffen dachte, ein im voraus festgelegtes Ziel zu erreichen, nichts weiter. Mein Ziel war, zum Gletscher zu kommen. Die Stimme sagte mir genaustens, wie ich vorgehen mußte, und ich gehorchte ihr, während mein anderes Wesen zerstreut von einer Vorstellung zur anderen sprang.

Ich begann einen einbeinigen, hüpfenden Abstieg am Hang unter der Spalte. Ich hielt schräg nach rechts, um einen steilen Felsvorsprung zu umgehen, der direkt unter mir lag. Sobald ich daran vorbei war, sah ich, daß der Schnee sechzig Meter glatt zum Gletscher abfiel. Ich blickte zur Eisklippe über der Spalte hoch. Sie war nur eine verschwommene Erinnerung an früher, bis ich das Seil sichtete, das auf der rechten Seite herunterhing. Und mit einem plötzlichen stechenden Schmerz wußte ich, daß Simon alles gesehen hatte. Der Streifen Farbe, der das Eis hinunterhing, zerstreute die letzten Zweifel, an die ich mich noch hätte klammern können. Er hatte überlebt und die Spalte gesehen. Er war keine Hilfe holen gegangen. Er war im sicheren Wissen weggegangen, daß ich tot war. Ich schaute wieder auf meine Füße und konzentrierte mich aufs Hüpfen.

## 10. KAPITEL

## Hirngespinste

Der Schnee war tief, und die Sonne weichte ihn auf. Ich
hieb die Pickel fest in den Schnee und stützte mich
schwer darauf, während ich einen hastigen Abwärtshopser
ausführte und die Ferse eintrat. Ich hatte nur den einen
Tritt, um einen sicheren Schritt zu machen. Das beschädigte Bein hing schlaff über dem Schnee. Obwohl ich auf-
paßte, blieb es oft hängen, oder der plötzliche Abwärtsruck
zog am Kniegelenk und ließ mich aufschreien. Als ich das
nächste Mal zum Gletscher hinschaute, sah ich zu meiner
Freude, daß er nur etwa fünfundzwanzig Meter von meinem Standort weg war und es keine Randspalten oder Berg-
schründe zwischen mir und dem Fuß des Abhangs gab. Die
Hangoberfläche hingegen veränderte sich. Mit Bestürzung
nahm ich wenige Schritte unter mir Flecken von blankem
Eis wahr. Ich brachte noch zwei Hüpfer zustande, bevor das
Unvermeidliche geschah, doch ich hatte es gewußt und war
darauf vorbereitet. Sobald ich auf das Eis hüpfte, rutschten
meine Steigeisen weg, und ich purzelte kopfüber auf meine
rechte Seite und schlitterte auf Windjacke und Sturmhose
den Hang hinunter. Meine Schuhe rasselten übers Eis,
schlugen mir die Beine gegeneinander und riefen lodernde
Schmerzen hervor, auf die ich mit fest verkniffenen Augen
und zusammengebissenen Zähnen reagierte. Es war kurz,
schnell und schrecklich schmerzhaft.

Als ich in einem Schneehaufen zum Stillstand kam, lag
ich vollkommen ruhig, während pochender Schmerz mein
Bein hoch- und hinunterfuhr. Ich versuchte, das gute Bein
vom zurückgebogenen verletzten Knie wegzukriegen, doch
sobald ich mich bewegte, ließ mich ein gräßliches Stechen

losschreien und stillhalten. Ich stützte mich hoch und sah auf meine Beine hinunter. Die Steigeisen an meinem rechten Fuß hatten sich in der Gamasche des guten Beins verfangen und so mein Knie in eine vertraut-verkrümmte Form zurückgebogen. Als ich nach vorn langte, um die Zacken zu lösen, stach frischer Schmerz durch mein Knie. Ich konnte sie nicht freikriegen, ohne mich noch weiter vorzubeugen. Schließlich gelang es mir, die Zacken mit einem Pickel loszuhaken, und ich bettete mein Bein sanft auf den Schnee und streckte langsam das Knie, bis die Qualen abklangen.

Ich war drei Meter vor einer verschlungenen Linie von Fußstapfen gelandet. Ich zog mich zu ihnen hinüber und ruhte mich aus. Es war tröstlich, die Abdrücke zu sehen. Ich sah auf ihre Schatten, die sich schlängelnd über den Gletscher gegen eine ferne, kreisförmige Spalte hinwanden. Der Gletscher schwang sich in wogenden Schneewellen von mir weg, und zwischen zwei Wellen verschwanden die Spuren jeweils und kamen auf dem Kamm der nächsten Welle wieder zum Vorschein. Ich brauchte diese Spuren. Von meiner liegenden Stellung auf dem Schnee hatte ich nur eine sehr begrenzte Sicht nach vorn, und ohne die Spuren hätte ich keine Ahnung, worauf ich zusteuerte. Simon kannte den Rückweg. Ohne Seil mußte er den sichersten Weg eingeschlagen haben. Ich brauchte ihm bloß zu folgen.

Ich mußte erst etwas experimentieren, bevor ich die beste Kriechmethode raushatte. Der weiche Naßschnee machte das Rutschen schwierig. Ich merkte schnell, daß es auf einem Knie und beiden Armen mit Blick nach vorn viel zu schmerzhaft war. Ich legte mich auf die linke Seite, hielt das verletzte Bein aus dem Weg, und mit einer Kombination aus Zerren an Pickeln und Stoßen mit dem linken Bein kam ich gleichmäßig vorwärts. Das lose Bein schlenkerte hinten nach wie eine unerwünschte Plage. Von Zeit zu Zeit hielt ich an, um Schnee zu essen und auszuruhen, starrte geistesabwesend auf die riesige Westwand des Siula Grande über mir und hörte den seltsamen Gedanken zu, die in meinem Kopf widerhallten. Dann unterbrach die Stimme meine Träumereien, und ich schaute schuldbewußt auf meine Uhr, bevor ich wieder weitermachte.

Die Stimme und die Uhr hielten mich in Trab, wann immer mich die Hitze vom Gletscher in eine einschläfernde, erschöpfte Benommenheit lullte. Es war drei Uhr – nur noch dreieinhalb Stunden Tageslicht. Ich kroch weiter, merkte jedoch bald, daß ich nur noch schleppend und schwerfällig vorankam. Es schien mich nicht zu stören, daß ich mich wie eine Schnecke bewegte. Solange ich der Stimme gehorchte, war alles gut. Ich schaute jeweils nach vorn und nahm irgendein Merkmal in den Schneewellen wahr, blickte dann auf meine Uhr, und die Stimme befahl mir, diesen Punkt in einer halben Stunde zu erreichen. Ich gehorchte. Zuweilen machte ich schlapp, verlor mich in einen Tagtraum, fand mich dasitzen, ohne zu merken, was ich tat, doch dann fuhr ich schuldbewußt hoch und versuchte schneller zu kriechen und die verlorene Zeit aufzuholen. Sie ließ nicht locker. Ich kroch in einer mechanischen, automatischen Lethargie, weil mir befohlen worden war, ich müsse die genannte Stelle rechtzeitig erreichen.

Während ich mich zentimeterweise über das Meer aus Schnee schob, hörte ich anderen Stimmen zu, die sich fragten, was wohl die Menschen in Sheffield trieben, oder erinnerte mich an die kleine Kneipe mit dem Strohdach in Harome, wo ich vor der Expedition zuweilen etwas getrunken hatte. Ich hoffte, daß Mutter für mich betete, wie sie es immer tat, und bei der Erinnerung an sie verschleierten sich meine Augen mit nassen, heißen Tränen. Ich sang unablässig die Worte eines Schlagers im Takt zu meinen Kriechbewegungen, und mein Kopf füllte sich mit unzähligen Gedanken und Bildern an, bis ich anhielt und schwankend in der Hitze saß. Dann sagte mir die Stimme, ich hätte mich verspätet, und ich wachte mit einem Ruck auf und kroch wieder weiter. Ich war in zwei Teile gespalten. Eine kalte, klinische Seite in mir begutachtete alles, entschied, was zu tun war, und sah zu, daß ich es auch ausführte. Der Rest war Irrsinn, ein dunstiger Schleier von Bildern, so lebhaft und wirklich, daß ich mich in ihrem Bann verlor. Ich begann mich zu fragen, ob ich halluzinierte.

Ein träger Film hüllte alles ein. Geschehnisse zogen in Zeitlupe vorüber, und die Gedanken wurden so verwirrt, daß ich jedes Zeitgefühl verlor. Wenn ich anhielt, fand ich eine Ausrede dafür, um mich nicht schuldig zu fühlen. Meine erfrorenen Finger dienten als häufigste Ausrede. Ich mußte doch meine Faust- und Innenhandschuhe ausziehen, um nachzusehen, ob sie nicht schlimmer wurden. Zehn Minuten später rüttelte mich die Stimme wieder in die Wirklichkeit zurück, und dann zog ich den Handschuh, den auszuziehen mir nur halb gelungen war, wieder an, zerrte meinen Fäustling darüber und kroch weiter. Meine Hände steckten beim Kriechen immer tief im Schnee, und wenn sie gefühllos geworden waren, hielt ich wieder inne und starrte sie an. Ich hatte im Sinn, sie zu massieren oder die Handschuhe zu entfernen und sie in der Sonne zu wärmen, aber ich starrte sie einfach nur abwesend an, bis die Stimme mich rief.

Nach zwei Stunden lag die kreisrunde Spalte hinter mir, und ich war dem Schatten des Siula Grande entronnen. Ich folgte den Fußspuren in einem Sichelrund unter der Südwand des Yerupaja, vorbei an dem aufgeworfenen Rand einer Gletscherspalte, die sich aus dem Schnee hob. Sie war nur fünfzehn Meter lang, doch ich passierte sie etwa so, wie ein Schiff einen Eisberg passiert. Ich trieb langsam an ihr vorbei und starrte auf das entblößte Eis. Ich schien mit ihm in einer Strömung zu treiben. Es berührte mich keineswegs seltsam, daß ich die Eisklippe nicht überholte. Ich starrte auf die Figuren im zerbrochenen Eis der Klippe. Ich war mir nicht sicher, ob ich sie wirklich sehen konnte. Stimmen stritten sich mit der befehlenden Stimme herum und kamen zum Schluß, daß ich sie doch sah. Sie erinnerten mich an den Kopf eines alten Mannes, den ich einst in einer Wolke erblickt hatte, während ich an einem Strand lag. Mein Freund konnte ihn nicht sehen, und das hatte mich wütend gemacht, denn selbst dann, wenn ich wegschaute und wieder zur Wolke hin, konnte ich den alten Mann sehen, also mußte er dort sein. Er sah aus wie der weißbärtige alte Mann auf einem Gemälde in der Sixtinischen Kapelle, der mit seinem Finger aus der Decke zeigte und Gott darstellen sollte.

Sonst gab es nichts Frommes an den vielen Gestalten im Eis, die ich beobachtete. Sie standen deutlich von der Klippenwand heraus, teilweise nur halbgeformt und alle im Flachrelief erstarrt. Sonnenschatten und Farben im Eis gaben ihnen Körperlichkeit. Alle waren am Kopulieren. Ich war fasziniert und kroch fortwährend weiter, während ich auf die obszönen Figuren im Eis glotzte. Ich hatte diese Figuren früher schon mal gesehen. Sie erinnerten mich an Bilder von Skulpturen im Innern eines hinduistischen Tempels. Es gab keine Ordnung in dem Figurenchaos. Sie standen oder knieten oder lagen am Boden. Einige standen auf dem Kopf, und ich mußte meinen Kopf schieflegen, um zu erkennen, was sie taten. Es war komisch und prickelnd, wie einst die Bilder von Tizian mit den üppigen, fetten Nackedeis, die mich mit vierzehn so gefesselt hatten.

Kurze Zeit später saß ich still im Schnee, einen Fausthandschuh in meinem Schoß, und zerrte mit meinen Zähnen an einem Innenhandschuh. Die Klippe war nicht mehr in Sicht. Zwischen dem Anblick der Figuren und dem Anhalten, um meine Finger zu betrachten, konnte ich mich an nichts erinnern. Den einen Moment blickte ich noch zu den Eisgestalten, den nächsten war ich wieder allein, und die Klippe lag auf mysteriöse Weise hinter mir. Ein Gesprühe von Eisschneekristallen stach mir ins Gesicht. Wind kam auf. Ich blickte zum Himmel und sah zu meinem Erstaunen, daß ein wogender Teppich aus schweren Kumuluswolken die Sonne verdeckt hatte. Ein weiterer Windstoß ließ mich mein Gesicht abwenden. Ein Sturm braute sich zusammen. Es war kalt im Wind, der wie aus dem Nichts aufgetaucht war und mich jetzt mit wachsender Kraft ohrfeigte. Ich zog mir eilig meinen Handschuh an und wandte mich den Fußspuren zu.

Ich war jetzt nicht mehr so beduselt, und die Stimme hatte die irren Gedanken aus meinem Bewußtsein verbannt. Eine Dringlichkeit ergriff mich, und die Stimme sagte: *»Los, weiter, nicht aufhören … schneller. Du hast schon zu viel Zeit vergeudet. Weiter, bevor du die Fußspuren verlierst!«*, und ich gab mir alle Mühe, mich zu beeilen. Der böige Wind stieß feine Wolken über den Gletscher vor mir. Sie wirbelten ganz nahe über die Oberfläche. Manchmal hüllten sie mich ein, und ich konnte nur ein paar Meter weit sehen, doch wenn ich mich aufsetzte, konnte ich über feines Schneegesprühe hinwegblicken, das quer über den Gletscher stob, so daß es aussah, als sauste der Gletscher in Wirbeln und Strudeln vorwärts. Ich war neugierig, was die Leute wohl denken würden, wenn sie diesen Kopf und Rumpf aus dem Gletscher herausragen sahen.

Ich legte mich auf die Seite und kroch in schnellen Schüben, bis ich meinen Kopf wieder über den stürmischen Vorhang reckte, um nach vorn zu spähen. Es lag Schnee in der Luft. Frisch fallender Schnee! Mein Magen verknotete sich vor drohender Panik. Der Schnee und der Wind würden die Fußspuren verdecken. Die Stimme sagte, ich würde mich verirren, sagte, ich würde ohne die Spuren nie durch die Gletscherspalten gelangen, und befahl mir, mich zu beeilen, doch eigentlich fürchtete ich mich viel mehr davor, das letzte Lebenszeichen in dieser riesigen, leeren Schüssel aus Bergen, die mich umringten, zu verlieren. Ich war frohgelaunt den Fußspuren gefolgt, als wäre Simon gleich etwas weiter vorn und ich nicht allein. Jetzt jedoch drohten Wind und Schnee, mich mutterseelenallein zu lassen. Ich krallte mich fieberhaft durch den böigen Schnee und blinzelte zu den rasch undeutlicher werdenden Fußstapfen vor mir.

Das Licht verblaßte schnell. Die Nacht nahte, und mit ihr wurde der Wind stärker. Ich verlor keine Zeit mehr damit, meine erfrorenen Hände zu wärmen, sondern folgte hastig den weichen Abdrücken halb aufgefüllter Fußspuren, bis ich nichts mehr sehen konnte. Es war dunkel. Ich lag geschlagen mit dem Gesicht im Schnee. Das anstrengende Kriechen hatte mich gewärmt, ich konnte ruhig und ohne zu frieren liegenbleiben und spüren, wie der Wind Schnee um mich herum aufschichtete. Ich wollte schlafen. Nichts hätte mich dazu gebracht, weiterzumachen. Mir war warm genug, um auf dem Schnee zu schlafen. Der Sturm würde mich wie einen Husky zudecken und mich warmhalten. Ich schlief beinahe ein, döste sporadisch, rückte ganz nahe zu dem dunklen Trost des Schlafs, doch der Wind weckte mich immer wieder auf. Ich versuchte die Stimme zu ignorieren, die mich antrieb weiterzukriechen, doch vergebens, denn die anderen Stimmen waren weg, und ich konnte die Stimme nicht in Tagträumereien verlieren.

»... *nicht schlafen, nicht einschlafen, nicht hier. Mach weiter. Finde einen Hang und grabe ein Schneeloch ... nicht einschlafen!*«

Die Dunkelheit und der Sturm verwirrten mich. Ich verlor den Faden der Dauer und vergaß sogar, daß ich mich auf einem Gletscher inmitten von Spalten befand. Ich kroch einfach blind weiter. Einmal gab es ein Getöse, lauter als der Wind, und ein plötzlicher Hagel von Eisstückchen traf mich: eine Lawine oder eine Schneewächte, die vom Yerupaja auf den Gletscher hinabstürzte. Ich registrierte, daß sie mich mit letzter Kraft traf und über mich hinwegfegte. Dann kehrte das Geräusch des Windes zurück, und ich vergaß die Lawine. Es kam mir nie in den Sinn, daß ich womöglich in Gefahr gewesen war.

Plötzlich rollte ich vornüber und stürzte. In der Dunkelheit konnte ich nicht erkennen, wohin ich da mit einem Schwups gerutscht war. Als ich anhielt, drehte ich mich um zu dem Weg, den ich gekommen war. Über mir war eine Schneeböschung. Ich tastete mich den Weg nach oben zurück, zerrte mit meinen Pickeln am Schnee, hüpfte hoch und schrie auf vor den Schmerzen in meinem Knie.

Ich grub das Schneeloch in einem Gespinst von Schmerz und Erschöpfung. Während ich in die Böschung hineingrub, mußte ich mich notgedrungen winden und drehen, um das Loch zu vergrößern, und dabei verrenkte ich mein Knie qualvoll von Seite zu Seite.

Sobald ich vor dem Wind geschützt war, kehrten die anderen Stimmen zurück, und mit ihren Bildern, die mir müßig durch den Kopf schossen, döste ich weg. Ich erwachte, fuhr blitzartig auf und begann – zur wiederholten Melodie eines Lieds in meinem Kopf – zu graben. Dann dösen, zurück zu meinen Stimmen.

Ich tastete in meinem Rucksack mit gefühllosen Händen nach der Stirnlampe. Ich zog meinen Schlafsack heraus und fand die Lampe darin. In ihrem schwachen, sterbenden Licht sah ich, daß die Höhle nicht lang genug war, daß ich mich darin ausstrecken konnte, doch ich war zu müde, um weiterzugraben. Ich beugte mich vor, um meine Steigeisen zu entfernen, was einen unerträglichen Druck auf mein beschädigtes Knie ausübte. Ich stöhnte auf und schluchzte vor Frustration, während meine abgestorbenen Finger wirkungslos auf dem Bügel zum Lösen des Absatzes abrutschten. Ich konnte den Bügel nicht fest genug packen, um die Steigeisen von meinem Schuh wegzuziehen. Ich saß über meine Beine gebeugt, zog den Kopf ein, um nicht durch das Dach der Höhle zu stoßen, und weinte vor Schmerz und ohnmächtiger Wut. Dann hörte ich auf, am Bügel zu zerren, und saß still da, bis mir der Gedanke kam, meinen Pickel zu verwenden. Der Bügel sprang unter der Hebelwirkung des Pickels an beiden Schuhen leicht auf. Ich legte mich in die Höhle zurück und nickte ein.

Stunden schienen zu vergehen, bis ich die Isolationsmatte ausgelegt und mich in meinen Schlafsack gezwängt hatte. Mein gebrochenes Bein in den Sack zu hieven war eine sperrige und qualvolle Angelegenheit. Der Schuh verfing sich im nassen Gewebe des Schlafsacks und schlug Feuer aus meinem Kniegelenk. Mein Bein fühlte sich verblüffend schwer an, als ich es in den Sack hineinhob – etwas Totes, Klumpiges. Es stand mir im Weg wie ein quengelndes Kind und reizte mich, als wäre es etwas, was ich herumkommandierte und was sich hartnäckig weigerte, mir zu gehorchen.

Der Sturm, der draußen wütete, war nicht zu hören. Hie und da spürte ich, wie der Wind am Ende des Schlafsacks zupfte, das aus dem Eingang herausragte, und dann kam auch das zur Ruhe, dieweil der Schnee meine Füße bedeckte und die Höhle abdichtete. Ich schaute auf die Uhr. Halb elf. Ich wußte, daß ich Schlaf nötig hatte, doch jetzt, wo ich sicher und beruhigt schlafen konnte, fühlte ich mich hellwach. Im Dunkel der Höhle kehrten Erinnerungen an die Spalte zurück und vereitelten jegliche Hoffnung auf Schlaf. Mein Knie pochte erbarmungslos. Ich machte mir Sorgen, daß mir die Füße abfroren, und dachte an meine Finger.

Mir fiel ein, daß ich vielleicht nie mehr aufwachen würde, wenn ich einschlief, daher behielt ich meine Augen offen und starrte ins Dunkle. Ich wußte, daß mir derlei Gedanken jetzt, wo es Nacht war und nichts mehr zu tun gab, unnötig Angst einflößten, doch es half nichts.

Schließlich schlummerte ich in einer traumlosen, schwarzen Erstarrung. Die Nacht war lang und still, während sich der Sturm auf dem Schnee über mir austobte, und von Zeit zu Zeit überfielen Schmerz und kindische Ängste aus dem Hinterhalt meinen Schlaf.

*Es war spät, als ich erwachte. Die Sonne glühte durch die Zeltwände und mir wurde unangenehm heiß in meinem Schlafsack. Ich lag reglos da und starrte auf das Kuppeldach. Es schien unglaublich, daß ich gestern um diese Zeit noch durch die Spalten am Ende des Gletschers gestolpert war. Joe war seit sechsunddreißig Stunden tot. Es fühlte sich an, als wäre er schon wochenlang weg, und doch war es erst sieben Tage her, seit wir zusammen den Berg in Angriff genommen hatten. In meinem Innern war ein hohler Schmerz, den kein Essen füllen konnte. Er würde mit der Zeit vorbeigehen. Schon jetzt konnte ich mich nur vage an Joe erinnern. Es war eigenartig, daß ich mir in der Vorstellung kein Bild von seinem Gesicht machen konnte. Nun, er war tot, und ich konnte es nicht ändern. Ich fummelte mit gefühllosen Fingern herum, um den Kordelzug des Schlafsacks zu lösen, strampelte ihn von mir weg und trat hinaus in die Sonne. Ich war hungrig.*

*Richard war damit beschäftigt, den Benzinkocher beim Küchenfelsen in Gang zu setzen. Er schaute mich an und lächelte. Es war ein schöner Tag, einer jener Tage, wo man sich gut und schwungvoll fühlt. Ich ging zum Flußbett und pinkelte an einen Felsblock. Der Sarapo ragte vor mir auf, doch ich konnte seiner spektakulären Schönheit nichts mehr abgewinnen. Ich hatte diesen Ort und diese hübschen Ausblicke satt. Es ergab keinen Sinn, hier zu verweilen. Alles war öde und leblos. Ich haßte diesen Ort für seine Grausamkeit und für das, wozu er mich getrieben hatte. Ich rätselte, ob ich Joe ermordet hatte.*

*Ich ging zu Richard zurück und kauerte mich in einer schwarzen, trübseligen Stimmung neben ihn. Er reichte mir wortlos eine Tasse Tee und eine Schale milchigen Porridge. Ich aß schnell und ohne viel dabei zu schmecken. Als ich fertig war, ging ich zum Zelt hinüber, suchte meine Waschutensilien zusammen und machte mich auf den Weg zu einem tiefen Becken im Fluß. Ich zog mich aus und trat ins eisigkalte Wasser, tauchte kurz unter und schnappte nach Luft, als mir die Kälte den Atem verschlug. Die Sonne trocknete mich und wärmte mir beim Rasieren den Rücken. Ich verbrachte lange Zeit bei dem Becken, säuberte meine Kleider und zupfte von der Sonne verbrannte Haut in meinem Gesicht weg. Es war ein friedvolles, reinigendes Ritual, und meine Verzweiflung ließ allmählich nach, während ich über die letzten paar Tage nachgrübelte. Als ich zu den Zelten zurückspazierte, war mein Geist erfrischt. Es war passiert, und ich hatte alles Menschenmögliche getan. Gut, er war tot und ich nicht, doch das war kein Grund, mich selbst zu quälen. Ich mußte erst in meinem eigenen Kopf Klarheit schaffen, bevor ich heimkehren und mich der unvermeidlichen Kritik stellen konnte. Ich wußte, daß ich es erst dann weitererzählen konnte, wenn ich es selbst ganz akzeptiert hatte. Niemand würde je wissen, wie es wirklich gewesen war, und ich bezweifelte, daß ich es je klar formulieren konnte, nicht einmal unter guten Freunden, doch es war ja gar nicht nötig, solange es sich im Innersten richtig anfühlte. Der Heilungsprozeß hatte begonnen. Für den Moment war ich zufrieden.*

*Richard hatte das Lager verlassen, als ich zurückkehrte. Ich stöberte im Zelt herum und suchte den Arzneikasten. Er lag hinten im Zelt, zum Teil verdeckt von ein paar Kleidungsstücken von Joe. Ich warf alles draußen aufs Gras und sortierte seine Dinge aus. Nach fünfzehn Minuten lag ein Haufen mit Kleidern* und seinen Habseligkeiten in der Sonne neben den Medikamenten. Ich setzte mich daneben, öffnete den Arzneikasten und begann mich systematisch selbst zu verarzten. Ich schluckte Ronicol, um die Blutzirkulation in meinen Fingern zu aktivieren und zu verhindern, daß die Erfrierung zu tief eindrang, gefolgt von Breitbandantibiotika, um die Infektion zu bekämpfen. Darauf folgte eine weitere langwierige Sitzung mit Hautschälen, Säubern und Inspizieren. Es war herrlich belebend. Die ritualisierte Untersuchung schien mir zu bestätigen, daß sich alles wieder normalisiert hatte. Der reinste Luxus und Balsam für mich. Füße, Finger, Gesicht, Haare, Brust und Beine, alles wurde aufs sorgfältigste kuriert.

Als ich fertig war, wandte ich mich Joes Besitztümern zu und begann sie zu sichten. Ich legte seine Kleider auf einen Haufen und alles andere in einer Reihe aus. Ich fühlte mich ganz ruhig, während ich sie mechanisch sortierte. In einem Plastikbeutel fand ich seinen belichteten Film und ein Zoom-Objektiv. Es war ein großer Beutel, daher sammelte ich alles, was ich seinen Eltern übergeben wollte, und legte es ebenfalls hinein. Es war nicht viel.

Ich fand sein Tagebuch. Er hatte fast jeden Tag etwas hineingeschrieben, selbst im Flugzeug von London. Er schrieb gern. Ich blätterte es durch, ohne die Worte zu lesen. Ich wollte nicht wissen, was er gedacht hatte. Um das wenige an Kletterausrüstung, das er zurückgelassen hatte, kümmerte ich mich nicht. Es war höchstens für einen Bergsteiger noch etwas wert. Ich würde es mit meiner eigenen Ausrüstung nach Hause verfrachten. Als ich zu seinen Kleidern kam, stöberte ich sie rasch durch. Bald fand ich seine Mütze. Es war eine schwarz und weiß gemusterte Wollmütze, der die Troddel fehlte. Ich wußte, daß er an ihr gehangen hatte, und ich legte sie zu den übrigen Sachen in den Beutel. Sie kam aus der Tschechoslowakei. Miri Smidt hatte sie ihm in Chamonix geschenkt. Ich brachte es nicht übers Herz, sie zu verbrennen.

Richard kam zurück, als ich die Sachen, die ich Joes Eltern

bringen wollte, gerade fertig ausgelesen hatte. Er holte etwas Benzin, und wir verbrannten die Kleider im Flußbett. Die Hosen wollten nicht recht brennen, und wir brauchten viel Benzin dafür. Richard hatte vorgeschlagen, alles den Mädchen und Kindern unten im Tal zu überlassen. Sie hätten sich sicher darüber gefreut, da ihre Kleider so abgegriffen waren, doch ich blieb bei meinem Entschluß und verbrannte sie.

Als es vorbei war, kehrten wir zum Küchenfelsen zurück und saßen still in der Sonne. Richard kochte eine warme Mahlzeit und sorgte für endlose Tassen Tee. Wir spielten Karten oder hörten auf unseren kleinen Stereogeräten Musik. Richard holte sich Joes Gerät aus dem Plastikbeutel, weil sein eigenes defekt war, und der Tag verging in Muße. Zuweilen unterhielten wir uns ruhig, sprachen von unserem Zuhause oder über Zukunftspläne. In mir war noch immer das hohle Gefühl, war noch immer die Schuld. Ich wußte, daß ich sie nie austilgen konnte, aber ich konnte jetzt damit umgeben.

## II. KAPITEL

## *Ein Land ohne Erbarmen*

Ich wachte schreiend auf. Es war hell in der Schneehöhle und kalt. Der Alptraum klang langsam ab, und ich wußte wieder, wo ich war. Es war nicht die Spalte. Erleichterung durchflutete mich, während ich den Traum zu vergessen suchte. Ich lag ganz still und schaute zu dem roh behauenen Schneedach über mir hoch. Es war tödlich ruhig, und ich hätte gern gewußt, ob der Sturm noch über mir wütete. Ich wollte mich nicht bewegen. Es würde weh tun nach der langen, kalten Nacht. Ich kniff mir vorsichtig ins Bein und wurde von meinem Knie mit einem stechend scharfen Schmerz bedacht. Mein Atem wölkte sich zum Schneedach hoch, und ich beobachtete ihn geistesabwesend.

Der Traum war so lebendig und deutlich gewesen, daß ich geglaubt hatte, er sei wirklich. Ich hatte mich wieder auf der Schneebrücke gesehen, gegen die Spaltenwand gekrümmt, schluchzend. Ich sah mich selbst schluchzen, konnte jedoch keinen Ton hören. Statt dessen rezitierte eine Stimme – meine Stimme – einen Monolog von Shakespeare, immer und immer wieder:

> Ja, aber sterben; gehn, wo wir nicht wissen;
> Zu liegen kalt und starr und zu verfaulen.
> Statt dieser Wärme, Regung und Empfindung
> Zu Lehm geballt sein ...

Ich war jetzt wach und wußte genau, wo ich war, doch die Worte hallten noch immer in meinem Kopf nach, und ich erinnerte mich, wo ich sie gelernt hatte. Vor zehn Jahren hatte ich diese Worte genauso rezitiert, hatte sie wie ein

Papagei nachgeplappert; immer und immer wieder hatte ich sie in meinem Zimmer laut aufgesagt und versucht, sie Wort für Wort für das 0-Level-Literaturexamen am Morgen auswendig zu lernen. Ich war verblüfft. Ich hatte die Verse seit jener Zeit nie mehr gelesen, und dennoch konnte ich mich jetzt an jedes Wort erinnern:

> ... und den Geist, der frei war,
> In Flammenfluten baden, oder schauernd
> Im Käfig dicker Eisesrippen wohnen,
> Gefangensein in unsichtbaren Winden,
> Mit ruhloser Gewalt umhergeweht sein
> Rund um die schwebende Welt ...

Ich war entzückt und murmelte die Worte zu dem schweigsamen Schnee rund um mich, und dabei lauschte ich auf die seltsame Akustik der Höhle. Ich lachte in mich hinein und begann von vorn, wenn ich nicht mehr weiter wußte. Ich vergaß, wie furchterregend dies alles im Traum geklungen hatte, bis ich immer verwegener wurde und die Worte in meinem besten Laurence-Olivier-Tonfall herausgrölte, während ich die ganze Zeit flach auf dem Rücken in meinem Schlafsack lag und nur meine Nase aus der Kapuze herausguckte:

> ... oder noch schlimmer
> Als selbst die Schlimmsten derer, die die wilde
> Unsichre Fantasie sich heulend vorstellt! –
> Zu furchtbar ist's! Das müdeste, am tiefsten
> Verhaßte Erdenleben, das uns Alter,
> Schmerz, Armut und Gefängnis der Natur
> Aufdrängen können, ist ein Paradies,
> Gegen die Angst vor unsrem Tod!

Als ich schließlich des Spiels überdrüssig wurde, war die Stille überwältigend. Meine ausgelassene Stimmung verflog, und ich fühlte mich zum Verzweifeln einsam und dumm. Ich dachte daran, was die Worte bedeuteten, dachte an den Traum und stand den Tränen nahe.

Meine Füße waren vom Treibschnee zugedeckt worden, und ich schrie auf bei den sengenden Stichen in meinem Knie, als ich versuchte, mich freizustrampeln. Während ich mich abmühte, den nassen, klebrigen Schlafsack über meine Unterschenkel hinabzurollen, brach ich unabsichtlich ein Loch ins Höhlendach. Heller Sonnenschein brannte plötzlich die Schneeschatten in der Höhle weg, und ich wußte sogleich, daß der Sturm vorüber war. Ich griff nach meinem Pickel und schlug den Rest des Dachs weg. Es versprach ein heißer Tag zu werden. Die Sonne schmolz rasch die kalten Schauer der Nacht weg, und ich saß in dem Loch, das von der Höhle übriggeblieben war, und starrte um mich. Zu meinen Füßen lief ein Hang zu einer alten, mit Schnee gefüllten Gletscherspalte hinunter. Ich saß mit dem Gesicht zu den Moränen, doch ich konnte sie nicht vom Gletscher unterscheiden. Alles war weiß und beängstigend flach. Der Sturm hatte ganze Arbeit geleistet und die Fußspuren, denen ich vergangene Nacht gefolgt war, zugedeckt. Soweit das Auge reichte, wogte die Oberfläche des Gletschers in makellosen Wellen frischen Schnees dahin.

Während ich den Schlafsack langsam in meinem Rucksack verstaute und mit klammen Fingern herumfummelte, um meine Isoliermatte zu rollen, merkte ich, wie schrecklich durstig ich war. Es war schon gestern schlimm gewesen, und ich konnte mir kaum vorstellen, wie es heute sein würde. Ich versuchte nachzudenken, wo wohl das nächste fließende Wasser war, und erinnerte mich, nur beim Bombenweg Wasser gesehen zu haben, und der war meilenweit weg. Ich konnte von Glück reden, wenn ich ihn heute noch erreichte. Sobald mir dieser Gedanke durch den Kopf ging, sah ich wie im Schock, wie geplant alles schon geworden war. Ich konnte mich nicht erinnern, bewußt entschieden zu haben, wie lange es dauern würde, zum Lager zurückzukommen, doch es gab keinen Zweifel, daß ich es doch getan haben mußte, denn ich hatte bereits alle Hoffnung aufgegeben, den Bombenweg zu erreichen. Seltsame Dinge schienen sich in meinem Kopf abzuspielen. Ich hatte keine klare Erinnerung an die Abfolge des Geschehens vom Vortag. Vage Erinnerungsfetzen tauchten in mir auf – der hohle Boden in der Spalte und der Sonnenstrahl, ein Lawinenwindstoß im Sturm, der Sturz den Hang hinunter, wo ich das Schneeloch grub, und jene obszöne Eisklippe –, aber wohin war der Rest des Tages verschwunden? War dies dem Mangel an Nahrung und Wasser zuzuschreiben? Wie viele Tage waren es jetzt schon? Drei Tage, nein, zwei Tage und drei Nächte. Allmächtiger Gott! Der Gedanke entsetzte mich. Ich wußte, daß ich in dieser Höhe täglich mindestens anderthalb Liter Flüssigkeit zu mir nehmen mußte, allein um die Höhendehydration zu bekämpfen. Ich lief auf dem letzten Tropfen. Nahrung machte mir keine Sorge. Ich war nicht hungrig, und obwohl ich eine Riesenmenge Energie verbrannt haben mußte, fühlte ich, daß ich noch immer Reserven hatte. Doch die Art und Weise, wie sich meine Zunge anfühlte, die dick und belegt an meinem Gaumen kleben blieb, machte mir angst. Rund um mich war der Geruch von Wasser im Schnee, der von der Sonne erwärmt wurde, und trieb mich beinahe zur Panik. Schnee zu essen linderte zwar die Trockenheit in meinem Mund für kurze Zeit, aber ich wollte lieber nicht daran denken, was in mir drin dabei passierte. Es war schlicht unmöglich, genug Schnee zu essen, um dieses dringende Bedürfnis nach Flüssigem zu stillen. Was immer ich unbewußt geplant haben mochte, es schien angesichts dieses Schnees, der sich in die Ferne wellte, völlig nutzlos zu sein. Ich würde es nie schaffen.

Mein Gott! So war das also? Aus Wassermangel zum Stillstand kriechen ...

Ich rutschte den Hang hinunter und begann von der Schneehöhle wegzukriechen. Ich mußte versuchen, die Moränen bis Mittag zu erreichen, dann wollte ich weitersehen. Auf dem Gletscher zu sitzen und mir Sorgen zu machen, brachte mich auch nicht viel weiter. Vielleicht schaffte ich es nicht, vielleicht doch. Ich kümmerte mich nicht allzusehr darum, solange ich bloß weitermachte und beschäftigt war. Einsam zu warten, daß es zu mir kam, machte mir angst.

Ich kroch vorsichtig. Da ich keinen Spuren mehr folgen konnte, war es lebenswichtig, möglichst die Orientierung nicht zu verlieren. Ich wußte um die breiten und zahlreichen Gletscherspalten links drüben, daher hielt ich mich eng an die rechte Seite des Gletschers, die sich im Bogen unter dem Yerupaja erstreckte. Von Zeit zu Zeit hüpfte ich torkelnd auf meinen guten Fuß, um nach vorwärts zu schauen. Der erweiterte Ausblick verfehlte seine überraschende Wirkung nie. Ich konnte weit genug sehen, um charakteristische Spalten vor mir zu erkennen, an die ich mich von unserem Hinmarsch erinnerte. Doch die bohrende Angst vor unerwarteten Spalten zermürbte mich zusehends, und mir wurde immer mehr bewußt, wie verletzlich ich beim Kriechen war.

Nach einer Stunde versuchte ich mir einzureden, daß ich jetzt möglicherweise wieder gehen konnte. Mein Bein, das glatt hinter mir her rutschte, schien weniger zu schmerzen. Konnte es nicht sein, daß vielleicht nur ein paar Muskeln im Knie gerissen waren? Es war ja schon so lange her, seit ich es verletzt hatte; jetzt hatte es sich eine Nacht lang ausgeruht und vielleicht so weit gebessert, daß es mein Gewicht tragen konnte. Ich stand auf, schwankte auf meinem guten Bein und ließ meinen rechten Fuß sanft auf dem Schnee aufliegen. Langsam drückte ich ihn hinunter. Es schmerzte etwas, aber nicht unerträglich. Ich wußte, daß es weh tun würde, dachte jedoch, mich mit ein wenig Entschlossenheit durchbeißen zu können. Ich nahm allen Mut zusammen und trat vorwärts auf mein rechtes Bein. Etwas im Innern des Gelenks verdrehte sich und gab nach. Knochen knirschten ekelerregend.

Ich lag mit dem Gesicht im Schnee, unsicher, ob ich ohnmächtig geworden war oder nicht. Übelkeit drohte mir die Kehle hochzuschwemmen und ließ mich keuchen und würgen. Qualen brodelten aus meinem Knie. Ich schluchzte und verwünschte meine Dummheit. Jetzt fühlte es sich an, als hätte ich es überall nochmals gebrochen. Der Schnee biß mir kalt ins Gesicht und verscheuchte das Schwindelgefühl. Ich setzte mich auf und aß etwas Schnee, um die stechend bittere Galle in meinem Mund wegzuspülen, und saß dann vornübergeneigt schlapp da. Beim Aufstehen war die erste Serie von Gletscherspalten, die zu den Moränen hinunterliefen, hundert Meter vor mir sichtbar gewesen. Da ich nicht gehen konnte, mußte ich wohl oder übel durch den zerklüfteten Abschnitt kriechen, ohne weit genug voraussehen zu können, um sicher zu sein, daß ich die korrekte Route einhielt. Bei näherer Betrachtung war ich mir sowieso nicht sicher wegen der Route. Ich erinnerte mich, daß wir einem komplizierten Schlängelpfad durch die hundertfünfzig Meter paralleler Spalten zwischen mir und den Moränen gefolgt waren, zuweilen schmale Brücken zwischen den Spalten überquert hatten und häufig kurze, steile Hänge hochgeklettert waren, um den offenen Löchern aus dem Weg zu gehen. Ich bezweifelte, daß ich einen kriechenden Abstieg über alle diese Hindernisse unter Kontrolle halten konnte.

Ich legte mich auf meinen Rucksack zurück und starrte in den Himmel. Alle meine Instinkte schrien dagegen auf, die Überquerung zu wagen, doch mein Hirn konnte keine Alternative finden. Ich aß mechanisch Schnee und glitt in Tagträume weg, die mich von der unvermeidlichen Entscheidung abhielten, weiterzukriechen. Es gab weder Wolken anzuschauen noch Vögel, die vorbeiflogen, und dennoch lag ich lange dort, mit offenen Augen, doch ohne etwas zu sehen, und dachte an alles mögliche, nur nicht daran, wo ich war.

Ich wachte mit einem Ruck auf – *»Los, mach weiter ... lieg nicht da herum ... Schluß mit Dösen ... weiter!«* Die Stimme drang durch die ziellos wandernden Gedanken an Schlagertexte, Gesichter aus der Vergangenheit und nichtssagende Fantasiegebilde. Ich kroch weiter und versuchte, das Tempo zu beschleunigen, um mein schuldbeladenes Gewissen zu beschwichtigen. Ich verschwendete keinen Gedanken mehr darauf, was die Spalten für mich wohl bereithielten.

Mit häufigen Unterbrechungen, wo ich aufstand, um die Route zu prüfen, geriet ich langsam in die Spaltenzone. Dellen im glatten Schnee ließen mich ängstlich von Seite zu Seite schwenken, und wenn ich zurückblickte, wanden sich meine Kriechspuren in mäanderförmigen Schlaufen wie irr zu der ebenen Schneefläche zurück, auf welcher ich geschlafen hatte. Genau wie in einem Labyrinth glaubte ich anfänglich noch zu wissen, wohin ich ging, doch schließlich erkannte ich, daß ich mich rettungslos verirrt hatte. Die Brüche im Eis wurden immer verzerrter und zahlreicher, bis ich beim Aufstehen auf ein zerstückeltes Gewirr von Rissen und bedeckten Höhlungen starrte. Es war unmöglich, mit Bezug auf die vage Landkarte in meinem Kopf zu bestimmen, wo ich mich befand. Wohl erkannte ich zuweilen eine Spalte wieder, doch wenn ich nochmals hinstarrte, sah ich, daß ich mich geirrt hatte. Jede von ihnen veränderte ihre Gestalt, wenn ich sie ein zweites Mal anschaute, und von der Anstrengung, mich zu konzentrieren, begann alles in meinem Kopf zu verschwimmen. Ein aufsteigendes Grauen vor einem Sturz in eine Spalte trieb mich zu einem hektischen Rätselraten, welches der beste Pfad durch dieses Labyrinth sei. Je mehr ich mich bemühte, desto schlimmer wurde meine Lage, bis mich Hysterie zu überwältigen drohte. Welcher Weg? Welcher Weg? Dort drüben … und schon kroch ich dorthin, nur um mich vor einem weiteren drohenden Riß in einer Sackgasse zu finden.

Die Zeit schien sich zu verlangsamen, während ich vorwärts- und wieder zurückkroch. Ich kreuzte meine Spuren, kreuzte sie nochmals, vergaß, was ich bereits gesehen hatte, bis ich einmal mehr auf eine höhnische Kluft vor meinem Gesicht blickte. Ich widerstand der Versuchung, über die kleineren Spalten zu hopsen – enge Lücken, über die ich normalerweise ohne zu zögern gesprungen wäre, doch auf einem Bein wegzuhüpfen, wagte ich nicht zu riskieren. Selbst wenn ich die Lücke schaffte, konnte ich leicht unkontrollierbar in den parallelen gähnenden Schlitz gleich dahinter rutschen.

In einem Zustand nervöser Erschöpfung brach ich auf einer schmalen Schneebrücke zwischen zwei Spalten zusammen. Ich lag auf der Seite und blickte düster auf die sich verengende Brücke, die sich von mir weg erstreckte. Irgendwie kam mir diese Brücke vertraut vor, aber ich konnte mich nicht erinnern, was es war. Ich war vor Verzweiflung zusammengebrochen, als ich bemerkt hatte, daß die Brücke enger wurde, und vermeinte, mich ein weiteres Mal zurückziehen zu müssen. Ich hatte mich dieser Brücke schon mehrmals zuvor genähert, doch jetzt glaubte ich, daß es mit ihr eine besondere Bewandtnis hatte. Vorher hatte ich aus Angst vor den offenen Löchern auf beiden Seiten nicht gewagt, auf dem schmalen Streifen Schnee aufzustehen. Ich setzte mich und suchte in meiner Erinnerung intensiv nach einem Merkmal im Schnee vor mir. Die Brücke schien sich nach links zu winden und abzufallen. Nur wenn ich mich erhob, konnte ich mich vergewissern, ob die wachsende Erregung in mir gerechtfertigt war. Mit Hilfe meines Pickels richtete ich mich behutsam auf. Ich schwankte bedrohlich und fühlte mich sehr wackelig. Hinter der Brücke sah ich den dunklen Umriß eines Felsblocks auf einem flachen Schneehang. Es war der Anfang der Moränen. Ich ließ mich auf die Brücke zurückfallen und kroch vorsichtig zu ihrer engsten Stelle. Die Biegung nach links führte zu den schneebedeckten Moränen. Es gab keine Spalten mehr.

Ich saß mit dem Rücken gegen einen großen, gelben Felsen und starrte auf meine Spuren zurück, die herunterliefen und aus dem Gletscher hinausführten. Sie woben sich irr durch das zerbrochene Eis, als wäre irgendein Riesenvogel herumgehüpft und hätte Futter auf dem Schnee gesucht. Ich fühlte mich komplett ausgelaugt. Jetzt, wo ich die nächstliegende Route klar vor mir sehen konnte, kam es mir plötzlich spanisch vor, daß ich so einen bekloppten Weg durch die Spalten eingeschlagen haben sollte.

Über meiner guten Laune lag ein Schatten von Hysterie. Die Wellen eines schwachen Zitterns, die durch mich liefen, ließen keinen Zweifel offen, daß ich sehr viel Glück gehabt hatte, unversehrt durchzukommen. Der Gletscher schimmerte und wogte vor meinen Augen, so daß seine sanften Hügel sich wie ein Ozean zu bewegen schienen. Ich rieb mir die Augen und sah nochmals hin. Der Anblick vor mir hatte etwas Verschwommenes, und als ich mich umwandte, um zu den dunklen Moränen zu schauen, die sich zu den Seen hinabwälzten, bemerkte ich, daß auch sie trüb und unscharf erschienen. Je mehr ich mir die Augen rieb, desto schlimmer wurde der Nebelschleier, und ein scharfes, prickelndes Brennen ließ Tränen meine Sicht trüben. Schneeblind!

»Scheiße! Das hat mir gerade noch gefehlt!«

Meine Sonnenbrille war zerbrochen, als ich von der Klippe gestürzt war und mir das Bein gebrochen hatte, und ich hatte meine Kontaktlinsen die letzten zwei Tage und Nächte nicht herausnehmen können. Ich kniff die Augen zusammen und spähte durch die allerengsten Schlitze. Wenn ich auf das blendende Gefunkel des Gletschers blickte, brannten meine Augen unerträglich, und dicke Tränen kullerten mir die Wangen hinunter. Die dunklen Moränen waren sanfter, und ich merkte, daß ich dort mit Schlitzaugen recht scharf sehen konnte. Ich rückte unbeholfen zur anderen Seite des Felsens, die auf die Moränen schaute, und diese kurze Strecke Hüpfens bestätigte meine Befürchtung, daß der Gletscher der vergleichsweise leichtere Teil gewesen war.

Ich räkelte mich gegen den Felsen und fühlte mich wohlig warm und entspannt in der Sonne. Ich gewährte mir eine ausgiebige Pause, bevor ich mich an die Moränen machte, und nickte sogleich ein. Nach einer halben Stunde störte die Stimme rüde meinen Frieden, schlich sich wie ein fernes Gemurmel von fließendem Wasser in meine Träume mit der gewohnt eindringlichen Botschaft, über die ich bisher nie hatte weghören können:

*»Los, wach auf! Gibt viel zu tun … weiter Weg vor dir … schlaf nicht … los, weiter!«*

Ich setzte mich auf und starrte verwirrt auf den dunklen Fluß von Felsgestein, der von mir wegströmte. Einen Moment lang war ich desorientiert und wußte nicht recht, wo ich war. Alle diese Felsbrocken! Nach so vielen Tagen im Schnee boten sie ein merkwürdiges Bild. Seit dem Abschnitt kurz unter dem Gipfel hatte ich nie mehr so viel Felsgestein gesehen. Wie lange war das bloß her? Es brauchte mehrere gedankenverlorene Anläufe, bevor ich es herausknobelte. Vor vier Tagen. Es ergab keinen Sinn. Vier Tage, sechs, was machte das schon aus? Nichts schien sich je zu ändern. Ich war schon so lange in diesen Bergen gewesen, daß es sich anfühlte, als müßte ich hier in diesem halbwachen Zustand verbleiben und hie und da in die nackte Wirklichkeit aufwachen, um mich daran zu erinnern, weshalb ich eigentlich hier war, bevor ich wieder in tröstliche Fantasien zurücksank. Felsen! Die Moränen. Natürlich! Ich lehnte mich gegen den Felsblock zurück und schloß die Augen, aber die Stimme rief weiter. Anweisungen überschlugen sich, wiederholte Befehle, was ich tun müsse, und ich lehnte mich zurück, lauschte und kämpfte gegen den Instinkt an, ihr zu gehorchen. Ich wollte doch nur noch ein bißchen schlafen! Ich verlor den Kampf und gehorchte.

Die Melodie eines Lieds erklang in meinem Kopf, während ich mich organisierte. Ich merkte, daß ich den ganzen Liedtext wörtlich wiedergeben konnte, obwohl ich überzeugt war, daß ich mich früher jeweils bloß an den Kehrreim hatte erinnern können. Ich murmelte ihn, während ich meinen durchnäßten Schlafsack über den Felsblock ausbreitete, und fühlte zuversichtlich, daß dies ein gutes Zeichen sein mußte. Mein Gedächtnis funktionierte bestens. Ich leerte meinen Rucksack auf den Schnee neben mir aus und sichtete seinen Inhalt. Der kleine, flache Topf und der Kocher wanderten auf die eine Seite. Ich hatte kein Gas, daher verstaute ich den Kocher in der Schlafsackhülle. Ich zog meinen Helm und die Steigeisen aus und packte sie ebenfalls in den kleinen, roten Sack. Mein Eishammer und die Klettergurte fanden gerade noch Platz, und so blieben mir Lampe, Fotoapparat, Schlafsack, Eispickel und Kochtopf. Ich hob den Fotoapparat aus dem Schnee und erwog, ihn ebenfalls in den Sack zu stecken. Ich hatte den Film schon nach dem Gipfel herausgenommen, er war also zu nichts nütze. Dann erinnerte ich mich an alle die Umstände, bis ich die Kamera bei einem Trödler gefunden hatte, und legte sie in den Rucksack. Ich stopfte meinen Schlafsack und die Lampe hinein und band ihn zu. Der glänzende Aluminiumtopf wurde zwischen zwei kleinen Felsbrocken auf dem Felsblock festgeklemmt, so daß die Sonne von seiner Oberfläche reflektierte. Ich legte den roten Stoffsack am Fuß des Felsblocks hin und lehnte mich zufrieden zurück. Es war gut, alles ordentlich und durchdacht zurückzulassen.

Als ich fertig war, hatte das Lied in meinem Kopf gewechselt. Es wurde von einem anderen abgelöst, das ich haßte. Ich konnte mir den penetranten Singsang einfach nicht aus dem Kopf schlagen, während ich mich gereizt an meiner Isoliermatte zu schaffen machte und versuchte, die Worte zu vergessen ... »*Brown girl in the ring ... Tra la la la la ...*« Ein Teil von mir führte ohne jede bewußte Entscheidung Aufgaben aus, als hätte man ihm bereits aufgetragen, was zu tun sei, während der andere Teil hartnäckig durch alle meine Gedanken ein dümmliches, sinnloses Lied sang.

Ich rollte die gelbe Schaumstoffmatte im Schnee neben mir aus. Für das, was ich im Sinn hatte, war sie viel zu lang. Als ich versuchte, sie in zwei Teile zu reißen, merkte ich, daß die Struktur der Matte zu stark war. Ich hackte mit der Haue meines Pickels darauf herum und machte eine grobe, punktierte Linie quer durch sie. Als ich wieder daran zerrte, riß sie in einer gezackten Linie zwischen den Schnitten entzwei. Ich wickelte sie mir zweimal ums Knie und zog sie so fest zusammen, wie ich nur konnte. Ich zuckte unter dem stechenden Schmerz zusammen. Mit einem Riemen meiner Steigeisen schnallte ich sie an meinem Oberschenkel fest, wobei ich mich mit gefühllosen Fingern abmühte, die Schnalle zu schließen. Ein zweiter Riemen um meine Wade fixierte sie sicher. Als ich mein Bein anhob, sah ich mit Genugtuung, daß das Knie steif blieb und sich nicht bog, doch die Matte war am Knie verrutscht und offen. Zwei weitere Riemen von meinem Rucksack vervollständigten die Schiene. Ich befestigte sie sehr nahe am Gelenk, einen auf jeder Seite, und legte mich dann erschöpft zurück. Die Knieriemen hatten mich aufjaulen lassen, als ich sie festzurrte, doch allmählich linderte der konstante Druck aufs Knie die Qualen zu einem pochenden Schmerz.

Als ich aufstand und schwer gegen den Felsblock lehnte, schwirrte mein Kopf vor Schwindel, und ich packte den Felsen fester, um nicht hinzufallen. Es ging vorüber. Ich zog mir den Rucksack über den Rücken und nahm meinen Eispickel aus dem Schnee. Die Moränen ergossen sich in einem breiten Sturzbach von Felsblöcken von mir weg. Ich wußte, daß sie in den oberen Gefilden sehr groß waren und sich in der Nähe der Seen allmählich zu Felsbrocken und Geröll verkleinerten. Kriechen kam nicht in Frage. Marschieren ebensowenig, also würde ich hüpfen.

Beim ersten Versuch fiel ich flach aufs Gesicht, krachte mit der Stirn scharf gegen die Kante eines Felsblocks und verrenkte mir tückisch mein Bein. Ich schrie. Als der Schmerz verebbte, versuchte ich es nochmals. Ich hielt den Pickel fest in meiner rechten Hand. Mit seinen knapp sechzig Zentimeter Länge gab er einen jämmerlichen Spazierstock ab, und als ich ihn vorsichtig auf dem Boden aufsetzte, war ich vornübergebeugt wie ein arthritischer Rentner. Mein ganzes Gewicht ruhte auf dem Pickel. Ich hob das nutzlose rechte Bein vorwärts, so daß es parallel zu meinem linken Bein hing, dann stützte ich mich auf den Pickel und machte einen wilden Vorwärtshüpfer. Er war etwas zu wild. Ich schwankte gefährlich und versuchte, mich davor zu bewahren, wieder auf mein Gesicht zu schlagen. Ich war wahrhaftig ganze fünfzehn Zentimeter vorwärts gekommen! Ich versuchte es nochmals und stürzte schwer. Diesmal dauerte es schon länger, bis der Schmerz abklang, und als ich wieder stand, fühlte ich unter der Schiene in meinem Knie ein heißes Brennen.

Nachdem ich zehn Meter so zurückgelegt hatte, war es mir gelungen, meine Hoppeltechnik zu perfektionieren. Sie war nicht sehr effizient, und die Anstrengung brachte mich schwer ins Schwitzen. Ich hatte herausgefunden, daß es am besten war, wenn ich das Bein nicht vor meinen guten Fuß abstellte und statt eines heftigen Hüpfers eine Art Schleifschritt ausführte, mit dem ich mich besser im Gleichgewicht halten konnte. Auf diesen ersten zehn Metern stürzte ich bei jedem zweiten Hüpfer, aber am Ende konnte ich doppelt so weit hopsen und dabei aufrecht stehenbleiben. Ich erinnerte mich wieder an die Muster, die ich beim Traversieren des Grats und beim Herausklettern aus der Spalte verwendet hatte, und konzentrierte mich auf die gleiche Technik. Ich zerlegte das Hüpfen in einzelne Teilschritte und wiederholte diese getreulich: Pickel setzen, Fuß vorwärts heben, aufstützen, hüpfen, Pickel setzen, heben-stützen-hüpfen, setzen-heben-stützen-hopp ...

Um ein Uhr war ich losgegangen, die Moränen hinunter. Noch fünfeinhalb Stunden, bis es dunkel wurde. Setzen-heben-stützen-hopp. Ich brauchte Wasser. Ich würde es nie bis zum Bombenweg schaffen. Setzen-heben ... und immer so weiter, bis ich automatisch humpeln und dabei abschalten konnte. Die Stürze brachten mich jedesmal wieder zurück, doch sie ließen sich nun einmal nicht vermeiden. Entweder rutschte mein Pickelschaft auf einem losen Felsbrocken aus und schickte mich mitten in einem Hüpfer zu Boden, oder ich landete auf Geröll und fiel seitwärts in die Felsblöcke. Ich versuchte mein Knie zu schützen, aber es war zwecklos. Ich hatte keine Kraft mehr im Bein, um es sicher zur Seite zu ziehen. Ich stürzte unweigerlich voll darauf, oder es schlug grausam gegen den felsigen Boden.

Die schmerzvollen Feuerstöße bei jedem Aufprall wurden nie schwächer, aber aus unerfindlichen Gründen verkürzte sich die Zeit, bis ich mich jeweils wieder erholt hatte, drastisch. Ich hörte auf zu schreien, wenn ich stürzte, und merkte, daß es keine Rolle spielte. Schreie waren dazu da, daß die anderen mich hörten, und die Moränen scherten sich wenig um meine Proteste. Zuweilen weinte ich wie ein Kind den Schmerz und die Enttäuschung hinaus, doch öfter mußte ich würgen. Übel war mir nie. Es gab nichts zu erbrechen. Als ich mich zwei Stunden später umwandte und meinen Weg zurückverfolgte, war der Gletscher eine ferne, schmutzigweiße Klippe, und angesichts dieses greifbaren Beweises für mein Vorwärtskommen stieg meine Stimmung gewaltig.

Die Stimme drängte mich weiter. *»Setzen-heben-stützen-hopp ... nicht aufhören. Schau, wie weit du schon gekommen bist. Mach einfach weiter, denk nicht darüber nach ...«*

Ich tat, wie mir befohlen wurde. Stolperte an Felsblöcken vorbei und manchmal auch darüber weg, stürzte, weinte und fluchte in einer Litanei, die zum Muster meines Hüpfens paßte. Ich vergaß, weshalb ich es tat; vergaß sogar den Gedanken, daß ich es wahrscheinlich nicht schaffen würde. Ich wurde von Instinkten geleitet, die ich nie in mir vermutet hätte, und während ich in einem verschwommenen Delirium von Durst und Schmerz und Hüpfen das Moränenmeer hinuntertrieb, legte ich gewissenhaft Zeitabschnitte fest. Ich blickte nach vorn zu einem Orientierungspunkt und gab mir eine halbe Stunde, um ihn zu erreichen. Während ich mich der Marke näherte, blickte ich in wütender Besessenheit auf die Uhr, bis sie Teil des Musters wurde ... setzen-heben-stützen-hopp-Zeit. Wenn ich merkte, daß ich im Verzug war, versuchte ich die letzten zehn Minuten Hüpfen zu beschleunigen. Zwar stürzte ich viel öfter, wenn ich hastete, doch es war so verdammt wichtig geworden, die Zeit zu unterbieten. Nur einmal war es mir nicht gelungen, sie zu schlagen, und ich schluchzte vor Ärger. Die Uhr wurde so lebenswichtig wie mein gutes Bein. Ich hatte kein Zeitgefühl mehr. Bei jedem Sturz lag ich halb betäubt da, nahm den Schmerz in mich auf und wurde mir überhaupt nicht gewahr, wieviel Zeit verstrichen war. Dann ließ mich ein Blick auf die Uhr schlagartig wieder aktiv werden, besonders wenn ich sah, daß es fünf Minuten gewesen waren und nicht die vermeintlichen dreißig Sekunden.

Die Felsblöcke ließen mich schrumpfen. Die Moränen waren so leblos wie der Gletscher. Überall felsig-düsteres Graubraun, Schlamm, Felsbrocken, schmutziges Geröll. Ich hielt nach Insekten Ausschau und fand keine. Kein Vogel weit und breit. Es war still. Rund um das Muster und die Stimme schweifte meine Fantasie fieberhaft von einem geistlosen Gedanken zum andern. Lieder rasselten mir durch den Kopf, und in den Steinen, auf denen ich lag, formten sich Bilder. Der Schnee lag in Flecken zwischen den Felsen. Er war schmutzig und voll Grus, doch ich aß fortwährend davon. Wasser wurde zur Zwangsvorstellung. Schmerz und Wasser. Das war meine Welt. Daneben gab es nichts.

Ich hörte Wasser zwischen den Felsen glucksen. Wie oft hatte ich es schon rieseln hören? Ich lag auf dem Bauch nach einem Sturz, und da war es wieder, das Geräusch von sikkerndem Wasser. Ich rückte leicht zur Seite, und das Geräusch wurde deutlicher. Ich spürte, wie ich wölfisch lächelte: »Das ist aber ein fetter Happen.« Jedesmal hatte ich dasselbe gesagt, und jedesmal war es bloß ein dünner Faden gewesen, der im Schlamm versickerte. Wieder bewegte ich mich auf einen bröckeligen Felsblock zu, gleich rechts von mir. Da! Haha! Was habe ich gesagt! – Ein dünner Silberstreifen zog an der Seite des Felsblocks entlang. Dünn wie ein Schnürsenkel, aber größer als die anderen. Ich schob mich auf dem Bauch näher und spähte eindringlich auf das Wasser. Damit mußte ich erst mal klarkommen.

»Nicht berühren! Sonst versickert es wieder.«

Ich steckte meinen Finger in den kiesigen Schlamm. Das Wasser sammelte sich im Loch und floß über.

»Ah, dich hab' ich!«

Das Loch wurde äußerst behutsam erweitert, bis eine flache Mulde von der Größe einer Untertasse voller Wasser glitzerte. Ich beugte mich darüber, bis meine Nase die Wasserfläche kitzelte, und sog gierig durch gespitzte Lippen. Ein halber Mundvoll klesiges Wasser. Ich spülte es herum und spürte, wie sich mein Gaumen löste. Ich glaubte, wenn ich es erst herumspülte, statt es hastig hinunterzuschlucken, würde ich das Wasser besser absorbieren. Es war ein abstruser Gedanke, aber ich tat es trotzdem. Die Untertasse füllte sich langsam. Ich sog daran, sobald sie zur Hälfte voll war, und kriegte zuviel Kies und Schlamm ab. Ich verschluckte mich, hustete explosionsartig, spie das kostbare Naß in den Tümpel zurück und zerstörte dabei die Untertasse.

Ich baute das Teichlein wieder neu, aber es wollte sich nicht füllen. Ich grub ein tieferes Loch, und noch immer blieb es trocken. Es war versickert. Wer weiß, wohin. Kein Wasser mehr bis zum nächstenmal. Die Stimme unterbrach mich, und ich stand wackelig auf.

Der Nachmittag blieb klar. Diese Nacht stand kein Sturm bevor. Der Himmel würde klar und voller Sterne sein, doch ohne die Wolken würde es kalt werden. Ich schaute nach einem Merkzeichen aus und sah die Moränen vor mir in fünfzehn Meter Entfernung steil abfallen. Ich erkannte die Stelle augenblicklich wieder: Das Eis unter den Moränen stand in einer steilen Klippe heraus. Beim Hinweg hatten wir Richard unter diesen Klippen zurückgelassen. Ich hielt mich eng an den rechten Moränenrand, wo die Felsblöcke nicht so chaotisch waren. Hier zwängten sich die steilen, vom Wasser geglätteten Felswände auf die Moränen hinunter und bildeten die Klippen. Fünfundzwanzig Meter hohes, schlammbedecktes, glasig glattes Eis. Jetzt erinnerte ich mich wieder. Wir waren einen gewundenen Pfad hochgeklettert und sorgfältig den vielen großen Felsbrocken ausgewichen, die in einem prekären Gleichgewicht zurückgeblieben waren, während die Sonne das Eis weggeschmolzen hatte. Ich fühlte mich seltsam erregt, daß ich die Klippen erreicht hatte. Sie bildeten das letzte Hindernis, das mich umbringen konnte. Hatte ich sie hinter mir, brauchte ich bloß noch weiterzukriechen. Es würde keine Spalten oder Klippen mehr geben, die mich bedrohten. Ich legte die Zeit fest und hoppelte auf den Rand der Klippe zu.

Oben am Pfad, der die Klippe hinunterführte, setzte ich mich hin und versuchte die beste Abstiegsmethode herauszufinden. Sollte ich mit Blick nach vorn sitzen und mich auf meinem Hintern hinunterschieben? Oder besser auf dem Bauch liegen und mich mit dem Pickel hinunterlassen? Ich bereute, daß ich meine Steigeisen zurückgelassen hatte. Mit Steigeisen wäre alles viel einfacher gewesen. Ich beschloß, mich auf den Hintern zu setzen. Auf diese Weise konnte ich wenigstens immer sehen, wo es langging.

Halbwegs unten in der Klippe begann ich überheblich zu werden. War doch kinderleicht gewesen! Wovor hatte ich bloß so Angst gehabt? Die Antwort kam postwendend, als der Felsbrocken, an dem ich mich hielt, herausbrach und ich mit einem Ruck seitlich wegglitt und ins Rutschen kam. Ich krallte mich in das schmutzige Eis und versuchte, einen der Felsbrocken zu packen, die darin eingebettet waren. Ich rollte mich herum und drückte verzweifelt mein Kinn gegen das Eis, um die Talfahrt zu verlangsamen, wobei ich mir mehrmals den Kopf anschlug. Plötzlich hielt ich an.

Mein linker Schuh hatte sich an einer Felskante verkeilt. Ich zitterte heftig.

Ein paarmal blickte ich noch zu den Eisklippen zurück, als ich die Felsen hinunterhüpfte. Jedesmal wurden sie kleiner, und ich spürte, wie ich die Tür hinter etwas Ungreifbarem zuzog, was mich so lange Zeit bedrohlich umgeben hatte. Diese Klippen waren das Tor zu den Bergen. Ich grinste, als ich sie anschaute. Ich hatte so etwas wie eine Schlacht gewonnen, ich konnte es tief in mir drin fühlen. Jetzt war nur noch das Muster da, und die Schmerzen, und Wasser. Ob ich wohl heute abend noch bis zum Bombenweg kam? Das wäre ja gelacht! Er war gar nicht so weit weg von hier, bloß ein zwanzigminütiger Spaziergang, das konnte doch nicht so schwierig sein!

Und genau das war mein Fehler. Ich hörte auf, die Zeit bis zum nächsten Merkzeichen festzulegen, und hatte nur noch den Bombenweg und die silbernen Fluten eiskalten Schmelzwassers im Kopf, die an seinen Flanken herunterströmten. Als es dunkel wurde, hatte ich keine Ahnung, wie weit entfernt ich vom Bombenweg war, und wußte auch nicht, wie weit ich gekrochen war. Ohne auf meine Uhr zu schauen, war ich nach jedem Sturz in einem stumpfen Erschöpfungszustand liegengeblieben. Hatte einfach dagelegen und endlosen Geschichten zugehört, die durch den Schmerz zogen, hatte kurzen Träumen vom Leben in der wirklichen Welt zugeschaut, Lieder im Takt zu meinem Herzschlag gespielt, hatte den Schlamm nach Wasser abgeleckt und zahllose Stunden in einem leeren Wahn vergeudet. Jetzt taumelte ich blind im Dunkeln, besessen von diesem Bombenweg, ohne auf die Stimme zu hören, die mir befahl, zu schlafen und mich auszuruhen und den Bombenweg zu vergessen. Ich holte meine Stirnlampe aus dem Rucksack und torkelte weiter, bis ihr Licht verlöschte. Es war eine mondlose Nacht. Die Sterne zeichneten helle

Muster über den Himmel und ließen die Moränen in schwachem Licht aufschimmern.

Um zehn Uhr strauchelte ich und fiel schwer auf die Felsen. Seit die Lampe vor drei Stunden ausgegangen war, stürzte ich fast bei jedem Hüpfer. Ich wußte im hintersten Winkel meines Gehirns, daß ich während dieser ganzen Zeit bloß wenige hundert Meter geschafft hatte. Jetzt konnte ich nicht mehr aufstehen. Ich versuchte es, brachte jedoch nicht mehr die Kraft dafür auf. Etwas Vorrangiges hielt mich zurück. Die Stimme obsiegte. Ich wand mich in meinen Schlafsack und fiel augenblicklich in einen tiefen Schlaf.

## 12. KAPITEL

## Die Zeit rinnt aus

Ich warf meinen Schlafsack über das Zeltdach und ging zum Schatten des Küchenfelsens hinüber. Die bleierne Müdigkeit, die ich gestern verspürt hatte, war weg. Das einzige Beweisstück, das an meine Zerreißprobe erinnerte, war der Anblick meiner geschwärzten Fingerspitzen. Ich vergaß mit der Zeit immer mehr, daß sie havariert waren, und war überrascht, daß ich nicht mit dem kleinen Schlüssel für den Benzinkocher herumhantieren konnte. Richard nahm ihn mir aus der Hand und zündete den Kocher an. Er war schweigsam, als er das Frühstück zubereitete. Ich spürte, was in ihm vorging, wollte es jedoch lieber nicht zur Sprache bringen. Vergangene Nacht war er darauf zu sprechen gekommen, daß wir nach Lima zurückkehren sollten. Es gab nichts, was uns im Lager zurückhielt, und er mußte innerhalb der nächsten fünf Tage sein Visum erneuern. Ich sagte ihm, ich hätte noch etwas Ruhe und Erholung nötig. Gestern nacht hatte es vielleicht der Wahrheit entsprochen, aber heute nicht mehr. Ich hatte mich völlig erholt. Mein gefräßiger Appetit bescheinigte es, und auch Richard mußte die Besserung aufgefallen sein.

Die bitteren Gefühle jedoch waren nicht verflogen. Diesen Ort zu verlassen hätte mich von einer unerbittlichen Präsenz befreit, die mich anklagte, und die chaotische Geschäftigkeit Limas würde die Stille auslöschen, die jedesmal auf mir zu lasten schien, wenn ich allein im Lager war. In meinem Herzen wußte ich, daß ich gehen sollte, aber ich konnte nicht ausbrechen. Die Berge hielten mich in ihrem Bann. Etwas hielt mich vom Weggehen ab. Ich hatte keine Angst, heimzukehren und die Suppe auszulöffeln. Ich hatte richtig gehandelt. Niemand konnte meine Überzeugung anfechten, daß ich ebenso sehr ein Opfer war wie Joe. Überlebt zu haben war doch kein Verbrechen! Warum also nicht geben? Ich starrte hinüber zu der eisigen, weißen Weite des Sarapo. Vielleicht morgen ...

»Fühlst du dich besser?« unterbrach Richard meine Gedanken.

»Ja. Ja, viel besser. Nur noch die Finger ...« Ich brach ab, starrte auf meine Finger und war ängstlich darauf bedacht, ihm nicht in die Augen zu blicken.

»Ich glaube, wir sollten hier weg.«

Ich hatte erwartet, daß er sich Zeit lassen würde. Seine direkte Bemerkung schockierte mich.

»Was? ... Ja, sicher. Vermutlich hast du recht. Es ist bloß ... Ich bin noch nicht soweit. Ich ...«

»Hierzubleiben hilft doch auch nichts, oder?«

»Nein, wahrscheinlich nicht.« Ich musterte meine Hände noch eingehender.

»Also, ich glaube, wir sollten schauen, wie wir die Esel organisieren. Spinoza ist unten bei den Hütten. Ich kann hinuntergehen und es mit ihm aushandeln.«

Ich sagte nichts. Warum fühlte ich bloß so einen Widerstand, von hier wegzugehen? Hierzubleiben war dumm. Ich gewann nichts damit. Warum ...?

»Schau mal«, sagte Richard sanft, »er kommt nicht zurück. Du weißt es doch. Wenn die geringste Chance bestanden hätte, wärst du gestern wieder hochgegangen. Stimmt's? Laß es doch sein. Es gibt viel zu tun. Wir müssen die Botschaft verständigen und seine Angehörigen und den ganzen legalen Kram erledigen und Flüge buchen und dies und das. Ich glaube, wir sollten geben.«

»Vielleicht könntest du vorausgehen. Ich kann später nachkommen. Du gehst zur Botschaft und all das Zeugs und holst dein Visum. Ich komme in ein paar Tagen nach.«

»Warum denn? Komm mit mir hinunter. Es ist besser so.«

Ich gab keine Antwort, und er stand auf und ging zu seinem Zelt. Er kam mit seinem Geldgürtel heraus.

»Ich gehe hinunter, um Spinoza zu treffen. Ich will versuchen, ihn zu überreden, daß er irgendwann heute mit den Eseln hochkommt. Wir können bis nach Huayallapa kommen, wenn wir am Mittag aufbrechen. Wenn er es nicht einrichten kann, will ich schauen, daß er morgen früh kommt.«

Er wandte sich um und machte sich zu den Hütten am Fuß des Tals auf. Als er das Flußbett zu überqueren begann, stand ich auf und rannte ihm nach.

»He, Richard!« Er drehte sich nach mir um. »Du hast recht«, schrie ich. »Schau, daß Spinoza die Esel morgen früh bringt. Nicht heute. Wir gehen ganz früh am Morgen los. Gut so?«

»Also gut. Bis bald.« Er drehte sich wieder um und marschierte energisch durch das trockene Flußbett. Ich hatte einen Tee bereit, als ich ihn zwei Stunden später zurückkommen sah. Er reichte mir etwas Käse, den er von den Mädchen gekauft hatte, und wir saßen auf unseren Isoliermatten, um ihn in der Sonne zu verspeisen.

»Er hat gesagt, er werde um sechs Uhr früh da sein, aber du weißt ja, wie man es hier mit der Zeit hält.«

»Gut.«

Jetzt, da die Entscheidung gefallen war, fühlte ich mich erleichtert. Bei der Aussicht, etwas zu tun, fiel die Last des Grübelns von mir ab. Es gab so viel zu erledigen. Wir hatten einen Zweitagemarsch vor uns. Das Lager mußte abgebrochen und in gleich schwere Lasten verteilt werden. Wie viele Kilo pro Esel machte das? Zwei Packen zu zwanzig auf jeder Seite? Ach was, wir haben eh nur halb soviel Gewicht beim Hinuntergehen. Wir müssen auch noch Spinoza bezahlen. Vielleicht könnten wir ein Tauschgeschäft machen. Es gibt vieles hier, was er sicher gern hätte: Seile, Töpfe, Federmesser. Klar, wir können damit noch ein gutes Geschäft machen. Dann müssen wir Fahrkarten für den Bus in Cajatambo lösen und der Polizei mitteilen, daß wir nach Lima zurückkehren. Das wird schwierig! Die werden wissen wollen, was mit Joe los ist. Bloß nichts sagen. Das erspart uns eine Menge Streß. Wir können das alles in Lima erledigen, dort ist die Botschaft, die wird uns helfen. Ich muß Joes Eltern anrufen. O Gott! Was soll ich bloß sagen? Sag nur, er sei in einer Spalte gestorben, und erzähl ihnen die ganze Geschichte, wenn du zurück bist. Ja, so ist es am besten. Hoffentlich kriegen wir bald einen Rückflug. Ich möchte ungern noch lange in Lima herumhängen. Jetzt werde ich Bolivien nicht sehen. Joe wollte nach Ecuador gehen, und ich wollte mir Bolivien ansehen. Schon komisch, daß wir jetzt keins von beiden sehen.

»He!« Ich schaute hoch und sah, wie Richard sich über einen Felsblock hinter dem Kuppelzelt beugte.

»Was?«

»Hast du nicht dein Geld versteckt, bevor ihr zum Siula gegangen seid?«

»Donnerwetter! Habe ich ganz vergessen.« Ich stand auf und eilte zu ihm hinüber. »Dort ist es nicht. Ich habe es irgendwo beim Gasvorrat unter einen Felsbrocken gesteckt.«

Wir suchten in der Nähe des Vorratslagers, konnten aber nichts finden. Ich zerbrach mir den Kopf, wo genau ich den kleinen Pastikbeutel hingesteckt hatte, in welchen zweihundert Dollar eingewickelt waren.

»Vielleicht dort drüben«, murmelte ich unschlüssig. Richard lachte schallend.

»Das ist ja allerhand! Wenn wir es nicht finden, werden wir Mühe haben, nach Lima zurückzugelangen. Komm schon. Du mußt dich doch an die Stelle erinnern.«

»Ja gewiß, habe ich auch gedacht. Bin mir aber nicht mehr sicher. Es ist schon eine ganze Woche her.«

Als ich dies sagte, erkannte ich einen Felsbrocken hinter dem Gasvorrat wieder, und als ich ihn anhob, lag dort der Beutel mit dem Geld.

»Gefunden!« rief ich triumphierend und hielt den Beutel hoch über meinen Kopf. Richard tauchte hinter einem Felsblock auf.

224

»Gott sei Dank! Ich habe schon geglaubt, die Gören hätten es gefunden.«

Er begann eine Mahlzeit zuzubereiten, während ich die Geldscheine zählte, um zu schauen, wieviel ich noch übrig hatte. Hundertfünfundneunzig Dollar. Es war genug. Ich war gespannt, wie lange wir in der Stadt bleiben mußten, um alles mit der Botschaft und der Polizei zu regeln. Es gab bestimmt eine Menge bürokratische Verzögerungen.

»Was ist eigentlich mit Joes Geld?« fragte ich unvermittelt, und Richard hörte auf, im Kochtopf herumzurühren.

»Was für Geld?«

»Er hat doch sein Häufchen auch versteckt, weißt du noch?«

»Mir hat er nie etwas davon erzählt.«

»Mir aber schon. Es schien ihm sogar sehr viel daran zu liegen. Er hat mich mit sich gezerrt, um mir ganz genau zu zeigen, wo er es versteckt hat.«

»Na los, dann hol's dir doch!«

»Kann ich doch nicht. Ich habe vergessen, wo es liegt.«

Richard brach in schallendes Gelächter aus. Ich mußte ebenfalls lachen und wunderte mich über mich selbst. Der spontane Humor dieser letzten Stunde überraschte mich – und auch die Art, wie ich ›Joes Geld‹ gesagt hatte, ohne auch nur im geringsten zu fühlen, daß es irgend etwas mit ihm zu tun hatte. Ich hatte sein Gespenst gestern mit den Kleidern verbrannt. Das Geld war einfach Geld, nicht seins. Es gehörte uns, doch zuerst mußten wir es finden.

»Wieviel hat er gehabt?«

»Gar nicht so wenig. Jedenfalls mehr als ich.«

»Besser, wir finden es. Ich lasse jedenfalls nicht zweihundert und mehr Dollar unter einem Stein vergammeln.«

Er stand auf, ging zum Gasvorrat hinüber und begann unter die herumliegenden Felsblöcke zu gucken. Jetzt war es an mir, meckernd loszubrüllen.

»Was, zum Teufel tust du da? Du hast doch keinen blassen

Schimmer, wo er es versteckt hat, und hier liegen Tausende von diesen doofen Felsbrocken herum.«

»Weißt du was Besseres? Du hast schließlich das Versteck vergessen.«

»Wir müssen systematisch vorgehen. Es ist jedenfalls nirgendwo in der Nähe des Gasvorrats, da bin ich mir ganz sicher.«

Ich ging zu einer Stelle mit großen Felsblöcken hin und versuchte einen zu finden, der meinem Gedächtnis nachhelfen würde. Für mich sahen sie alle gleich aus. Ich unterteilte das Gebiet, bis ich sicher sein konnte, daß das Geld nicht dort steckte, dann ging ich weiter zu einer anderen Gruppe von Felsblöcken. Richard stand ruhig abseits und grinste wissend. Nach einer Stunde fruchtlosen Herumsuchens hielt ich inne und sah ihn an.

»Na los! Steh nicht einfach dort herum. Hilf mir lieber.«

Eine Stunde später hockten wir verdrossen beim Kocher und tranken Tee. Das Geld hatten wir nicht gefunden.

»Es muß doch irgendwo hier sein, Herrgott noch mal! Ich bin sicher, er hat es unter einen kleinen Stein nahe bei einem Felsblock gelegt, und zwar nicht mehr als zehn Meter vom Kuppelzelt weg.

»Wie du richtig bemerkt hast, da sind Tausende von Steinen.«

Zwischen streitlustigen Teerunden ging die Suche weiter, leider erfolglos. Um vier Uhr erschienen die beiden Mädchen mit zwei von den Kindern im Lager. Wir hörten auf zu suchen und taten so, als würden wir den Lagerplatz aufräumen. Sie lächelten mir traurig zu. Sie gingen mir auf die Nerven. Richard hatte ihnen von Joes Tod berichtet, als er hinuntergegangen war, um mit Spinoza die Esel zu arrangieren. Der sorglose, sonnige Nachmittag schien sich plötzlich zu bewölken, als ich ihnen zusah, wie sie die Bekümmerten spielten. Sie machten mich wütend. Was gab ihnen das Recht, traurig zu sein? Ich allein hatte das alles durchgemacht, und ich wollte nicht wieder daran erinnert werden.

*Richard machte etwas Tee für sie, während sie nahe beim Kocher hockten und mich mit derselben unverhohlenen und unverfrorenen Neugier anguckten wie damals, als wir uns zum erstenmal begegnet waren. Es fühlte sich an, als prüften sie mich auf irgendein Anzeichen von Anspannung. Ich hielt ihr Schweigen für Mitleid. Die beiden Kinder starrten mich mit offenem Mund an. Ob sie wohl erwarteten, daß ich plötzlich etwas Spektakuläres tat? Das ältere Mädchen sprach kurz mit Richard. Ich verstand nicht, was es sagte, sah jedoch, wie sein Gesicht vor Wut dunkel anlief.*

*»Sie wollen wissen, was wir ihnen alles schenken!« Er sagte es ungläubig.*

*»Was?«*

*»Mehr nicht. Nichts über Joe. Das kümmert die anscheinend kein bißchen.«*

*Die Mädchen plapperten unterdessen miteinander und lächelten gelegentlich dem einen oder anderen von uns erwartungsvoll zu. Als Norma hinüberlangte und begann, die Kochgeräte zu durchwühlen, explodierte ich. Ich sprang auf und fuchtelte wild mit den Armen. Norma ließ die Bratpfanne fallen und sah alarmiert zu Gloria hinüber.*

*»Geht weg! Fort mich euch! Váyase. Schert euch fort. VERPISST EUCH!«*

*Sie saßen stocksteif und verdutzt da. Sie schienen mich nicht zu verstehen und wirkten verwirrt.*

*»Los, Richard, sag du es ihnen, und zwar schnell, bevor ich einer von beiden eine runterhaue.«*

*Ich wirbelte herum und stürmte von den Zelten weg. Minuten später sah ich, wie die Mädchen den Kindern auf ihre Mulis halfen und wegritten, ins Tal hinunter. Ich zitterte vor Wut, als ich zurückkehrte.*

*Während sich die Dunkelheit herabsenkte, platschten die ersten schweren Regentupfer auf die Zelte. Wir zogen uns unter die kleine Kuppel zurück und kochten das Abendessen auf Gas-*

*kochern im Eingang. Der Regen verwandelte sich zu schweren,*
*nassen Schneeflocken, und wir zogen den Reißverschluß des Zelts*
*zu. Morgen würden die Esel eintreffen, und wir konnten diesen*
*Platz verlassen. Ich fühlte mich erleichtert. Etwa um sieben Uhr*
*heulte ein schauriger Ton aus dem wolkenbehängten Tal.*

*»Was, zum Teufel, war das?«*

*»Hunde.«*

*»Klingt aber verdammt merkwürdig für einen Hund!«*

*»Du würdest dich wundern. Als ihr auf dem Berg wart, habe*
*ich nachts die verrücktesten Dinge gehört. Hat mir himmelangst*
*gemacht.«*

*Wir spielten eine Partie Romme zu Ende, bliesen die Kerze*
*aus und legten uns schlafen. Ich dachte an den Schnee, der auf*
*den Gletscher unter dem Siula fiel, und der hohle Schmerz tat*
*weh wie verrückt.*

Ich öffnete meine Augen und zuckte vor dem scharfen, grellen Sonnenlicht zusammen. Tränen flossen über und verschleierten mir die Sicht. Ich machte die Augen wieder zu
und ging mich im Geist selber durch. Kalt und schwach. Es
war noch früh, und die Sonne hatte keine Wärme. Scharfe
Steine drückten durch das durchnäßte Gewebe meines
Schlafsacks. Mein Nacken schmerzte. Ich hatte mit ver-
krümmtem Kopf zwischen zwei Felsbrocken geschlafen.
Die Nacht wollte und wollte nicht enden. Ich hatte nur wenig geschlafen. Die hämmernden Stürze hatten mein Bein
arg mitgenommen, so daß zuckender Schmerz mich immer
wieder aufstörte, wenn ich einnickte. Einmal hatte ich ge-
quält aufgeheult, als mich Krämpfe im Oberschenkel und
den Wadenmuskeln zwangen, mich heftig zu verdrehen
und vorwärts zu beugen, um das verletzte Bein zu massieren. Wenn der Schmerz zu hartnäckig pochte und mich
nicht schlafen ließ, hatte ich zitternd auf dem Felsspalt gelegen, wo ich zusammengebrochen war, und zum Nacht-

himmel hochgestarrt. Sternschnuppen blitzten in den Myriaden von Sternenhaufen, die über die Nacht ausgebreitet waren. Ich sah uninteressiert zu, wie sie aufleuchteten und erstarben. Während die Stunden verstrichen, übermannte mich das Gefühl, daß ich nie wieder hochkommen würde. Ich lag reglos auf dem Rücken, fühlte mich an die Felsen genagelt und von einer klammen Müdigkeit und Furcht niedergehalten, bis es schien, als drückte mich die sternenübersäte Schwärze über mir erbarmungslos in den Boden hinein. Die halbe Nacht verbrachte ich mit aufgerissenen Augen und starrte auf den zeitlosen Anblick des Firmaments, so daß mir die Zeit wie eingefroren vorkam, mir ganze Bände voll Einsamkeit und Alleinsein erzählte und mich mit dem unentrinnbaren Gedanken zurückließ, daß ich mich nie wieder regen würde. Ich stellte mir vor, wie ich jahrhundertelang dalag und auf eine Sonne wartete, die nie mehr aufgehen würde. Ich schlief in plötzlichen, verstohlenen Minuten und erwachte zu denselben Sternen und mit denselben unentrinnbaren Gedanken. Sie sprachen ohne mein Einverständnis zu mir, flüsterten mir Ängste ein, von denen ich wußte, daß sie unwirklich waren, die ich jedoch nicht beiseiteschieben konnte. Die Stimme sagte mir, es sei zu spät – meine Zeit sei abgelaufen.

Jetzt wärmte sich mein Kopf wohlig im Sonnenschein, während mein Körper von einem großen Felsblock links von mir beschattet lag. Ich zog den Kordelzug mit den Zähnen auf und versuchte mich aus dem Schlafsack in die Sonne herauszuwühlen. Jede Bewegung verursachte flammende Schmerzen in meinem Knie. Obwohl ich mich kaum zwei Meter bewegte, ließ mich die Anstrengung vor Erschöpfung zusammengesackt auf dem Geröll zurück. Ich konnte es kaum fassen, wie sehr sich mein Zustand während der Nacht verschlechtert hatte. Mich mit den Armen vorwärtszuziehen war das Äußerste, was ich an Kraft noch aufbrachte. Ich schüttelte meinen Kopf hin und her, versuchte, mich aufzuwecken und die Lethargie zu vertreiben. Es tat keine Wirkung, und so legte ich mich auf die Felsen zurück. Ich war gegen eine Art Wand gestoßen. Ich war mir nicht sicher, ob sie geistiger oder körperlicher Art war, doch sie hüllte mich in eine Decke von Schwäche und Apathie. Ich wollte weiter, konnte es aber nicht. Meinen Arm zu heben, um meine Augen vor der Sonne abzuschirmen, erforderte bereits eine willentliche Anstrengung. Ich lag reglos, eingeschüchtert von meiner Schwäche. Wenn ich Wasser kriegen konnte, hätte ich noch eine Chance. Bloß eine Chance. Wenn ich heute das Lager nicht erreichte, würde ich es nie mehr erreichen.

Ob das Lager noch dort ist?

Die Frage tauchte zum erstenmal auf, und mit ihr kamen die Angstgefühle, die ich in der Nacht durchlebt hatte. Vielleicht waren sie weg. Simon mußte seit zwei Tagen zurück sein ... nein, mehr. Dies war der Morgen seines dritten Tages. Es gab für ihn keinen Grund zum Bleiben, sobald er wieder zu Kräften gekommen war.

Ich setzte mich plötzlich mühelos auf. Der Gedanke, zurückgelassen zu werden, elektrisierte mich aus meiner Lethargie. Ich mußte das Lager heute erreichen. Ich schaute auf meine Uhr. Acht Uhr. Ich hatte zehn Stunden Tageslicht vor mir.

Ich zog mich auf meine Füße, zerrte mich verzweifelt am Felsblock hoch und taumelte unsicher, kurz davor, auf dem Geröll zusammenzubrechen. Mein Kopf schwirrte von dem plötzlichen Lagewechsel, und einen Moment lang glaubte ich ohnmächtig zu werden. Blut tobte in meinen Schläfen. Meine Beine schienen sich zu verflüssigen. Ich schmiegte mich an das rauhe Gestein des Felsblocks und klammerte mich fest. Als ich mein Gleichgewicht wiedergefunden hatte und das Toben abklang, richtete ich mich auf und schaute zurück, dahin, woher ich gestern gekommen war. Ich war enttäuscht, als ich merkte, daß ich in weiter Entfernung noch immer den oberen Teil der Eisklippe sehen konnte. Als ich mich zu den Seen umwandte, sah ich, daß ich noch ein langes Wegstück über der Stelle mit dem Bombenweg war. All das Herumtorkeln in der Dunkelheit hatte nichts eingebracht. Wie dumm war es gewesen, zu vergessen, auf die Uhr zu achten, und wie schnell hatte ich jegliches Zeitgefühl verloren! Statt eines sorgfältig geplanten Ziels war der Bombenweg zu einem vagen Wunsch geworden. Sobald ich nicht mehr jede Phase zeitlich festlegte, hatte ich mich ohne jeden Sinn für Dringlichkeit ziellos treiben lassen. Heute mußte es anders werden. Ich bestimmte, daß vier Stunden reichen würden, um zum Bombenweg zu gelangen. Zwölf Uhr mittag war die äußerste Grenze. Diese Stunden wollte ich in kurze Abschnitte aufteilen, ein jeder zeitlich sorgfältig abgestimmt. Ich suchte vor mir nach einem ersten Anhaltspunkt: ein großer Pfeiler aus rotem Gestein, der gut sichtbar aus dem Meer von Felsblöcken herausstach. Ich gab mir eine halbe Stunde, um ihn zu erreichen, dann würde ich nach einem weiteren Ausschau halten.

Ich hievte mir meinen Rucksack auf den Rücken und duckte mich für den ersten vorsichtigen Hüpfer des Tages. In dem Moment, wo ich sprang, wußte ich auch schon, daß ich stürzen würde. Mein Arm knickte ein, und ich schlug hin. Als ich für einen nächsten Versuch aufstehen wollte, konnte ich mich nicht einmal auf den Pickel hochheben. Noch einmal umarmte ich den Felsblock und krallte mich hoch. Fünfzehn Minuten später war ich noch immer in Sichtweite meines Schlafplatzes. Ich schwankte unsicher, als ich zurückschaute, wie weit ich schon gekommen war. Bei jedem Hüpfer stürzte ich, doch es waren vor allem die Versuche, mich wieder aufzurichten, die mich demoralisierten. Der erste Sturz hatte scheußlich weh getan. Ich hatte mit dem Gesicht nach unten im Schotter gelegen, die Zähne zusammengebissen und gewartet, daß der Schmerz nachließ. Er blieb bestehen und versengte meine Knie so unerträglich wie noch nie zuvor.

»Aufhören, aufhören, bitte aufhören!«

Doch der Schmerz blieb. Ich stand trotzdem auf und versuchte, ihn wegzudrängen. Ich konnte spüren, wie sich meine Gesichtsmuskeln verzogen und mein Mund sich zum Protest verzerrte. Ich stürzte nochmals. Der Schmerz blieb sich gleich. Vielleicht war das Knie schon so traumatisiert, daß er jenseits der normalen Schmerzgrenze lag. Vielleicht war er in meinem Kopf …

In diesen fünfzehn Minuten verlor ich das letzte Quentchen an Kampfgeist, das mir noch verblieben war. Ich spürte, wie er mit jedem Sturz aus mir hinaus verebbte, während der chronisch brennende Schmerz die Oberhand gewann. Ich stand und stürzte, krümmte mich zusammen, wo ich hinfiel, weinte und fluchte und fühlte im Herzen eine Gewißheit, daß dies meine letzten, zuckenden Anstrengungen waren, bevor ich für immer stillag. Wieder ließ ich meinen Griff am Felsblock los und versuchte zu hüpfen. Mein Fuß verließ den Boden nicht; ich kippte seitwärts und war nicht einmal mehr fähig, mich mit meinen Armen zu schützen.

Der Schlag betäubte mich. Eine Zeitlang verschwand der Schmerz, während mein Kopf in einem makabren Taumel halbwegs zwischen Bewußtsein und Vergessen schwamm. Ich hatte meine Lippe auf dem Felsbrocken aufgeschnitten und schmeckte das Blut, das mir in den Mund sickerte. Ich lag zusammengekrümmt auf der Seite zwischen zwei großen Felsblöcken. Die rote Säule stand direkt vor mir aus den Moränen heraus. Ich schaute prüfend auf meine Uhr. Noch zehn Minuten, um sie zu erreichen. Keine Chance! Ich schloß die Augen und legte meine Wange gegen den kühlen, felsigen Grund. Durch einen dunstigen Schleier dachte ich daran, wie weit ich noch gehen mußte und wie weit ich schon gekommen war. Ein Teil von mir schrie auf –, endlich aufzugeben und zu schlafen, zu akzeptieren, daß ich das Lager nie erreichen würde. Die Stimme widersprach dem. Ich lag still und hörte der Auseinandersetzung zu. Ich kümmerte mich nicht mehr um das Lager oder wie ich dort hinuntergelangte. Es war zu weit. Doch die Ironie, auf den Moränen zusammenzubrechen, nachdem ich alle diese Hindernisse überwunden hatte, machte mich wütend. Die Stimme siegte. Ich war fest entschlossen. Ich war es von dem Augenblick an gewesen, wo ich aus der Spalte herauskam.

Ich würde weitermachen, würde es weiter versuchen, ich hatte gar keine andere Wahl. Nach dem Bombenweg würde ich auf den oberen See zusteuern, dann die dazwischenliegenden Moränen zum unteren See überqueren, rund um den See bis zu den Moränen an seinem Ende zirkeln und, nachdem ich sie hochgeklettert war, zum Lager absteigen. Zumindest redete ich mir ein, daß es so geschehen würde. Ich machte mir keine Gedanken mehr, ob es zutraf oder nicht.

Ich hüpfte vorwärts bis zum Rand einer Senke, stürzte und rollte seitwärts hinein. Aus einer weiten, grauen Ferne in meinem Kopf hörte ich Wasser über Steinplatten spritzen. Mein Gesicht war naß. Der schmutzige Kies am Fuß des wasserglatten Felsens war kalt und feucht. Als ich mich zu dem Geräusch hinwandte, sah ich einen silbernen Schimmer von Schmelzwasser, das über den goldenen Felsen strömte. Ich hatte den Bombenweg erreicht. Es war ein Uhr. Ich hatte eine Stunde Verspätung.

Eine große, gerundete Felswand wölbte sich über der Vertiefung, in der ich lag. Der Boden der Senke war durchweicht. Am Fuß des Felsens war ein Kegel aus dreckigem

Geröll aufgeschüttet und stieg zu einem Wassergeriesel hoch, das sich über die Platte ergoß. Die Sonne schien voll auf den Felsen und schmolz den Schnee über ihr. Mit einer Kraft, die ich mir Minuten zuvor noch nicht zugetraut hätte, krabbelte ich zu dem Geröllkegel und fegte ihn mit einem Schlag meines Pickels zur Seite. Ich drückte meine Lippen an das dünne Rinnsal. Es war eiskalt. Zwischen hektischem Saugen an der nassen Felsplatte schnappte ich nach Luft. Wasser spritzte über meine Stirn, lief mir über die geschlossenen Augen und von der Nasenspitze weg. Ich grunzte wie ein Schwein, als ich beim Atemholen Wasser in meine Nasenlöcher hochsog, dann preßte ich mein Gesicht an den Felsen zurück.

Eine lange Zeit verging, bevor sich mein Ansturm auf das Rinnsal legte. Das schreckliche trockene Brennen in meiner Kehle war gelindert, doch der Durst blieb. Mit jedem Mundvoll konnte ich fühlen, wie meine Kraft zurückkehrte. Ich saß seitlich zum Felsen, und meine Polarhose sog sich mit dem Wasser vom nassen Geröll voll. Als ich endlich wieder bei Sinnen war, höhlte ich eine Vertiefung aus dem Schutt des Geröllkegels und sah zu, wie sie sich füllte. Fünf Zentimeter eisig klares Wasser füllte die Mulde – mehr, als ich mit einem Mundvoll aufsaugen konnte. Sie war schon voll, bevor ich mich wieder zu einem zweiten Trunk niederbeugen konnte. Ich trank, bis mein Magen vom kalten Gewicht des Wassers schmerzte, und trank weiter und weiter. Ich beugte mein Gesicht zu dem Tümpel hinab und schlabberte das Wasser auf, hustete, wenn Grit in meiner Kehle steckenblieb, und versuchte gleichzeitig zu trinken. Ich hörte mich selbst maunzen und ächzen vor Entzücken und Ungemach.

Jedesmal, wenn ich anhielt und dachte, ich hätte mich sattgetrunken, packte mich ein überwältigender Drang, weiterzutrinken. Dreck und Grit verschmierten mein Gesicht. Ich krallte mich an dem Tümpel fest und vergrößerte ihn mit klammen, verschmutzten Fingern. Ich trank, ruhte mich aus, trank erneut, besessen von der panischen Vorstellung, er könnte plötzlich austrocknen und verschwinden. Drei Tage und Nächte ohne Wasser hatten mich halb wahnsinnig gemacht. Ich konnte mich nicht mehr von dem Felsen losreißen und trank mit fest zusammengekniffenen Augen und mit in ungläubigem Erstaunen verkniffenem Gesicht. Wasser, mehr als ich je zu träumen gewagt hätte, genug, um das Löschpapiergefühl in mir drin zu stillen, bis ich mich durchweicht und vollgesogen wegwandte und übersättigt auf dem Boden der Senke zusammenbrach.

Ich schüttelte die nasse Benommenheit ab und sah mich um. Der tröpfelnde Klang von Wasser in meiner Nähe war tröstlich. Die Senke kam mir bekannt vor. Ich war mit Simon und Richard hier gewesen, und dann ein zweites Mal mit Simon. Wann war das schon? Vor acht Tagen! Es schien unfaßbar. Ich erinnerte mich so klar an diesen Ort, als wäre es erst gestern gewesen, als wir hier ganz aufgeregt wegen des Aufstiegs auf unseren Rucksäcken gesessen hatten. Ein paar kleine Steine prasselten den Wasserfelsen herunter. Ich duckte mich instinktiv weg, als sie am anderen Ende der Senke aufs Geröll klatschten. Das Wasser hatte eine erstaunliche Veränderung in mir bewirkt. Ich fühlte mich wieder bei Kräften. Die vergangenen Stunden der Verzweiflung waren vergessen, und die leere, weiche Schwäche, die ich seit dem Aufwachen verspürt hatte, war weg. Ich konnte fühlen, wie mein Kampfgeist zurückkehrte. Die Wand, gegen die ich heute morgen gestolpert war, schien wie weggewaschen.

Ich wußte, daß der obere See eine halbe Stunde Marsch oder drei Stunden Kriechen vom Bombenweg entfernt lag. Ich wollte versuchen, ihn bis vier Uhr zu erreichen. Ich stand auf und hüpfte für einen letzten Trunk zum Felsen, wandte mich dann um und begann die Senke zu verlassen. Als ich ihr anderes Ende erreichte, sah ich Fußspuren im Schlamm. Ich hielt an und starrte sie an. Ich erkannte den Abdruck von Simons Bergschuhen und die kleineren Tritte von Richards Trainingsschuhen. Meine Stimmung stieg merklich an. Sie waren bei mir. Ich hüpfte weiter.

Die Moränen vor mir waren weniger chaotisch. Das Gewirr der riesigen Felsblöcke, die wie zufällig über die höheren Gefilde verstreut lagen, machte hier kleineren Gesteinsbrocken Platz, welche wie ein Teppich zwischen einzelnen erratischen Felsblöcken verstreut waren. Sie verschoben sich und rutschten unter meinem Pickel weg. Ich stürzte, aber nicht mehr gegen Felsblöcke, und konnte jetzt mit weniger Mühe aufstehen. Das Wasser hatte mich wieder belebt, doch die Sonne, die erbarmungslos aus einem klaren Himmel brannte, zehrte an meiner Konzentration. Wie betäubt ließ ich mich in den Schlaf und wieder hinaus treiben, erwachte ruckartig, setzte mich nach einem Sturz wieder auf und schüttelte mir den Schlaf aus dem Kopf.

Die Muster erfolgten aus eigenem Antrieb. Ich beachtete sie nicht. Sie waren so natürlich wie das Marschieren. Die Stimme drängte mich noch immer vorwärts, jedoch ohne den eindringlichen Befehlston von gestern. Jetzt schien sie mir zu suggerieren, daß ich ebensogut weitermachen konnte, denn was blieb mir schon anderes übrig. Ich fand es bequemer, nicht auf sie zu hören und in einen schläfrigen Tagtraum auf den Boden zu plumpsen. Ja, ja, schon gut, ich mache ja weiter, ich will mich nur noch etwas ausruhen ... und die Stimme verklang in einem Gespinst aus nebulösen Träumen. Gespräche aus der Vergangenheit in Stimmen, die ich sogleich erkannte, wetteiferten mit endlosen Melodien und Erinnerungsbildern an bekannte Orte und zogen mir durch den Kopf wie ein verrückter, zerschnipselter Film aus den sechziger Jahren. Ich schwankte wie betrunken an jeden Felsblock, der groß genug war, um mich an ihn zu lehnen, und ließ mich vom Schlaf aus der endlosen, langweiligen, schmutzigen Felsenlandschaft entführen.

Nur noch meine Uhr hielt mich in Verbindung mit dem Tag. Die Stunden vergingen unbemerkt. Ich erinnerte mich an die Minuten einer jeden verträumten Ruhepause, sonst an nichts. Wenn ich auf mein Bein fiel, flammte der Schmerz auf, und ich schrie oder stöhnte, bis er nachließ. Dann wieder träumen. Der Schmerz war schon so selbstverständlich, daß mich die Qualen, die bei jedem Sturz lauerten, nicht mehr überraschten. Manchmal, wenn ich heftig gestürzt war, fragte ich mich dumpf, weshalb es nicht schmerzte. Ich stellte mir endlos Fragen, ohne auch nur eine zu beantworten, doch nicht ein einziges Mal stellte ich in Frage, was geschah. Gemurmelte Auseinandersetzungen rüttelten mich wach, und ich hätte gern gewußt, mit wem ich da gesprochen hatte; oftmals blickte ich zurück, um festzustellen, wer es war, doch sie waren nie dort. Ich humpelte einen Pfad hinunter, den ich instinktiv kannte. Ich schenkte der Landschaft rund um mich keine Aufmerksamkeit. Die Strecke, die ich zurücklegte, war eine Minute später schon vergessen, eine verschwommene Erinnerung an Stürze und Felsblöcke, die hinter mir lagen, verwirrt zu einer zeitlosen Vorstellung. Vor mir lag noch mehr dergleichen.

Um drei Uhr gelangte ich an eine Stelle, wo die Felsen trichterförmig in eine steile Rinne verliefen. Sie war tief eingeschnitten und mit schmutziggelbem Lehm überzogen. An ihrer Sohle schlängelte sich ein Bächlein. Dies war das Ende der eigentlichen Moränen. Ich wußte, daß die Rinne bis ganz hinunter zum See führte und breiter wurde, je weiter sie abfiel, bis sie einen flachen, lehmigen Pfad aus der Stirnmoränenzunge schnitt. Ich konnte sie nicht hinunterhüpfen, also saß ich, die Beine vor mir, und scharrte mich den Lehm hinunter. Die Wände der Rinne ragten hoch über mir auf, und Felsblöcke hingen in einem prekären Gleichgewicht über die Seiten. Es war schattig und kühl dort drin. Zuweilen legte ich mich auf den Rücken, schaute zu den Rinnenwänden hoch, die den Himmel über mir einrahmten, und murmelte halb vergessene Lieder. Wasser sickerte durch meine Kleider. Wenn ich mich aufsetzte, spürte ich, wie es mir den Rücken hinunterrann und in meine durchweichte Hose tropfte, und wenn mir danach war, rollte ich mich auf die Seite und schlürfte geräuschvoll von dem verdreckten Wasser, welches das Bett der Rinne hinunterlief. Die meiste Zeit verlor ich mich in einer andersartigen Welt und schob mich weiter.

Ich starrte auf die allmählich breiter werdende Rinne vor mir und bevölkerte sie in meiner Fantasie mit weiteren Gestalten, die sich ihr Bett entlang scharrten. Ich stellte mir einen Exodus von Krüppeln vor, die diesen gelben Pfad zum Meer einschlugen, dann dachte ich ans Essen, und die Vision löste sich auf. Hie und da sah ich einen Schuhabdruck und fragte mich müßig, von wem er wohl stamme, bis ich mich an Simon und Richard im Bombenweg erinnerte und ganz sicher wußte, daß sie gleich hinter mir nachfolgten. Ich lächelte glücklich beim Gedanken an ihre Gesellschaft und Hilfe, falls ich welche benötigte. Sie würden kommen, wenn ich sie rief, aber ich würde nicht rufen. Sie blieben außer Sichtweite, doch ich wußte, sie waren nicht weit zurück. Mein Zustand ist ihnen peinlich, redete ich mir ein. Ich schämte mich. Von all dem vielen Wasser hatte ich pissen müssen, aber es war mir nicht gelungen, rechtzeitig meine Kleider zu öffnen. Ich war überzeugt, daß sie das verstehen würden. So ging es weiter, bis die Seifenblase abrupt platzte und ihre tröstliche Anwesenheit verschwand.

Schlagartig und voller Angst erstarrte ich bei meiner plötzlichen Rückkehr in die Realität. Doch nicht lange, und ein neues Lied erklang durch die Furcht, und als ich aufblickte, sah ich Sonnenlicht auf der Seeoberfläche glitzern. Ich grinste bei dem Anblick und beschleunigte das Tempo.

»Vier Uhr und alles bestens«, brüllte ich zum See und lachte wie närrisch.

Eine flache Schotterebene lief von der Rinne weg und bildete einen halbmondförmigen Strand am Seeufer. Ich versuchte zu stehen, da es jetzt kein Gefälle mehr gab, das mir beim Vorwärtsrutschen half. Als ich wackelig auf einem Fuß stand, verschwamm der See vor meinen Augen, und alles Blut stürzte aus meinem Kopf. Ich schlug mit einem ekelhaften Krachen auf den Schotter und hörte wie von weit her einen Schmerzensschrei. Ich versuchte es aufs neue, fiel jedoch zurück, bevor ich richtig stehen konnte. Mein Bein war zu Pudding geworden.

Zuerst vermutete ich den Grund darin, daß ich mich so lange vorwärtsgeschoben hatte, dann merkte ich, daß ich viel zu schwach war, um zu hüpfen. Ich schnitt dem feurignassen Schwall von Urin, der meinen Oberschenkel hinunter troff, eine Fratze, und als er versiegte und sich abzukühlen begann, versuchte ich nochmals, mich aufzurichten. Alles, was ich fertigbrachte, war eine arthritisch gebückte Hocke über den Pickelschaft, der unter meinem Gewicht wackelte. Ich schwang mein verletztes Bein vorwärts und schien grundlos umzukippen. Ich hatte nicht einmal mehr die Kraft, stehenzubleiben. Ich behalf mich damit, auf dem Bauch vorwärtszukriechen.

Das Wasser des Sees war erstaunlich klar. Kupfergrüne Schatten blinkten in seinen Tiefen. Am anderen Ufer hingen Eisklippen in ungeschlachten, schmutziggrauen Wällen über das Wasser. Ein Wasserfall spritzte geräuschvoll über das Eis, und ein gelegentlicher Windstoß kräuselte das Wasser und ließ silbergrün gesprenkelte Lichtreflexe zu mir tanzen. Ich lag auf dem Bauch, mein Kopf hing über den kleinen Felshang, der zum Wasser abfiel. Ich hatte geschlafen, war aufgewacht, um auf den See zu starren, und war wieder eingeschlafen. Die Sonne trocknete das Wasser von der Rinne aus meinen Hosen. Ein warmer Gestank nach Urin umwehte mich in den linden Lüften. Eine Stunde lang hatte ich geschlafen, und jetzt blickte ich über den See und war unschlüssig, ob ich nochmals versuchen sollte, aufzustehen.

Der See erstreckte sich in einem langen, schmalen Band in die Richtung zum Basislager. In der Ferne konnte ich sehen, wie ein Gewirr von Moränen ihn entzweischnitt. Ich wußte, daß hinter diesen Moränen ein zweiter, kleinerer und runder See gegen den Moränendamm über den Zelten dümpelte. Mit Ausnahme der kurzen Passage durch die Moränen war der Boden im allgemeinen eben. Der strandähnliche Kies erstreckte sich bis zum Moränendamm hin, und hinter dem Damm ging es nur noch abwärts. Es wäre ideales Gelände zum Hüpfen gewesen. Wenn ich bloß stehen könnte! Hüpfen wäre so viel schneller. Falls ich den Kamm des Moränendamms erreichte, bevor es dunkel wurde, konnte ich auf die Zelte hinuntersehen – wenn sie noch da waren. Vielleicht hörten sie mich, wenn ich rief, und eilten zu mir hoch. Wenn sie weg waren …

Ich blickte zum Wasser zurück. Wenn sie weg waren, was dann? Die Aussicht entsetzte mich. Ich kannte die Antwort nur zu gut. Ich konnte einfach nicht glauben, daß sie weg waren. Es erschien unvorstellbar, nach all meinen Anstrengungen. Nichts konnte derart grausam sein. Gewiß hatte ich eine solche Böswilligkeit endgültig hinter mir gelassen, als ich die Eisklippen hinuntergeklettert war und das Tor zu den Bergen durchschritten hatte. Ein Teil von mir zögerte und lähmte jeden Gedanken an ein Weitergehen. Ich wollte nicht dorthin kommen, bevor es dunkel war. Es würde mich umbringen, wenn ich sah, daß die Zelte fort waren.

Die Stimme sagte: *Sei kein Narr. Schnell weiter. Es ist noch zwei Stunden hell.*

Ich starrte in den See, in allzu viele Ängste verstrickt und unfähig zu handeln. Als ich mich erhob, schien es, als stemmte ich ein schweres Gewicht mit mir hoch, ein fast solide gewordenes Gefühl von Furcht, das durch mich gekrochen war, und ich gab alle Hoffnung auf, weiterzugehen. Ich schaffte noch zwei Hüpfer, bevor ich stürzte. Ich kroch auf dem Bauch weiter. Mein Fuß schleifte über den Schotterkies und ruckte an meinem Knie. Den Blick zurück auf den Weg gerichtet, den ich gekommen war, setzte ich mich auf und schob mich rückwärts, wie ich es auf dem Gletscher getan hatte. In verzweifelt langsamem Tempo ruckte ich gegen den zweiten See hin, aber ich hielt nicht an und konnte allmählich sehen, wie ich ihm näher kam. Ich folgte dem Seeufer. Die sanft plätschernden Geräusche des Wassers murmelten unaufhörlich, während ich ins Land der Träume zurücksank. Ich erinnerte mich an eine Zeit, als ich abstürzte, vom Schnee gefangen einen Berg hinuntertauchte und das gleiche sanfte Gemurmel der Wellen an einen Kiesstrand schlagen hörte. Damals hatte ich geglaubt zu sterben, jetzt begleitete dieselbe plätschernde Melodie mein Vorwärtsrutschen.

Der See war mir weit länger erschienen, als er in Wirklichkeit war, und schon eine Stunde später hatte ich die Zwischenmoränen überquert und nahm das Ufer des zweiten Sees in Angriff. Ich erkannte die Stelle wieder, wo ich versucht hatte, Forellen zu fischen, und hielt an, um zum Moränendamm hinüberzublicken. Ich hatte fünfzehn Minuten benötigt, um von hier zum Lager zu marschieren. Ich versuchte abzuschätzen, wie lange ich wohl mit Kriechen brauchte, und verheddderte mich heillos, als ich merkte, daß es vom Lager bis zum Bombenweg eine Stunde Marsch gewesen war. Ich hatte fünf Stunden gebraucht, um zum zweiten See abzusteigen. Ich konnte es kaum fassen, wie langsam ich vorankam. Doch als ich zum Damm blickte, war ich mir sicher, daß ich ihn vor Einbruch der Dunkelheit erreichen konnte. Ich hatte noch eine Stunde Zeit.

Die Sonne war von einer wogenden Decke aus Kumuluswolken eingehüllt worden, die von Osten her aufzogen. Sie sahen dunkel und angeschwollen aus, wie sie sich zwischen den Wänden des Tals zusammenballten. Ein Sturm kam auf. Als die ersten Regentropfen herunterplatschten, erreichte ich gerade den Moränendamm. Der Wind hatte aufgefrischt und blies in böigen Stößen eisgekühlte Luft quer über den See. Ich zitterte.

Die Wand des Damms bestand aus kompaktem Schlamm und Kies. Ich erinnerte mich, daß ich beim Hochsteigen schon einmal ausgeglitten und gestürzt war. Ein paar Felsbrocken ragten aus dem Schlamm heraus, der in einem Winkel von fünfundvierzig Grad anstieg. Oben am Kopf zeichnete sich eine gezackte Krone loser Felsblöcke gegen tiefhängende Sturmwolken ab. Schneeflocken stoben an mir vorbei und mischten sich in den Regen. Die Temperatur sank rapide.

Ich setzte meinen Pickel auf dem Schlamm ein, als ob er Eis wäre, langte nach oben, hackte die Spitze in den Wall und zerrte mich mit den Armen hoch. Ohne viel Erfolg trat ich meinen Schuh in den Hang hinein. Ich kratzte mit dem Schuh über den Abhang, bis er zufällig auf der schmalen Kante eines Steins, der aus dem Schlamm herausragte, Halt fand. Ein weiterer Schwung mit dem Pickel, und ich mußte das ganze prekäre Manöver wiederholen, während mein verletztes Bein unnütz an mir herabhing. Je höher ich kletterte, desto nervöser wurde ich. Zuerst glaubte ich, es sei die Angst, zu stürzen und von vorne beginnen zu müssen, doch der Grund lag tiefer. Das dunkle Grauen davor, was ich oben wohl vorfinden würde, wurde unerträglich. Es hatte mich von allem Anfang an begleitet. In der Spalte war es von Entsetzen überschattet gewesen, auf dem Gletscher von Einsamkeit, doch sobald ich alle diese Gefahren hinter mir hatte, war es zu einer alles verschlingenden Leere ausgewuchert. Etwas Riesiges, Aufgedunsenes wälzte sich in meiner Brust, schnürte mir die Kehle zu und raubte mir allen Mumm. Meine Nerven zuckten und krümmten sich, und ich konnte nur noch an die Möglichkeit denken, mich alleingelassen zu finden – nicht bloß ein zweites Mal, sondern diesmal für immer.

Oben am schlammigen Hang kroch ich zwischen einem Gewirr von Felsbrocken weiter, bis ich den höchsten Punkt der Moränen erreicht hatte. Ich zog mich hoch und lehnte mich gegen einen großen Felsblock. Es war nichts zu sehen. Wolken füllten das Tal unter mir, Schneeschauer wogten im Wind vor und zurück. Auch wenn die Zelte dort waren, hätte ich sie nicht sehen können. Es war fast dunkel. Ich wölbte meine Hände vor den Mund und schrie:

»SIIIMMMOONNN!«

Das Echo hallte von den Wolken wider, und der Wind peitschte es fort. Ich stieß ein schrilles Geheul zu den Wolken aus und hörte ein geisterhaftes Echo aus der wachsenden Dunkelheit. Hatten sie mich gehört? Ob sie wohl kamen?

Ich sank bei dem Felsblock zusammen, schützte mich vor dem Wind und wartete. Die Kälte fraß sich in mir ein, während die Dunkelheit anschwoll und die Wolken schnell einhüllte. Ich lauschte gespannt auf einen Antwortruf und wußte, daß er nie kommen würde. Als ich vor lauter Zittern nicht länger stillsitzen konnte, schob ich mich vom Felsblock weg. Vor mir lag ein langer Abstieg über gras- und kakteenbewachsene Berghänge. Ich hatte erwogen, meinen Schlafsack herauszuholen und die Nacht auf den Moränen auszuruhen, doch die Stimme sagte: *»Tue das nicht!«*, und ich war gleicher Meinung. Es war zu kalt. Jetzt einzuschlafen hieße, nie wieder aufzuwachen. Ich zog die Schultern schützend gegen den Wind zusammen und schob mich vorwärts, den Berghang hinunter.

Stunden der Dunkelheit trieben vorüber. Ich verlor jeden Sinn für Ort und Zeit. Ich schob mich zentimeterweise weiter, in kurzen Rucken, und spähte verwirrt in die Dunkelheit, die mich umgab. Die Vorstellung, daß ich zu den Zelten hinabstieg, war schon seit langem verflogen. Ich hatte kein Wissen mehr von dem, was ich tat, und wußte einzig, daß ich weiter mußte. Der vom Wind zerzauste Schnee spritzte mir in eisigen Böen ins Gesicht. Immer wieder weckte er mich aus tiefem, zeitlosem Schlaf und zwang mich, mit dem Kriechen fortzufahren. Gelegentlich blickte ich auf meine Uhr, knipste ihr Licht an und blinzelte auf das Zifferblatt. Neun Uhr, elf Uhr, die Nacht zog sich dahin, und die fünf Stunden Kriechen vom Moränendamm hinab hatten längst keine Bedeutung mehr. Ich wußte vage, daß es bloß zehn Minuten hätte dauern müssen, um das Lager zu erreichen. Fünf Stunden konnten also zehn Minuten gewesen sein. Mein Verstand stand still.

Wenn sich starke Kaktusstacheln in meine Oberschenkel gruben, hielt ich an, um den Boden unter mir zu erforschen, ohne je zu begreifen, was mich gestochen hatte. Die Nacht hüllte alles ein, nichts war mehr zu sehen. Ich glitt in ein Delirium gestammelter Wörter und verzerrter Vorstellungen, wo ich war und was ich tat. War ich noch immer auf dem Gletscher? Sei bloß vorsichtig, dachte ich, die Spalten am Ende sind schlimm. Und wo sind alle die Felsblöcke geblieben? Es war gut, keinen Durst zu verspüren, aber ich wünschte, ich hätte gewußt, wo ich war …

## 13. KAPITEL

## Tränen in der Nacht

Fast ohne es zu bemerken, war ich in ein weites Gebiet mit Felsbrocken und Flußkies eingedrungen. Schon wieder Moränen? Ich war unsicher. Der steile Abhang mit Gras und Kakteen hatte mich desorientiert. Als ich mich umwandte, um zurückzuschauen, sah ich auf dem weißen, schneebedeckten Berghang eine dunkle, kaum sichtbare Wellenlinie. Auf den Felsbrocken lag kein Schnee. Was für Steine waren das? Ich stöberte im Rucksack herum, bis ich meine Stirnlampe fand. Ein matter, gelber Schein blitzte kurz auf, als ich sie anknipste. Ich ließ ihn im Kreis herumwandern und sah ein Gewirr grauer Felsbrocken. Das riesige, öde Feld, in welchem ich saß, war voll von ihnen, und ich wußte nicht mehr, welchen Weg ich wählen sollte. Der Strahl der Lampe erstarb schnell. Ich legte sie weg und kroch vorwärts in die Dunkelheit. Mein Kopf schwirrte. Ich versuchte wieder klar zu überlegen und wischte das Mischmasch der verrückten Gedanken zur Seite, um einen kurzen Blick auf die Wirklichkeit zu erhaschen. Das Flußbett! Das war es, wo ich gelandet war, obwohl mir diese Erkenntnis nicht weiterhalf, denn ich schlief sofort ein und erwachte später, ohne mich daran erinnern zu können. Die Ahnung, daß ich mich im Flußbett befand, schoß mir zwar erneut durch den Kopf, doch wiederum konnte ich sie nicht festhalten und zog es vor, mich wilderen Fantasien zu überlassen.

Das Flußbett war eine halbe Meile breit, von Felsbrocken übersät und mit Tümpeln eisigen Schmelzwassers durchsetzt. Irgendwo draußen in der Finsternis lag der Fluß. Ich konnte ihn im Sturmwind nicht hören. Die Zelte schmiegten sich an sein Ufer. Und wo war ich? Hielt ich auf die Mitte zu, oder schlug ich einen Bogen zum Moränendamm zurück? Wen kümmerte das schon. Ich schob mich weiter, stieß mit den Füßen gegen Gestein, stöhnte vor zuckendem Schmerz, murmelte Fragen an die Dunkelheit und hörte als Antwort nur das zischende Sausen stürmischer Winde. Die Stimme hatte mich vor Stunden alleingelassen. Ich war froh, daß sie mich in Ruhe ließ und sich nicht mehr einmischte.

Instinkt ließ mich meinen Kurs von Seite zu Seite wenden, als würde ich das Gewirr von Steinen wiedererkennen, vertraute Muster in der Dunkelheit sehen und einer unbewußten Kompaßpeilung folgen. Wie weit weg waren die Zelte? Vielleicht sind sie weg! Ich konnte warten, bis mir der Morgen den Weg zeigte, also saß ich da und wartete im Wind. Dann merkte ich, daß ich weiterkroch, ohne genau zu wissen, wie lange ich gewartet hatte. Wenn ich darauf wartete, würde es nie kommen. Ungeduld bringt keine Rosen. Was für eine dumme Redensart. Ich kicherte albern über meinen kleinen Privatwitz und lachte noch lange, nachdem ich den Witz schon vergessen hatte.

Als ich auf meine Uhr schaute, sah ich, daß es Morgen war. Schon wieder ein Tag. Viertel vor eins am Morgen. Ich spürte die rauhe Kante eines großen Felsblocks gegen meine Schulter und zog mich an ihm hoch, bis ich schwankend auf ihm sitzen konnte. Etwas sagte mir, daß ich nahe war. Ich starrte durch die Dunkelheit. Es mußte hier sein; ich konnte es fühlen. Ein beißend scharfer Geruch von Fäkalien umwehte mich. Ich schnupperte an meinen Handschuhen und zuckte bei dem Gestank vor Abscheu zurück. Es brauchte lange, bis ich es kapiert hatte.

»Scheiße? ... Wieso sitze ich in der Scheiße?«

Ich plumpste auf den Felsblock zurück. Ich wußte, wo ich war, schien jedoch nichts damit anfangen zu können.

Ich starrte stumpf in die Dunkelheit. Irgendwo vor mir mußte der Küchenfelsen aufragen, aber wo? Plötzlich peitschten mir Schneeschauer ins Gesicht, und ich hob meine Hand, um mich zu schützen. Der scharfe Gestank drang mir in die Nasenlöcher, und mein Kopf klärte sich schlagartig. Ich brauchte bloß zu rufen! Ich setzte mich auf, brüllte heiser in die Dunkelheit. Das Wort kam erstickt und verzerrt heraus. Ich saß da, starrte stumm vor mich hin. Wartete.

Vielleicht waren sie weg. Die Kälte packte mich wieder. Ich spürte ihre heimtückische Berührung an meinem Rükken. Ich würde diese Nacht nicht überleben, das war schon mal sicher. Aber es ging mich nichts mehr an. Die Vorstellungen von Leben oder Sterben hatten sich seit langem ineinander verflochten. Die vergangenen Tage verschmolzen zu einem Dunst von wirklichen Geschehnissen und Wahnsinn, und jetzt schien ich in der Schwebe zwischen den beiden gefangen. Lebendig, tot, war da ein so großer Unterschied? Ich hob meinen Kopf und heulte einen Namen in die Dunkelheit:

»SIIIMMMMOONNNN …«

Ich wackelte unsicher auf dem Felsblock hin und her und starrte in die Nacht. Das Flehen in meinem Kopf war hysterisch geworden, und ich hörte eine Stimme in einem übergeschnappten Geflüster stöhnen, als hörte ich jemand anderem zu:

»Bitte seid da … ihr müßt da sein … O allmächtiger Jesus Christus … Los, kommt schon! Ich weiß, daß ihr da seid … Helft mir, ihr Scheißkerle, helft mir …«

Schneeflocken fiederten gegen mein Gesicht, der Wind zerrte an meinen Kleidern. Die Nacht blieb schwarz. Warme Tränen mischten sich mit dem kalten, geschmolzenen Schnee auf meinem Gesicht. Ich wollte, daß es aufhörte. Ich fühlte mich vernichtet. Das erstemal seit vielen Tagen akzeptierte ich, daß ich endlich ans Ende meiner Kräfte gekommen war. Ich brauchte jemand. Irgend jemand. Dieser dunkle Nachtsturm holte mich zu sich, und ich hatte keinen Widerstandswillen mehr. Ich weinte über manches, doch am meisten, weil ich niemand hatte, der in dieser schrecklichen Nacht bei mir war. Ich ließ meinen Kopf auf die Brust sinken, beachtete die Dunkelheit nicht mehr und ließ Wut und Schmerz sich ausweinen. Es war zuviel für mich. Ich konnte beim besten Willen nicht mehr weiter. Einfach zuviel.

»HIIILFEEEE!«

Das Geheul wehklagte hinaus in die Dunkelheit; Wind und Schnee schienen es in dem Moment, wo es ausgestoßen wurde, verschluckt zu haben.

Ich dachte zuerst, in meinem Kopf sei ein elektrischer Blitz, wie jene plötzlichen blendenden Blitze, die aufgezuckt waren, nachdem ich in die Spalte gestürzt war. Es blitzte nicht! Es glühte weiter, rot und grün, und ließ Farben in die schwarze Nacht pulsieren. Ich glotzte es an. Etwas schwebte und glühte vor mir. Ein Halbkreis aus Grün und Rot, der in der Luft hing.

»Ein Raumschiff? Zum Kuckuck, es steht wirklich schlimm mit mir ... sehe schon Ufos ...«

Dann gedämpfte Geräusche, überraschte, schläfrige Geräusche und hellere Lichter, die aus den Farben herausflackerten. Ein Regen aus gelbem Licht stach plötzlich in einem weiten Kegel von den Farben ab. Noch mehr Geräusche, Stimmen, nicht meine Stimmen, andere Stimmen.

»Die Zelte!! Sie sind noch da ...«

Der Gedanke lähmte mich schockartig. Ich kippte seitlich vom Felsblock und landete als zerknautschtes Bündel auf dem steinigen Flußbett. Schmerz brandete meinen Oberschenkel hoch, und ich stöhnte auf. Im Nu hatte ich mich in eine entkräftete, schluchzende Gestalt verwandelt, die unfähig war, irgendeinen Teil ihres Körpers zu bewegen. Etwas, was mich hochgehalten, was einen Funken Kraft am Pulsieren gehalten hatte, verflüchtigte sich in den Sturm hinaus. Ich versuchte, meinen Kopf über die Felsbrocken zu heben, um zu den Lichtern zu schauen, doch vergeblich.

»Joe! Bist du das? Joe!«

Simons Stimme klang brüchig vor Anspannung. Ich schrie eine Antwort, aber kein Ton kam heraus. Ich schluchzte bloß krampfhaft und würgte von dem spasmodischen Gewoge in meiner Brust. Unzusammenhängende Wörter wurden ins Dunkel gemurmelt. Ich wandte meinen Kopf und sah ein tanzendes Licht in aller Eile sich nähern. Es gab ein Geräusch von Steinen, die unter Füßen knirschten, und jemand schrie mit aufgeregter, alarmierter Stimme:

»Dort drüben, dort drüben!«

Dann flammte das Licht über mich, und alles, was ich sehen konnte, war sein blendender Strahl.

»Helft mir ... bitte helft.«

Ich spürte, wie starke Arme um meine Schultern reichten und mich hochzogen. Abrupt tauchte Simons Gesicht über mir auf.

»Joe! Gott! O mein Gott! Oh, verdammt, verflucht, sieh dich an! Scheiße, Richard, halte ihn. Heb ihn hoch, heb ihn doch hoch, du dummes Schwein! Gott, Joe, wie? Wie?«

Der Schock ließ ihn nicht mehr wissen, was er sagte. Seine Worte sprudelten in einer obszönen Litanei heraus – grundlos geäußerte Flüche, ein sinnloser Strom von Beschimpfungen –, während Richard, unschlüssig und nervös, vor dem Schmerz zurückschreckte.

»... sterben ... konnte nicht mehr. Zuviel für mich ... zuviel ... glaubte, jetzt sei es aus ... bitte helft mir, um Himmels willen helft mir ...«

»Es wird schon alles gut. Ich halte dich doch, ich habe dich ja; du bist in Sicherheit ...«

Dann hob Simon mich hoch, verschränkte seine Arme um meine Brust und schleppte mich fort, während meine Fersen über die Felsen schlugen. Neben der Zeltöffnung wurde ich im sanften Schimmer von Kerzenlicht fallen gelassen. Ich schaute hoch und sah Richard mit vor Besorgnis weit aufgerissenen Augen auf mich hinunterstarren. Eigentlich wollte ich kichern wegen des ganzen Wirbels, doch Tränen krochen mir ständig aus den Augen, und ich konnte kein Wort herausbringen. Dann zerrte mich Simon ins Zelt und legte mich sanft gegen einen Haufen warmer Daunenschlafsäcke. Er kniete an meiner Seite und starrte mich an. Ich konnte sehen, wie in seinen Augen ein Gewirr von Mitleid, Schrecken und Besorgnis kämpfte. Ich lächelte ihm zu, und er grinste zurück und schüttelte seinen Kopf langsam von Seite zu Seite.

»Danke, Simon«, sagte ich. »Es war schon richtig so.« Ich sah, wie er sich schnell wegdrehte und seine Augen abwandte. »So oder so, danke.«

Er nickte wortlos.

Das Zelt war erfüllt vom warmen Licht der Kerze. Menschen schienen über mir zu schweben. An den Zeltwänden spielten Schatten. Eine ungeheure Müdigkeit schien plötzlich alle meine Kräfte aufzuzehren. Ich lag still und spürte, wie mein Rücken durch die weichen Daunen drückte. Gesichter schauten auf mich herab, zwei Gesichter, die ständig in kurzen Visionen auftauchten und mich verwirrten. Dann drückte mir Richard eine Plastiktasse in die Hand.

Tee. Heißer Tee. Aber ich war zu schwach, um ihn zu halten.

Simon nahm ihn mir ab, half mir, mich aufzusetzen, und flößte mir dann den Tee ein. Ich sah, wie Richard über dem Gaskocher geschäftig dicken, milchigen Porridge anrührte und beim Umrühren Zucker hineinlöffelte. Es folgte noch mehr Tee, dann der Brei, den ich nicht essen konnte. Ich sah hinüber zu Simon, sah die abgezehrte Spannung in seinem Gesicht und den Schock in seinen Augen. Einen Moment lang fiel kein Wort. Jäh erkannte ich, wann Simon mich das letztemal auf diese Weise angeschaut hatte. Er hatte oben auf der Eisklippe gestanden und mich einen Augenblick zu lange angestarrt – jener plötzliche Moment, als ich wußte, daß er akzeptiert hatte, daß ich sterben würde. Dann war der Bann gebrochen, und wir brachen in einen Schwall von Fragen aus, die alle zugleich herausplatzten, doch meist unbeantwortet blieben. In dieser langen, stillen Begegnung unserer Augen war jede Frage müßig, jede Antwort überflüssig geworden. Ich erzählte ihm von der Spalte und vom Kriechen; er erzählte von seinem alptraumhaften Abstieg nach dem Schnitt und wie er wußte, daß ich tot war. Er sah mich dabei an, als könnte er noch immer nicht ganz fassen, daß ich zurückgekommen war. Ich lächelte und berührte seine Hand.

»Danke«, sagte ich nochmals und wußte, ich würde ihm nie sagen können, was ich wirklich fühlte.

Er schien verlegen und wechselte schnell das Thema.

»Ich habe alle deine Kleider verbrannt.«

»Was?«

»Nun, ich dachte, du würdest sie nie …«

Bei meinem Gesichtsausdruck brach er in Gelächter aus, und ich lachte mit. Wir lachten weiter, zu lange, und es klang rauh, beinahe irr.

Stunden verstrichen, ohne daß wir es merkten, und das Zelt füllte sich mit Stimmengeplapper, während wir mit unseren Geschichten herausplatzten, über die Suche nach dem Geld lachten und über alle meine Unterwäsche, die dort draußen vor dem Zelt verbrannt war. Endlose Tassen Tee, voller Anteilnahme gereicht, und jetzt eine tiefe, bleibende Freundschaft. Und bei jeder Geste eine Berührung am Arm, ein Blick, eine Intimität, die wir zuvor nie zu zeigen gewagt hätten und auch nie wieder zeigen würden. Sie erinnerte mich an die sturmgepeitschten Stunden in der Wand, als wir eine kurze Zeit lang Rollen in unserem ureigensten, klischeehaften, drittklassigen Kriegsfilm gespielt hatten.

Simon zwang mich, den Brei aufzuessen, während Richard Spiegeleiersandwiches zubereitete. Mir schien, als schlucke ich mit jedem Schluck Tee ein anderes Medikament. Schmerzmittel, dann Ronicol, dann Antibiotika. Ich sträubte mich gegen die Sandwiches. Es war mir unmöglich, das trockene Brot hinunterzuschlucken.

»Iß das«, sagte Simon streng. Ich verschluckte mich an den trockenen Krümeln, mußte husten und kaute hilflos. Ich kriegte keinen Speichel in meinen Mund, daher spie ich es trotz seines Befehls wieder aus.

»Also gut. Jetzt sehen wir uns einmal dein Bein an.«

Er war plötzlich streng und effizient geworden. Ich begann zu protestieren, aber er hatte bereits begonnen, meine zerfetzte Überhose mit einem Federmesser aufzuschneiden. Ich sah, wie die Klinge mühelos den dünnen Nylonstoff aufschlitzte. Es hatte einen roten Griff. Mein Messer. Vor dreieinhalb Tagen war es das letztemal an mir benutzt worden. Eine krampfhafte Angst überfiel mich. Ich wollte nicht noch mehr Schmerzen. Wenigstens heute nicht. Ich brauchte dringend Schlaf, warmen, daunigen Schlaf. Ich fuhr zusammen, als er mein Bein hob, um die Hose wegzuziehen.

»Schon gut. Ich mache so vorsichtig wie nur möglich.«

Ich schaute von ihm zu Richard, der so aussah, als würde es ihm gleich übel werden. Ich grinste ihn an, doch er drehte sich weg und beschäftigte sich mit dem Kocher. Ich war gespannt, aber auch besorgt, wie mein Bein aussehen würde. Ich wollte wissen, was mir so viele Qualen bereitet hatte, doch gleichzeitig hatte ich Angst, daß es verfault und infiziert sein könnte. Simon zog den Reißverschluß meiner Gamasche auf und löste behutsam die Schnürsenkel und Klettverschlüsse.

»Richard, du mußt sein Bein untenhalten. Ich kann den Schuh nicht ausziehen, wenn du es nicht festhältst.«

Richard blieb zögernd neben dem Kocher stehen. »Kannst du den Schuh nicht aufschneiden?«

»Schon. Aber das ist nicht nötig. Komm schon! Es dauert nur eine Sekunde.«

Er trat neben mich und hielt mein Bein vorsichtig unter dem Knie. Simon begann am Schuh zu ziehen, und ich schrie auf.

»Halt es doch fest, Herrgott noch mal!«

Er zog nochmals. Der Schmerz schien vom Knie in die Höhe zu schnellen. Ich kniff die Augen zusammen und wimmerte, als ein flutendes Feuer mein Knie überschwemmte. Ich betete, daß es bald aufhören möge.

»So. Den haben wir.«

Der Schmerz verebbte schnell. Simon warf den Schuh aus dem Zelt, und Richard ließ eilends mein Bein los. Ich glaube, auch er hatte seine Augen geschlossen.

Meine Polarhose folgte und glitt sanft von meinen Beinen. Richard verzog sich nach hinten ins Zelt, und ich setzte mich erwartungsvoll auf. Als Simon meine lange Thermo-Unterhose hinunterzog, glotzten wir beide überrascht auf mein Bein.

»Himmeldonnerwetter!«

»Verdammt, das ist ja sagenhaft!«

Das Bein war nur noch ein angeschwollener, gelbbraun gefleckter Stumpf mit bläulichgrauvioletten Streifen, die von meinem Knie hinunterliefen. Es gab keinen erkennbaren Unterschied zwischen meinem Oberschenkel und dem

Fußknöchel mehr. Nur der riesenhaft ausgedehnte Klumpen, der sich auf halbem Weg grotesk nach rechts verdrehte, zeigte an, wo einmal das Knie gewesen war.

»O Gott, das ist ja schlimmer, als ich geglaubt habe.« Ich fühlte mich bei diesem Anblick ganz schwach und langte behutsam nach vorn, um die Haut rund um mein Knie zu streicheln. Wenigstens wütete keine Infektion, und es gab auch kein offensichtliches Anzeichen einer Blutvergiftung.

»Sieht schlimm aus«, murmelte Simon. Er untersuchte die Unterseite meines Fußes. »Deine Ferse hast du dir auch gebrochen.«

»Wirklich? Na gut.« Es schien mir nicht sehr wichtig. Fuß, Knie, der ganze Plunder, was machte es schon aus? Ich war unten. Ich konnte mich ausruhen, essen und schlafen. Es würde schon wieder heilen.

»Ja. Siehst du diese violetten Streifen? Das sind Zeichen von Hämorrhagien. Du hast sie rund um die Ferse und auch um den Knöchel.«

»Na los, Richard«, sagte ich, »komm, sieh dir das mal an!«

Er guckte über meine Schulter und schreckte hastig zurück.

»Ohhhh. Hätte ich's bloß sein lassen!«

Ich lachte glücklich und stellte verwundert fest, wie schnell ich mich verändert hatte. Das irre, hysterische Gelächter gehörte der Vergangenheit an. Mit einem bekümmerten Gesichtsausdruck zog Simon meine lange Unterhose wieder über meine Beine hoch.

»Wir müssen dich rasch hier wegbringen. Die Esel kommen am Morgen. Einer von uns kann runtergehen und Spinoza bitten, auch einen Maulesel und seinen Sattel zu bringen.«

»Ich gehe«, meldete sich Richard eifrig. »Es ist jetzt halb fünf. Gleich nach diesem Tee gehe ich. So kannst du meinen Schlafsack brauchen, und Joe kann deinen nehmen. Spätestens um sechs bin ich zurück …«

»Warte mal!« unterbrach ich ihn. »Ich brauche Ruhe und muß essen. Jetzt gleich zwei Tage auf einem Maulesel halte ich nicht aus.«

»Du mußt einfach«, sagte Simon scharf. »Da gibt's gar nichts dran zu rütteln. Es dauert mindestens drei Tage, bis du in ein Krankenhaus kommst. Zusätzlich zum verletzten Bein hast du auch noch Erfrierungen und bist erschöpft. Wenn du es noch viel länger so läßt, wird es sich entzünden.«

»Aber …«

»Vergiß es! Wir gehen am Morgen. Bis wir nach Lima kommen, ist es schon mehr als eine Woche gebrochen. Das Risiko ist viel zu hoch.«

Ich fühlte mich zu schwach, um zu widersprechen. Ich blickte sie beide flehentlich an, in der Hoffnung, sie würden es sich anders überlegen. Simon beachtete mich nicht und begann, meine Beine in seinen Schlafsack zu verfrachten. Richard reichte mir etwas Tee, lächelte beruhigend und trat dann in die Nacht hinaus. »Bin gleich wieder zurück!« rief er aus der Dunkelheit, und schon fiel ich in Schlaf. Es schien noch etwas Wichtiges anzustehen, bevor ich einschlief, doch ich kämpfte vergeblich gegen die Müdigkeit an. Dann fiel es mir wieder ein:

»Du, Simon …«

»Was?«

»Du hast mir das Leben gerettet, weißt du das? Es muß schrecklich gewesen sein für dich in jener Nacht. Ich mache dir keinen Vorwurf. Du hast gar keine andere Wahl gehabt. Ich weiß das. Und ich weiß auch, warum du gedacht hast, ich sei tot. Du hast alles nur Menschenmögliche getan. Danke, daß du mich heruntergebracht hast.«

Er sagte nichts. Als ich zu ihm hinüberschaute, wie er

auf dem Rücken in Richards Schlafsack lag, waren Tränen auf seinen Wangen. Ich wandte mich ab, als er sprach:

»Ehrlich, ich habe geglaubt, du seist tot. Ich war völlig sicher ... Habe mir nicht vorstellen können, wie du das überlebt haben könntest.«

»Klar. Ich weiß ...«

»O Gott! Allein zurückzukommen ... Ich habe es fast nicht ausgehalten, als ich heruntergekommen bin. Ich meine ... Was sollte ich denn deinen Eltern sagen? Was? Tut mir leid, Mrs. Simpson, aber ich mußte das Seil durchschneiden ... Sie würde es nie verstehen, würde mir nie glauben ...«

»Schon gut. Jetzt brauchst du es ja nicht mehr.«

»Wenn ich nur länger dortgeblieben wäre ... Wenn ich nur geglaubt hätte, du könntest noch am Leben sein. Es hätte dir soviel erspart.«

»Spielt keine Rolle. Jetzt sind wir hier. Es ist überstanden.«

»Ja.« Er sagte es in einem erstickten Flüstern, und ich spürte, wie eine unaufhaltsame Flut heißer Tränen meine Augen füllte. Ich konnte nur ahnen, was er alles durchlitten hatte. Eine Sekunde später schlief ich schon.

Ich erwachte von einem Stimmengewirr und Gelächter. Nahe beim Zelt schwatzten aufgeregte Mädchenstimmen auf spanisch, dazwischen hörte ich Simon mit Richard über die Esel sprechen. Im unvertrauten Schimmer der Zeltwände öffnete ich langsam meine Augen. Sonnenkringel tupften das rotgrüne Tuch, und alle paar Sekunden zogen Schatten darüber. Es schien, als wäre draußen vor dem Zelt ein Basar in vollem Gang. Schockartig erinnerte ich mich an die Geschehnisse vor wenigen Stunden. Ich war in Sicherheit; es war also wahr. Ich lächelte verschlafen, bewegte meine Arme gegen die seidenweichen Daunenseiten des

Schlafsacks und kostete das luxuriöse Gefühl aus, wieder daheim zu sein. Es war so schlimm gewesen, dachte ich müßig im Halbschlaf, so schrecklich schlimm.

Eine Stunde später ließ mich eine Stimme, die von weit her meinen Namen rief, aus dem Schlaf hochschrecken. Ich war verwirrt. Wer rief mich da? Der Schlaf zog mich sanft in die Wärme des Schlafsacks zurück, doch schon wieder rief die Stimme:

»Los, Joe, wach auf!

Ich rollte meinen Kopf zur Seite und blickte verschlafen auf alle die Köpfe, die sich im Zelteingang drängten. Simon kniete dort, mit einem dampfenden Becher Tee in der Hand, und dahinter guckten ihm die beiden Mädchen neugierig über die Schulter. Ich versuchte mich aufzusetzen, konnte mich jedoch nicht rühren. Ein schweres Gewicht lastete auf meiner Brust und nagelte mich am Boden fest. Ich schwang meinen Arm schwächlich zur Seite und strengte mich an, mich hochzustemmen, doch er plumpste kraftlos hinab. Arme reichten um meine Schultern und zogen mich in eine sitzende Stellung hoch.

»Da, trink das! Und versuch etwas zu essen, du hast es nötig.«

Ich faßte den Becher, bückte mich darüber und spürte, wie der Dampf mein Gesicht näßte. Simon ging weg, doch die Mädchen blieben, kauerten nahe beim Zelteingang und lächelten mir zu. Es hatte etwas Unwirkliches an sich, wie sie dort in der Sonne saßen und mir zuschauten, wie ich den Tee trank. Ihre breiten Bauernröcke und die blumengeschmückten Hüte erschienen mir höchst seltsam. Was hatten sie hier zu suchen? Mein Verstand schien sekundenschnell und sprunghaft abzuschweifen, so daß ich gar nicht richtig verstehen konnte, was eigentlich los war. Ich war sicher hierher gekommen. Die Zelte und Simon und Richard konnte ich verstehen, nicht aber diese sonderbar gekleideten Peruanerinnen. Ich kam zum Schluß, es sei das beste, sie nicht zu beachten und mich auf meinen Tee zu konzentrieren. Mit dem ersten Schluck verbrühte ich mir den Mund; die Handschuhe, die meine erfrorenen Finger schützten, sowie die Gefühllosigkeit in meinen Händen hatten mich vergessen lassen, wie heiß er war. Ich keuchte, pustete rasch und versuchte, meine Zungenspitze abzukühlen. Die Mädchen kicherten.

Während der nächsten halben Stunde folgte ein nicht enden wollender Strom von Essen und Trinken, verbunden mit knappen Worten der Ermunterung und Kurzinformationen, was draußen vor sich ging. Es ergab sich eine Verzögerung, weil Spinoza wegen der Bezahlung für den Maulesel stur blieb. Ich konnte hören, wie Simons Stimme mit jeder Minute, die verstrich, lauter und wütender wurde. Ich hörte Richard ruhig für Spinoza übersetzen. Die Mädchen blickten von Zeit zu Zeit stirnrunzelnd zu Simon hinüber. Dann waren sie plötzlich weg, und es war nicht mehr nötig, wachzubleiben. Ich sackte vornüber und schlummerte ein. Der chaotische spanisch-englische Streit verblaßte.

Eine Hand schüttelte mich wieder wach. Es war Simon: »Du mußt jetzt aus dem Zelt raus. Wir packen zusammen. Er ist endlich mit dem Preis einverstanden, und wenn er sich nochmals anders besinnt, reiße ich ihm seinen verdammten Kopf ab.«

Ich versuchte mich herumzuwälzen, um aus dem Zelt zu gelangen, und war entsetzt, wie schwach ich geworden war. Als ich halb draußen im Freien war, fiel ich zur Seite. Mein Arm knickte unter mir ein, und ich konnte mich nicht wieder von alleine hochstemmen. Simon hob mich sanft hoch und schleppte mich aus der Sonne.

»Simon, ich kann unmöglich mit dem Maulesel zurechtkommen. Du weißt gar nicht, wie schwach ich bin.«

»Es wird schon gehen. Wir helfen dir.«

»Mir helfen? Ich kann kaum die Augen offenhalten, geschweige denn aufsitzen. Um Himmels willen, wie willst du mir helfen, einen Maulesel zu reiten? Ich brauche Ruhe. Wirklich! Ich muß schlafen und essen. Ich habe bloß drei Stunden geschlafen, seit ich heruntergekommen bin ... Ich ...«

»Du hast keine andere Wahl. Du gehst heute, und dabei bleibt es.«

Ich versuchte zu protestieren, doch er wollte nichts davon hören. Er ging zum Zelt hinüber und kehrte mit dem Verbandskasten zurück. Richard reichte mir einen weiteren Becher Tee, während Simon mir meine Tablettenration austeilte. Dann ließen sie mich allein und begannen das Lager abzubrechen. Ich lag auf der Seite und schaute ihnen zu, bis ich die schreckliche Schwäche nicht länger abwehren konnte. Mein zerrütteter Zustand jagte mir Angst ein. Ich fragte mich besorgt, ob ich nicht völlig ausgebrannt war. Es ging mir durch den Sinn, daß ich dem Tod näher stand als damals, wo ich allein gewesen war. Im selben Augenblick, wo ich wußte, daß Hilfe zur Hand war, war etwas in mir drin zusammengeklappt. Was auch immer mich zusammengehalten hatte, es war weg. Jetzt konnte ich nicht mehr selbständig denken, geschweige denn kriechen. Es gab nichts mehr zu kämpfen, kein Muster zu befolgen, keine Stimme mehr, und ich fürchtete mich bei dem Gedanken, daß ohne dies alles mein Leben einfach auslaufen könnte. Ich versuchte wach zu bleiben, kämpfte, um den Schlaf abzuschütteln und die Augen offenzuhalten, doch der Schlaf siegte. Ich döste sporadisch ein, erwachte zum Geplapper verschiedener Sprachen und döste unter ständig wiederkehrenden Gedanken an Komas, Kollapse und endlosen Schlaf wieder weg.

Es schien lange zu dauern, bis Simon wieder zu mir kam. Ich hörte seine Stimme etwas zu Richard sagen und blickte hoch. Er stand über mir und musterte mich mit besorgter Miene.

»Hallo! Wie geht's dir denn?«

»Alles bestens.« Ich hatte jeden Gedanken aufgegeben, mich unserer geplanten Abreise zu widersetzen.

»So siehst du aber nicht aus. Wir brechen bald auf. Vielleicht wäre es besser, wenn du dich jetzt aufsetztest und versuchtest, ein bißchen in Schwung zu kommen. Ich bringe dir etwas Tee.«

Ich mußte lachen beim Gedanken, in Schwung gebracht zu werden, trotzdem gelang es mir, mich ohne Hilfe aufzusetzen. Schließlich führte Spinoza seinen alten Maulesel zu mir hin, und Simon half mir auf die Beine. Ich hing schwer an seiner Schulter und hüpfte zu dem Maulesel, der geduldig wartete. Er schien ein gutartiges, ruhiges altes Tier zu sein, was mir etwas Mut machte. Gerade als man mich in den Sattel heben wollte, platzte Richard plötzlich heraus:

»Moment mal, Simon! Wir haben sein Geld vergessen.«

Darauf begann eine humpelnde Suche. Richard und Simon stützten mich auf beiden Seiten, während ich sie von Felsbrocken zu Felsbrocken wies und mich vergeblich zu erinnern versuchte, wo ich den Geldgürtel versteckt hatte. Spinoza und die Mädchen sahen verblüfft aus. Wir mußten hell auflachen, bis wir schließlich den Gürtel fanden und ihn hochhielten, damit sie ihn sehen konnten. Sie lächelten höflich, ohne zu verstehen, was an einem zusammengerollten Röhrchen aus abgewetztem Kletterband so wichtig sein konnte.

Der Sattel war eins jener altmodischen Western-Modelle mit hohem Knauf, riesigen Bechern aus gekerbtem Leder als Steigbügel und reichverzierten Silberbeschlägen um den Sattelknauf. Eine Isoliermatte war über den Sattel gebogen als Kissen und um mein verletztes Bein von der Flanke des Maulesels wegschwingen zu lassen. Wir brachen auf.

In gleichmäßigem Tritt ging es das Flußbett hinunter, während Simon und Richard zu beiden Seiten ein wachsames Auge auf mich hielten.

Die nächsten zwei Tage versanken in einem Nebel aus Erschöpfung und Schmerz. Ich konnte meine Schenkel nicht zusammenpressen, um den Maulesel zu lenken, und er schien in jeden Baum, jeden Felsblock und jede Wand zu laufen, die wir auf dem zwanzigstündigen Marsch nach Cajatambo antrafen. Selbst als Simon ihn mit einem zugespitzten Schneepflock piekste, tappte er blind drauflos. Ich schrie und heulte ohnmächtig, bis der Schmerz nachließ. Irgendwie schaffte ich es, nicht hinunterzufallen. Die vertraute Landschaft trieb dahin, an mir vorbei, verschwommen in Schmerz und Erschöpfung. Als der Tag zu Ende ging, wurde ich von kindischen Wutanfällen geschüttelt. Mir fehlten die Kraft und die Verzweiflung, mit dieser zusätzlichen Folter fertig zu werden. Ich wollte, daß es aufhörte, wollte endlich nach Hause kommen. Simon bemutterte mich in all den schlimmen Zeiten, schritt den Pfad voraus, kam wieder zurück, spornte den Eseltreiber an, ein schnelleres Marschtempo anzuschlagen, ermahnte den Mann, der meinen Maulesel zog, gut aufzupassen, und ging neben mir her, wenn Schlaf und Schwäche mich aus dem Sattel zu kippen drohten. Er nahm mir meine Uhr ab und hielt jedesmal den Marsch an, wenn mir wieder ein Medikament verabreicht werden mußte – Schmerzmittel, Ronicol, Antibiotika samt dem unvermeidlichen Tee. Manchmal erhitzten sich die Gemüter, während ich in Schlaf sank und wieder aufschreckte und der Maulesel stur über hohe Pässe und durch steile, felsige Täler und üppige Pampas weitertrottete, doch Simon blieb an meiner Seite und lockte das letzte Restchen an Durchhaltewillen in mir hervor, wann immer ich um eine Rast bettelte.

Cajatambo war ganz schön mühsam und chaotisch. Simon schlug sich mit der Polizei herum, um einen Lieferwagen zu mieten, und dann wehrten sowohl er als auch Richard die Horden von Dorfbewohnern ab, die für eine Gratisfahrgelegenheit nach Lima hinten hineinklettern wollten. In letzter Minute näherte sich ein junger Mann dem Lieferwagen. Ich lag hinten im offenen Laderaum auf einer Matratze ausgestreckt. Er blickte kummervoll auf mich, als er die behelfsmäßige Schiene an meinem Bein sah. Ein Polizist mit quer über die Brust gehängter Maschinenpistole trat hervor und versuchte Richard daran zu hindern, den letzten Dörfler vom Lastwagen zu befördern.

»Señor, bitte, Sie helfen diese Mann. Seine Beine sind schlimm. Sechs Tage er wartet. Sie bringen ihn zu Krankenhaus ... ja!«

Es herrschte eine bestürzte Stille, während wir uns alle umwandten, um den alten Mann zu untersuchen, der zusammengesunken neben mir hinten im Lieferwagen lag. Er sah mich flehentlich an, drehte mir dann mit schmerzverzerrtem Gesicht seine Hüfte zu und schnippte ruckartig das grobe Sackleinen beiseite, das seine Beine bedeckte. Die Menge war plötzlich totenstill, und ich hörte, wie Simon nahe bei mir die Luft scharf einsog. Die Beine des Mannes waren zerschmettert. Ich bekam kurz zwei verdrehte Beine zu Gesicht, aufgerissene, rohe Wunden, Blutflecken und die tiefe, grell rotviolette Farbe einer Infektion. Ein scharfer, süßer Gestank stieg von der Decke auf, als er sie vorsichtig wieder über seine Beine breitete.

»Mein Gott!« Mir war übel.

»Er ist schlimm dran. Ja?«

»Schlimm? Es gibt keine Hoffnung für ihn!«

»Tut mir leid, mein Englisch ist nicht gut ...«

»Schon gut. Wir nehmen ihn mit. Und diesen Mann da auch«, unterbrach ich ihn.

»Danke, Señores. Sie sind gute Menschen.«

Der Fahrer war ein Alkoholiker, der uns großzügig mit Bier versorgte. Bier, Zigaretten und Schmerzmittel hüllten meine Erinnerung an diese drei Tage, wo wir uns nach Lima zurückkämpften, in einen nebelhaften Film. Spät am Abend kamen wir im Krankenhaus an. Der alte Mann, so sagte man uns, könne sich ein so gutes Krankenhaus wie dieses nicht leisten. Das sei kein Problem, meinten wir, bezahlten den Fahrer für die Miete des Lieferwagens und gaben ihm Anweisung, den Mann in ein anderes Krankenhaus zu bringen. Als mir Richard aus dem Auto heraushalf, gab Simon dem Sohn des Mannes unsere restlichen Vorräte an Schmerzmitteln und Antibiotika mit. Der Lieferwagen entfernte sich in eine schwüle, heiße Nacht, und bevor er um die Straßenecke bog, sah ich aus meinem Rollstuhl, wie der alte Mann einen schwachen Versuch machte, uns seinen Dank zuzuwinken.

Gemessen an unserem Standard war das Krankenhaus erschreckend altmodisch, doch es gab saubere, weiße Bettlaken, Musikkonserven aus den Lautsprechern auf den Abteilungen und hübsche Krankenschwestern, von denen keine einzige ein Wort Englisch sprach. Sie rollten mich energisch die grünweißen Korridore hinunter, während Simon neben mir her eilte und mich einfach nicht aus seiner Obhut entlassen wollte. Die Ungeheuerlichkeit all dessen, was wir durchgemacht hatten, begann uns eben erst richtig aufzugehen.

Eine Stunde später wurden Simon und Richard brüsk zum Weggehen aufgefordert. Dann wurde ich geröntgt, meine stinkenden Klettersachen wurden zum Waschen gegeben, und ich wurde nackt auf eine Sitzwaage gesetzt, während eine der hübschen Krankenschwestern mir den Puls fühlte, mein Gewicht notierte und meinem Arm eine Blutprobe entnahm. Ich wandte den Kopf, um auf die Waage zu sehen, und war entsetzt. Sechsundvierzig Kilo! Zwanzig

Kilo … mein Gott, ich hatte zwanzig Kilo abgenommen! Sie lächelte mich aufmunternd an, bevor sie mich vom Stuhl schaufelte und sanft in ein tiefes Bad mit heißem, desinfizierendem Wasser hinunterließ.

Als sie endlich mit mir durch war, wurde ich ins Bett gesteckt und schlief sogleich ein. Etwa eine Stunde später war sie zurück, diesmal mit einem sehr besorgt blickenden Arzt. Er erklärte mir ausführlich etwas Schreckliches und Kompliziertes wegen meiner Blutprobe, während sie eine Vene in meinem Handgelenk anstach und einen Glukosetropf anlegte. In der Nacht erwachte ich schweißgebadet aus gräßlichen, alptraumhaften Erinnerungen an die Spalte und geriet so in Panik, daß ich losschrie, bis die Schwestern kamen und mich mit unverständlichen Worten zu besänftigen suchten.

Zwei unbeschreibliche Tage lang lag ich dort ohne Essen, Schmerzmittel oder Antibiotika, bis meine Krankenversicherung per Telex bestätigt wurde und man geruhte, mich zu operieren.

Sie holten mich früh am Morgen ab. Eine Vorbehandlungsspritze in meinen Arm hatte mich eine Stunde zuvor in einen vertrauten, geschwächten, kaum noch bewußten Zustand versetzt. Zwei Menschen, maskiert und in Grün, murmelten mir Unverständliches zu, während sie mich durch scheinbar endlose, gekachelte Korridore rollten. Erst als wir uns dem Operationssaal näherten, stieg die Angst in meinem Magen panikartig hoch. Ich darf das nicht über mich ergehen lassen! Muß sie aufhalten. Warte, bis du nach Hause kommst. Um Gottes willen, laß sie das nicht tun!

»Ich will diese Operation nicht.«

Ich sagte es ruhig. Ich dachte, ich hätte mich klar ausgedrückt, aber man antwortete mir nicht. Hatte das Medikament vielleicht mein Sprechvermögen beeinflußt? Ich wiederholte den Satz. Einer von ihnen nickte mir zu, doch sie hielten nicht an. Dann traf es mich wie ein Schlag: Die verstehen gar kein Englisch! Ich versuchte mich aufzusetzen, doch jemand drückte mich in die Kissen zurück. Von Panik erfaßt, schrie ich, sie sollten anhalten. Das Rollbett klapperte durch die Schwingtüren des Operationssaals. Ein Mann sagte etwas auf spanisch zu mir. Seine Stimme war melodiös. Er versuchte mich zu beruhigen, aber als ich sah, wie er prüfend eine Spritze hochhielt, mühte ich mich in eine halb sitzende Stellung hoch.

»Bitte. Ich will nicht ...«

Eine starke Hand drückte mich zurück. Eine andere ergriff meinen Arm, und ich spürte den winzigen Schmerz der Nadel. Ich versuchte meinen Kopf zu heben, aber auf einmal war er doppelt so schwer geworden. Als ich mich auf die Seite drehte, sah ich eine Instrumentenschale. Über mir flammten helle Lichter auf, und der Raum begann vor meinen Augen zu verschwimmen. Ich mußte etwas sagen ... mußte sie aufhalten. Dunkelheit glitt über die Lichter, und langsam dämpften sich alle Geräusche, bis es still wurde.

# Nachwort

*Juni 1987, Hunza Valley, Karakorum, Himalaja, Pakistan*

Ich beobachtete die zwei kleinen Gestalten auf dem kahlen Berghang über mir, die allmählich ins Unsichtbare entschwanden. Andy und Jon nahmen den Gipfel des bisher unbestiegenen, 6100 Meter hohen Tupodam in Angriff. Wieder war ich allein in den Bergen, doch diesmal aus eigenem Entschluß.

Ich wandte mich ab und gab auf den kleinen Gaskocher acht, der meine zweite Tasse Kaffee erhitzte. Die Bewegung ließ mein Knie schmerzen. Ich fluchte gereizt und beugte mich nach vorn, um den Schmerz wegzumassieren. Arthritis. Die Narben von sechs Operationen zeichneten sich bläulich auf dem verzerrten Gelenk ab. Wenigstens hatten die Wunden in meinem Gemüt besser geheilt als diese da.

Die Ärzte hatten mir vorausgesagt, daß ich Arthritis kriegen würde. Sie hatten auch gesagt, das gesamte Kniegelenk müsse im Laufe der nächsten zehn Jahre entfernt werden; aber sie hatten ja eine ganze Menge Dinge gesagt, von denen sich nur wenige bewahrheitet hatten: »Sie werden Ihr Knie nie wieder beugen können, Mr. Simpson ... Es wird ein ständiges Hinken zurückbleiben. Sie werden nie wieder klettern können ...«

Mit der Arthritis hatten sie jedoch recht behalten, dachte ich wehmütig, als ich den Kocher ausdrehte und besorgt zum Berghang zurückschaute. Die erste stechende Angst um die beiden durchzuckte mich jäh. Kommt heil zurück! Wenigstens das, flüsterte ich den stillen Bergen zu. Vorausgesetzt, das Wetter blieb schön, sollten sie in drei Tagen zurück sein. Ich wußte, es würde ein langes Warten.

Ich war traurig, daß ich von der Gipfelbesteigung absehen mußte. Das Bein hatte so gut mitgemacht, doch dann hatten die Schmerzen begonnen. Mir war bewußt, was es hieß, bloß zehn Wochen nach der letzten Operation schon wieder hier zu klettern, und daß es eine neue Verletzung geradezu herausforderte, aber ich war froh, daß ich es wenigstens versucht hatte. Vielleicht nächstes Jahr.

Vor sechs Tagen hatten wir das Joch unter der Schulter unseres Berges erreicht und eine Schneehöhle gegraben. Wir hatten draußen gesessen und still auf den Himalaja geblickt, der sich vor uns in die Weite erstreckte. Die Sonne hatte von einem endlos blauen Himmel heruntergebrannt, und das Meer der Schneegipfel zeichnete sich scharf in der kristallklaren Luft ab. Für diesen Augenblick war ich hierhergekommen. Ursprünglich. Unberührbar. Hoch in den Himmel ragend, von vollendeter Schönheit. Die Sonne ließ diamantenen Widerschein von Schneekristallen glitzern. Über mir ragte der Karun Koh hoch, nur acht Kilometer entfernt. In meiner Fantasie sah ich die Erdkrümmung in dem grenzenlosen Horizont der Gipfel, die vor mir lagen. Ich versuchte mir einzureden, ich könne den Everest sehen, obgleich ich wußte, daß er 1600 Kilometer weit weg war. Die Namen der Bergketten purzelten mir durch den Sinn: der Hindukusch, Pamir, Tibet, der Karakorum, Mount Everest, die göttliche Mutter des Schnees, Nanda Devi, K2, Nanga Parbat, Kanchenjunga – soviel Geschichte rankte sich um diese Namen! Und alle jene, die sie erklettert hatten. Sie waren plötzlich so wirklich für mich, wie sie es nie gewesen wären, wenn ich mich nicht entschieden hätte, hierher zurückzukehren. Irgendwo da draußen in diesen dichtgedrängten Gipfeln lagen die Leichen zweier meiner Freunde im Schnee begraben, allein, auf verschiedenen

Bergen. Dies war die dunkle Seite jener Schönheit, doch in diesem Augenblick konnte ich sie mir aus dem Sinn schlagen.

Ich packte meinen Rucksack und schulterte ihn. Nach einem letzten Blick hinauf, dorthin, wo sie verschwunden waren, wandte ich mich um und machte mich an den Abstieg zum Lager zurück.

# Dank

Beim Schreiben dieses Buches merkte ich, daß ich mich auf ein Abenteuer eingelassen hatte, dessen Chancen schlecht für mich standen. Ohne die Unterstützung von Freunden und Verwandten hätte ich es wohl gar nie begonnen, geschweige denn zu Ende geführt.

Nebst so vielem, was ich Simon bereits schulde, möchte ich ihm zuerst meine Dankbarkeit für die Aufrichtigkeit aussprechen, mit welcher er mir schilderte, was er alles durchgemacht hatte, und ihm für sein Vertrauen danken, daß er mir freie Hand ließ, diese einfühlsamen Empfindungen in meine eigenen Worte zu fassen.

Jim Perrins früher Tip und die Ermutigung seitens Geoff Birtles, der meine Artikel im Magazin *High* publizierte, verdienen besondere Erwähnung. Tony Colwell, mein Lektor vom Verlag Jonathan Cape, stand mir mit Rat und unschätzbarer Hilfe zur Seite, und ohne seine Überzeugung, daß diese Geschichte eines Buches würdig sei, wäre kaum etwas daraus geworden. Ebenfalls verpflichtet bin ich Jon Stevenson, der mich zur Tat angespornt hat.

Mein Dank geht auch an Tom Richardson für die Zeichnungen, an Ian Smith, der mir mit den Fotoaufnahmen half, und an Bernard Newman vom Magazin *Mountain* für die Rettung der meisten meiner Dias, die von anderen Illustrierten und Zeitungen arg lädiert worden waren. Und ohne die großzügige finanzielle Unterstützung von Porchester Group Insurance Services und insbesondere von Gary Deaves hätten Simon und ich gar nicht nach Peru gehen können.

Am meisten jedoch möchte ich meinen Eltern danken, daß sie mir Mut gemacht haben, dieses Buch zu schreiben, mir halfen, mein Gemüt und meinen Körper wieder in Ordnung zu bringen, und geduldig meinen Entschluß akzeptierten, mit dem Klettern weiterzumachen.

# Faszination
# Mount Everest

19/832

**HEYNE**